한림신서 일본학총서 90

근대 일본의 학문

-- 관학과 민간학

근대 일본의 학문

—관학과 민간학

가노 마사나오 지음 · 서정완 옮김

小花

✲ 차례

제2장/ 민간학의 다양한 모습

범례

1. 원저자도 "구체적인 인물별로 각 학문을 거론한 관계로 인용이 많아졌다. 읽기 불편하지 않을지 죄송스럽다"로 밝히고 있듯이 원저에는 상당히 많은 문헌의 서지사항이 제시되어 있다. 서명, 논문 제목을 포함한 문헌 서지사항은 모두 한글로 표기하는 것을 원칙으로 한다. 그러나 연구자의 참고 문헌 추적을 돕기 위해서 권말에 따로 일본어 목록을 작성하였다. 단 본문 각주 등에서 출판사명은 일본어 음을 한글로 풀어도, 한자를 한글 음으로 달아도 혼란스럽기 때문에 한자로 두었다.
2. 원저에는 많은 인명이 등장하는데 본문에서는 한글로 표기하는 것을 원칙으로 삼았으며, 성과 이름 사이에는 한 칸 띄도록 했다. 이 역시 연구자의 편의를 위해서 권말에 따로 일본어 인명목록을 작성하였다.

학문의 현재

학문의 대중화와 전문화

지금 나는 잘 설명되지 않는 당황스러움에 휩싸여 있다.

유사 이래 오늘날처럼 학문이 대중의 것이 된 적은 없었다. 출판이나 전파와 영상, 또는 문화와 시민이라는 이름을 붙인 각양각색의 강좌들, 나아가 교육 기자재와 같은 다양한 매체를 통해 학문의 성과가 알기 쉽게 우리 곁으로 배달되는 시대가 되었다. 문화를 배달하는 일이 지금처럼 성행한 시대는 없었다. 이러한 현상은 일정 수준의 보통 시민들, 나쓰메 소세키의 말을 빌리자면 "늘 쫓기며 자투리 시간밖에 자유롭게 사용할 수 없는 사람들"[1]로 하여금 학문의 장에 참여하도록 촉구하고 있는 것이다.

---

1 『유리문의 안쪽』의 서문, 1915.

그와 동시에 대중화의 매체는 '문화산업', '정보산업'이라는 호칭을 사용하며 소비자로서의 시민을 상품의 대량 유통의 표적으로 삼기에 이르렀다. 많든 적든 허업(虛業)임을 자임하는 경향이 강하던 이 매체들 중 몇몇은 이제 당당한 실업이 되었다. 마치 정처 없이 떠돌아다니고 싶은 절실한 마음으로 하던 여행이 편한 패키지여행으로 바뀐 것처럼, 한 사람 한 사람의 기호에 따라 선택되던 책은 세트로 판매되는 것이 일반화되어 아예 처음부터 조직적으로 유통 과정에 올라오는 경우까지 있다. 전파나 영상에 의한 매체는 사람의 사고를 일정한 속도로 '나르는' 것을 속성으로 한다. 그런 의미에서 대중화란 문화에 대한 시민의 수동성을 조장하고 있다. 이러한 이중성을 띠는 학문의 대중화는 틀림없이 현대 문화의 한 특징이라고 할 수 있다.

그런 한편 지금처럼 학문이 대중으로부터 멀어진 시대도 없었다. 말할 나위 없이 과학의 끝없는 거대화와 그에 종사하는 사람들의 무한한 전문화의 결과이다. 특히 자연과학 분야에 이러한 경향이 두드러지며, 이 분야에서 등장한 거대한 과학은 불가피하게 극히 일부 전문가로 하여금 지식과 기술을 점유하도록 만들고 있다. 군사상의 우월성과 산업상의 이익에 대한 고려가(그리고 현대 과학은 상당한 정도까지 이 두 목적을 추구하기 위해 추진되고 있다) 이를 더욱 증폭시킨다.

원자력과학 · 우주과학 · 생명과학은 테크놀로지 붐을 대표하면서 첨단 과학으로서 존재하며, 이들의 제어 여부는 인류 미래에 직접적으로 관계되는 문제로서 우리 앞에 우뚝 서 있는 것이다. 과학이라는 이름 아래에 일어날 수 있는 가해성에 대한 이의 제기는 '아마추어'라는 한마디로 일축되고 마는 경우도 적지 않다. 이러한 경향은 과학의 물신성을 강화하고, 이러한 성향이 강해질수록 우리는 학문 앞에서 수동적인 자세를 취하게 된다.

환자로서 의사를 찾아가는 일은 일반 시민이 학문의 거대화 · 전문화를 직접 경험하는 가장 흔한 기회이다. 얼마 전까지만 해도 청진기를 들고 하던 낯익은 문진은 점차 형식화되어 의료 기기가 즐비한 검사실로 보내지는 경우가 많다. 그때 우리는 예전에 비해 훨씬 정밀한 검사를 받고 있다는 생각과 자신이 대상에 불과하며 한 부분으로서밖에 존재하지 않는다는 생각을 동시에 하게 된다. 그런 의미에서 과학을 향한 신앙과 과학에 의한 소외감은 아마도 종이 한 장 차이일 것이다.

그러나 이러한 학문의 대중화와 독점화는 사실 동전의 앞뒤라는 현상에 불과하다. 앞뒤 모두 학문의 성과에 접근했다는 느낌이 있는 반면, 학문의 생성 과정으로부터 격리된다는 느낌이 강하게 든다. 이는 유연 구조인 관리사회에 적합한 학문의 존재 방식을 만들어 가고 있는 것으로 보아야 할 것이다.

학문을 되찾으려는 움직임

그만큼 이러한 학문의 존재 방식에 깊은 회의를 품으며 또 다른 움직임이 다양한 모습으로 발생하고 있는 것이 현재 학문의 상황이다. 필자는 다음의 세 가지 움직임을 지적하고자 한다.

첫째는 학문의 기본 틀의 재구성을 지향하는 움직임이다. 히로시게 데쓰(広重徹)의 『과학의 사회사 — 근대 일본의 과학 체제』와 『근대 과학 재고』, 나카오카 데쓰로(中岡哲郎)의 『과학 문명의 전환점』과 『사물이 보이기 시작하는 과정 — 내가 살아온 시대와 과학』 그리고 나카오카 데쓰로가 엮은 『자연과 인간을 위한 경제학』, 야마다 게이지(山田慶児)의 『혼돈의 바다로—중국적 사고의 구조』와 『과학과 기술의 근대』, 그리고 야마다 게이지가 엮은 『학문의 지도—인간학을 위한 시도』 등이 이를 대표한다.

이들은 그때까지의 학문의 존재 방식에 의문을 제기한 1960년대 말에 있었던 학생운동과 공해문제의 분출을 정면으로 수용하여 새로운 출발을 시도한 과학자들이다. 히로시게 데쓰의 말을 빌리자면 그 동기는 이렇다.

> 한꺼번에 반(反)과학과 비합리에 몸을 던지는 것은 과학에 모든 미래를 맡겨 버린 미래학의 유행과 같은 경박함을 거꾸로 되풀이하는 일이 될 것이다.
>
> —『근대 과학 재고』에서

> 우리가 추구해야 하는 것은 지금의 과학의 전선 배치를 바꾸어서 이대로 내버려 두면 어떻게 될지 모르는 반인간적 발전을 억제하는 일이다.
>
> —『과학의 사회사』에서

둘째는 문명을 추진해 온 것으로 알고 있는 과학이 사실은 얼마나 유해한 일을 해왔는가를 구체적 사례를 들면서 지적하려는 움직임이다. 농약문제를 제기한 아리요시 사와코(有吉佐和子)의 『복합 오염』, 미나마타병[2]의 실태를 파헤친 이시무레 미치코(石牟礼道子)의 『고해 정토』라든지 공장 폐수 방류에 대항한 다지리 무네아키(田尻宗昭)의 『욧카이치(四日市) · 죽음의 바다와 싸우다』, 그리고 아시오 동산(足尾銅山) 광독사건[3]과 관계를 맺게 된 것을 원점으로 공해문제를 포괄적으로 서술한 우이 준(宇井純)의 『공해 원론』 등이 이러한 움직임을 대표한다.

여기서 부상하는 것이 시민과 과학의 문제이다. 노사카 아키유키(野坂昭如) 편저의 『과학 문명에 미래는 있는가』는 시민이 현재의 과학에 대해서 궁금하거나 의심이 가는 점을 아마추어 입장에서 전문가에게 솔직하게 묻는 작품이다. 권두에 실린 「과학은 어디로—과학과 문학의 대화」라는 물리학자 오노 슈(小野周)와의 대담에서 노사카는 "전문가가 지나치게 전문화되고" "전문가의 유아화"가 진행되어 "이대로 가면 과학 기술에 의존해 온 인간 사회는 상상도 할 수

2 〔역자주〕 수은 공해병. 1956년 구마모토현 미나마타시에서 발생이 확인되었으며, 니가타 미나마타병, 이타이이타이병, 욧카이치 천식와 함께 일본에서 발생한 4대 공해병으로 일컬어진다.

3 〔역자주〕 19~20세기에 도치기현과 군마현에서 일어난 공해사건으로, 메이시 시대 후기에 발생한 일본의 공해의 원점이 되었다. 아시오동산은 20세기 초에는 일본 동 산출량의 4분의 1을 차지할 정도의 대광산이었다. 그러나 증산을 위해 무분별하게 벌채를 하고 이 때문에 와타라세가와(渡良瀬川) 유역에 홍수가 일어나 농민들이 큰 피해를 입었다. 1891년 12월 이 문제가 일본 국회에서 처음으로 거론되었지만, 농민들의 호소는 무시당하고 탄압받았다. 그후 1896년 유례없는 홍수가 일어나 사회문제로 주목받기에 이르렀다.

없는 엉뚱한 방향으로 나아가는 것은 아닌가"라는 우려를 표명하고 있다.

그리고 셋째는 자주적 학습 활동의 고조이다. 이것은 역사학 분야에서 지방자치단체의 역사 편찬과 관련한 근래의 경향에 가장 잘 나타나고 있다. 과거 같으면 전문가에게 위탁해서 시장 집무실을 장식만 하던 지방자치단체의 역사 편찬은 지역 주민의 적극적인 참여 아래 전문가를 안내자 또는 조언자로 삼으며 그 자체가 학습 활동으로 진행되는 경우가 많아진 것이다.

"시민의 손으로 만들자. 아비코(我孫子)[4]의 역사"라는 구호를 내세운 지바(千葉)의 아비코시의 역사 편찬은 이른바 아비코 방식을 확립했다는 평가를 받았다. 편찬위원의 한 사람인 사이토 히로시(斎藤博)는 결과적으로 연구가 "기존의 틀에 구애받지 않고 구체적으로 파헤치는 자세와 학문적으로 확고함과 세밀함을 지니게 되었다"라고 평가했으며, 마찬가지로 편찬위원인 오하마 데쓰야(大浜徹也)는 '갓테구치'(勝手口)[5]로부터의 시점을 강조하고 있다. 여기에 나타나 있는 것은 생활의 주체로서의 의식을 지키면서 역사를 추적하여 학문

4 〔역자주〕 이바라기현과 접하고 있는 지바현 북서부에 위치한 시. 1970년대부터 도쿄 외곽의 신흥 도시로 개발되었다.

5 〔역자주〕 일본의 가옥 구조에서 현관이 아닌 외부에서 부엌으로 통하는 출입구. 식료품 등의 배달이 오면 배달원은 보통 현관으로 통하지 않고 이쪽으로 출입한다. 여기서는 '생활에 밀착된', '생활에 기반을 둔' 정도의 뜻으로 이해하면 되고, '갓테구치로부터의 시점'이란 '실생활 입장에서 바라본 시점' 정도로 이해할 수 있다.

을 피안에서 차안으로 가져오려는 자세이다. 공해가 계기가 된 학습 활동의 경우 일반적으로 학문을 되찾으려는 긴박감으로 특징지을 수 있다.

이상의 세 가지는 서로 통하는 저변을 지니는 한편 오늘날의 학문에 물음을 던지고 문제를 제기하고 있다.

이렇게 볼 때 일본의 학문은 점점 전문가 집단의 독점물이 되어 인간을 대상화하는 일에 전념할 것인가, 아니면 인간 스스로 주체가 되어 학문을 자신의 것으로 되찾을 것인가 하는 기로에 서 있다고 말할 수 있다. 이런 생각이 들 때면 '내 생애의 위대한 만남과 대화'라는 부제가 붙여진 물리학자 베르너 하이젠베르크(Werner Heisenberg)의 번역서 권두에 있는 "과학은 인간에 의해서 만들어지는 것이다"라는 구절이 자꾸 떠오른다. 나치즘, 제2차 세계대전, 원자핵분열의 발견이라는 정세를 배경으로 학문의 전문화와 인류에 대한 책임과 관련하여 긴장감 흐르는 대화로 가득 찬 이 책에 베르너 하이젠베르크는 『부분과 전체』라는 제목을 붙였다.

민간학과 관학

학문을 둘러싼 상황을 이렇게 인식하고 앞으로 어떻게 하면 인간이 학문의 주인공이 될 수 있는가, 바꾸어 말하면 일반 시민에게 학문에 대한 자발성을 환기시키고 그 상태를 지속시켜 기존 학문을 점검하는 기운을 높이고, 어떻게 학문의 새로운 틀을 만들어 나갈 것인가를 고민한다. 이러한 의식을 과거에 투영하면, '민간학(民間學)'이라는 한 범주가 떠오른다. 여기서 말하는 민간학이란 야나기타 구니오(柳田国男)의 민속학을 비롯해서 이하 후유(伊波普猷)의 오키나와학, 오리쿠치 시노부(折口信夫)의 고대학, 마키구치 쓰네사부로(牧口常三郎)의 인생지리학, 긴다이치 교스케(金田一京助)의 아이누[6]학, 쓰다 소우키치(津田左右吉)의 역사학, 미나카타 구마구스(南方熊楠)의 생물학, 야나기 무네요시(柳宗悦)의 '미'의 전환, 기다 사다키치(喜田貞吉)의 피차별 부락 연구, 쓰치다 교손(土田杏村)의 철학, 곤 와지로(今和次郎)의 고현학(考現學), 곤다 야스노스케(権田保之助)의 민중 오락 연구, 오노 다케오(小野武夫)의 농촌학, 다카무레 이쓰에(高群逸枝)의 여성사학, 야마모토 센지(山本宣治)의 성과학, 오구라 긴노스케(小倉金之助)의 수학, 다무라 에이타로(田村栄太郎)의 농민 봉기 연구와 도박 연구, 모리모토 로쿠지(森本六爾)의 고고학 등을 염두에 두고 하는 말이다.

이 연구들은 거의 1910년대에서 1930년대 초에 걸쳐 이른바 다이쇼 데모크라시[7] 시대에 일익을 담당하였으며, 학계에 일어난 지각

---

6 〔역자주〕 アイヌ. 홋카이도, 사할린, 쿠릴열도에 거주하는 선주민. 수렵, 어로, 채집을 주로 하는 자연과 일체된 생활양식을 지녔고, 음송 형식의 서사시 유카리가 전해진다. 무로마치 시대부터 왜인과 교섭을 가지기 시작하여 에도 시대에는 마쓰마에번(松前藩) 등에 종속되었다. 이후 메이지 시대 동화 정책이라는 이름하에 언어 등 고유의 관습과 문화 대부분이 파괴되었고 인구 또한 격감했다.

7 〔역자주〕 다이쇼기(1912~1926)에 두드러지게 나타난 민주주의적 사조로, 정치 · 사회 · 문화 등 다방면에서의 민주주의적 · 자유주의적 운동을 가리킨다. 호헌운동 · 보통선거운동이 전개되었으며, 그 시기에 관해서는 1905~1925년, 1918~1931년으로 보는 등 여러 주장이 있다. 그러나 1918년 제1차 세계대전의 종전과 도야마현에서 일어난 쌀소동을 데모크라시운동의 시작으로 보는 견해가 지배적이다.

변동을 대표한다. 이들은 일본 학문의 역사를 훑어볼 때 하나하나 매우 개성적이면서도 중요한 산맥을 이루고 있다. '재야의 학문'이라고 해도 무방하나, 이미 통용되고 있는 '민간사학'[8]이라는 이름에 따라 '민간학'이라고 부르겠다.

민간학이라는 말을 사용할 때 거기에는 '관학(官學)'이라는 범주가 암암리에 전제되어 있다. 관학이란 근세에는 주자학을 뜻할 때 자주 사용되었으며, 근대에 들어서는 관립(지금의 국립)의 고등교육 및 연구 기관을 지칭하게 되었다. 여기서는 이러한 제도로 제한하지 않고 관학의 학문적 내용, 그것을 담당하는 사람들의 자기 의식까지 포함해서 학문의 모든 사회적 존재 양식을 뜻하는 의미로 사용하고자 하지만, 마침 '아카데미즘'이라는 편리한 말이 준비되어 있다.

이 아카데미즘이라는 말을 사용하려면 학문은 당연히 정치(精緻)한 것이어야 하며, 그렇지 못하면 이름값을 하지 못한다고 생각한다. 그런 의미에서 나는 아카데미즘의 빛나는 성과를 한없이 존경하는 사람 중 한 사람이다. 실제로 근대 일본의 아카데미즘은 국가 주도 하에 구미의 과학적 성과의 섭취를 기조로 삼아 일정한 단계의 높은 수준을 달성하여 좋든 나쁘든 일본의 학문을 이끌고 지도층을 공급하는 역할을 했으며, 아울러 특히 자연과학 분야에서 기술의 도입과

8 '민간사학'이 호칭을 가장 먼저 사용한 것은 이에나가 사부로(家永三郎)가 아닌가 생각한다. "이러한 경향에 속하는 사학에 '文明史' 家를 계승한 것은 '민간사학'이라고 불러야 하는 사람들이었다"(밑줄은 인용자에 의함, 『현대사학 비판』의 「서문을 대신하여」). 이후로 일본 사학계에서는 이 호칭을 관용적으로 사용하고 있다.

혁신에 기여했다. 이에 상응해서 국가가 융숭하게 보호한 결과 아카데미즘은 근대 일본의 학문 · 교육 · 기술 및 지도층을 공급하는 면에서 우뚝 솟은 특별한 존재가 되었다.

그러나 그만큼 아카데미즘은 국가의 목적과 깊이 관련되어 있었고, 실제로 부국강병에 봉사하는 것을 목적으로 삼았다. 그 결과 아카데미즘에는 어용학, 정책학, 노골적으로 특권을 드러내는 학문, 수입학(輸入學)이라는 호칭과 학벌이라는 이미지가 항상 따라다녔다. 이러한 아카데미즘이라는 말이 때때로 '관학 아카데미즘'이라는 중복되는 형태로 널리 통용되고 있음은 이 말의 뉘앙스에 대해서도 사람들 사이에 암묵의 합의가 이루어져 있음을 보여 준다.

특히 초창기를 지나 아카데미즘이 하나의 길드로서 성립하자, 그 같은 이미지를 가져오는 내실이 자기 증식을 시작했다. 그와 동시에 일본의 문화적 양상에서 본다면, 아카데미즘 성립에 전형적으로 볼 수 있는 일본 근대의 이식적(移植的) 성격은 재래문화의 서브컬처화를 초래했다. 연구비도 사회적 지위도 보장받고 유능한 인재를 주축으로 하는 아카데미즘은 국가를 후광으로 삼아 하나의 권위로서 학문 성과의 독점적 공급원으로 성장했다. 민간학은 유형 · 무형으로 이러한 아카데미즘에 대한 이의를 제기하는 것으로서 출발했다.

민간학과 아카데미즘이라는 식으로 학문을 이른바 출신 성분에 따라 나누는 것에 주저하는 바가 없지는 않다. 안타깝지만 근대 일본의 경우, 이러한 설정은 일정한 유효성을 확보하는 방법이 되고 있다. 이는 널리 인류의 학문 자체를 검토한다는 기개와는 거리가 멀지만, 이러한 틀에서의 학문이 우리에게 무거운 멍에가 되어 온 것 또한 부정할 수 없는 사실이다. 그 점에서 민간학을 축으로 삼아 일본의 학문을 되돌아보는 것은 지금까지 폄하되어 온 지적 산맥에 나름대로 빛을 비추는 일임과 동시에, 오로지 해답만을 추구하는 것이 아니라 물음 자체를 재정립하기 위한 유산을 더듬어 보는 작업이 될 것이다.

민간학에 대한 관심

민간학이라는 말을 조심스럽게 사용하기 시작한 것은 1975년의 일이다. 「일본의 서브컬처 연구사」를 집필할 때, 주제의 특성상 '아카데미 밖 민간의 방대한 연구자층'에 대해 이것저것 논의한 것을 시작으로 「다이쇼 문화에 대한 한 시점」에서는 실질적으로 다이쇼 문화와 민간학을 주제로 삼았으며, 「다이쇼 데모크라시의 사상과 문화」에서는 민간학을 한 축으로 하여 이 시기의 문화를 고찰했다. 이때 아카데미의 외부에 일정한 체계를 세우면서 열매를 맺은 학문을 지칭하는 개념으로 민간학을 사용했다.

그다지 반향이 없었기 때문에 이 말이 학문 세계에서 시민권을 얻었는지에 대해서는 사실 자신이 없다. 그러나 나는 이 말에 집착해 왔다고 하면 너무 강한 어조가 되어 버리겠지만, 적어도 역사를 바라보는 하나의 척도로 삼아 왔다. 『다카무레 이쓰에』를 집필할 때도, 〈일본인의 자전 14〉 『오구라 긴노스케 · 히가 슌초(比嘉春潮)』의 「해설」을 집필할 때도, 그리고 나가하라 게이지(永原慶二)의 뒤를 이어 『일본의 역사가』를 편찬할 때도 민간학의 궤적을 분명히 밝히려는 의식이 어딘가에서 충동질하고 있었다. 지금 집필하고 있는 이 작업은 그 연장선상에 있다고 볼 수 있다.

제1장

민간학으로 가는 길

1

아카데미즘의 성립

막부의 관학에서 메이지 정부의 관학으로

근대 일본의 정통적인 학문의 창세기는 주지하는 바와 같이 도쿄대학 설립을 축으로 한다. 갑작스럽게 '정통적'이라는 말을 사용하는 것은 마치 대상을 규정짓는 것 같아서 마음에 걸리는 부분이 있으나, 각 지방에서 자연발생적인 것도 아니고 여러 기관을 후원자로 삼은 것도 아닌, 국가에 의해서 일원적으로 고등교육 및 연구 기관이 만들어진 데에 찬반이 차례로 지적되는 바와 같은 근대 일본 학문의 숙명이라고 할 수 있는 특색이 있다.

근세에서 근대로의 전환기를 볼 때 세 기관이 오늘날의 도쿄대학의 원류를 이룬다고 생각된다. 하나는 막부의 최고 학부인 쇼헤이코(昌平黌)로, 이곳은 왕정복고 후인 1868년 쇼헤이학교로 개칭되어 국가의 정치를 일신하고 대의명분을 분명히 하며 인재를 육성하는 것을 목적으로 하기에 이르렀다. 나머지 둘은 양학소(洋學所. 天文臺蕃書和解御用掛를 개편)와 종두관(種痘館)인데, 1850년대에 구미 열강의 충격을 받아 세워져 여러 차례 조직과 명칭의 변경을 거쳐 1868년 각각 가이세이학교(開成學校)와 의학교(醫學校)가 되었다.

이 세 학교는 다음 해에 하나로 통합되어 쇼헤이학교는 대학교라고 불리며 학문의 본질을 밝히는 기관으로, 가이세이학교와 의학교는 대학교의 분국으로서 학문의 응용을 추구하는 기관이 되었다. 그 후 도쿄카이세이학교(東京開成學校) 등이 몇 차례의 과정을 거쳐서 1877년 법(法) · 이(理) · 문(文) · 의(醫)라는 4개 학부로 구성된 도쿄대학으로, 1886년 법과 · 의과 · 공과 · 문과 · 이과의 5개 분과대학으로 구성되는 제국대학(1890년 농과대학을 추가했다. 그리고 그동안 정부 소관의 공부工部대학교, 사법성법학교, 도쿄농림학교를 합병했다)으로 바뀌었고, 1897년에는 교토제국대학이 개교하자 도쿄제국대학으로 자리 잡았다는 것이 대략의 경과다.[1]

도쿄대학 시절인 1878년에는 구미에서 대학이라고 불리는 기관은 반드시 학위를 수여하는 권능을 가진다며 학위 수여권을 지니게 되었으며, 1881년 외국에서는 대학에서 배우는 자와 그 이하의 학교에서 배우는 자 사이에 명칭의 차별이 있음을 보고 '본 대학 본 과 학생'에 한하여 '학생'으로 부르기로 정했다.

---

1 『도쿄제국대학50년사』 상권, 도쿄제국대학 편, 오쿠보 도시아키(大久保利謙) 집필, 1932.

문부대신 모리 아리노리(森有礼)에 의한 1886년의 제국대학령이 국가주의적 성격을 지니고 있었다는 점은 이미 주지하는 바와 같다. "국가의 요구에 응한다"라고 규정되어 있을 뿐 아니라 자신의 연설에서도 "학정(學政)의 목적 또한 주로 국가를 위한다는 점에 귀착하지 않을 수 없다", "본존(本尊)은 국가이며, 국가를 본존으로 하는 의지가 깊지 못하고 부족한 자는 직원으로서의 자격이 없다"라고 말했다.[2] 국가에 대한 이러한 밀착성은 매년 졸업식에서 친왕의 영지(令旨)라는 형식으로 그 목적이 강조되었던 점이나 법과대학이 필두가 되어 1893년까지 총장이 학장을 겸임했던 점을 통해서도 알 수 있다.

때때로 이러한 국가주의적 성격만이 지적되는 제국대학령은 제국대학을 교육 기관에서 나아가 연구 기관으로서도 자리매김하고 있다. 학술과 기예를 교수함과 동시에 높은 경지를 연구한다는 조문이 이를 보여 주고 있으며, 이러한 기준에 따라 대학원이 설립되었다.

그리고 제국대학의 우월성은 1886년의 사립법률학교 특별감사와 관련한 조규에 의해 제국대학 총장에게 센슈학교(專修學校. 현재의 센슈대학), 메이지법률학교(明治法律學校. 현재의 메이지대학), 도쿄전문학교(현재의 와세다대학早稲田大學), 도쿄법학교(현재의 호세이대학法政大學), 이기리스법률학교(英吉利法律學校. 현재의 주오대학中央大學)라는

2 「문부성에서 한 직할 학교장에 대한 연설」, 1889.

도쿄부(東京府)에 있는 5개 사립 법률학교에 대한 감독권이 주어졌다는 점을 통해서도 알 수 있다. 이 조규에 의해 이 학교들은 제국대학 직원의 현장감독을 받아야 했으며, 수업과 시험 시간표를 사전에 제출해야 하는 등의 의무가 있었다.

이러한 과정이 의미하는 바는 크다. 먼저 근대 일본에서 아카데미즘은 전형적인 국가 주도로 형성되었다. 그 결과 아카데미즘의 중추기관은 막부의 관학에서 메이지 정부의 관학으로 횡적 이동을 했다. 그리고 관학은 학문의 본질과 학문의 응용을 추구한다는 역할을 맡았다. 제국대학의 원류를 이룬 세 기관 중 두 곳이 구미 열강으로부터 충격을 받고 그 충격이 대표하는 문명을 받아들이고자 창설한 것이다. 여기에서 양학, 즉 서양 학문 섭취 기관으로서의 대학의 성격을 볼 수 있다. 메이지 정부가 초기에 많은 외국인 교사를 고용했고, 그보다 훨씬 많은 수의 유학생을 내보냈으며, 대학에서 학생들이 유럽에서 사용되는 언어로 된 서적을 그 언어로 배운 사실 등에서도 아주 단적으로 그 성격이 나타난다.

당연히 이러한 학문은 실학적인 경향을 띠었다.

> 학문은 순수학문과 응용학문이라는 두 부문으로 나뉘고 공히 국가 필수의 학문이다. 그리하여 순수의 문은 작아도 충분하고 응용의 문은 커야 한다.[3]

3 『학정요령』 초안2, 모리 아리노리, 1886.

그리고 대학은 국가의 적극적인 보호를 받아서 여타 모든 교육 기관과는 현격하게 다른 지위와 자격을 지니게 되었다. 이렇듯 근대 일본을 일관하는 학문의 원형이 메이지유신부터 시작하여 사반세기 만에 완성되었다는 사실을 알 수 있다.

부국강병을 위한 학문

이러한 창세기를 거쳐 도쿄대학→제국대학은 교육·연구 기관으로서, 또한 지도층의 공급원으로서, 나아가서는 정책 고문 기관으로서 독점적 지위를 차지하기에 이르렀다. 일본의 대학에 관한 유일한 통사(通史)인 오쿠보 도시아키(大久保利謙)의 『일본의 대학』은 그 역할을 다음과 같이 찬양하고 있다.

> 도쿄카이세이학교에서 도쿄대학으로 바뀔 무렵에는 당시의 수입 문화의 첨단에 섰으며, 그 문화사적 존재 가치는 높이 평가되어야 마땅하다.…그 권위는 실로 유례가 없으며 오히려 비판을 넘어선 높은 존재였다.…제국대학은 말 그대로 등용문이었으며, 그 출신자는 정계는 물론이고 학계·산업계·기술계에서 환영받았다.…언제나 일본의 최고 지도자는 제국대학을 나온 이들이었다.

우리는 지금 이 지적을 약간 다른 감회를 느끼면서 수긍할 수 있다. 그만큼 일본의 아카데미즘은 호교학(護教學)으로서의 성격이 강했던 것이다. 초창기 대학의 학문의 성격이 어떤 것이었는가는 가장 이데올로기성이 강한, 그리고 대표적인 사람들로 여겨지던 교수들에 의한 여러 사건에서도 확인할 수 있다. 하나같이 널리 알려진 이 사건들은 사회를 대하는 대학의 자세를 단적으로 드러내고 있다.

먼저 1881년에 도쿄대학의 종리(綜理, 총장) 가토 히로유키(加藤弘之)에 의한 저서 절판신고사건이 있다. 그의 저서 『진정대의』(眞政大意, 1870)와 『국체신론』(國體新論, 1874)은 천부인권론에 바탕을 둔 정론서였는데, 오류를 알게 되어 절판시키겠다는 신고를 스스로 했다. 내무경(內務卿)[4]은 이를 받아들여 두 서적의 판매를 중지했다. 이렇게 해서 이듬해 가토는 "뛰어난 자가 승리하고 열등한 자가 패배하는 것은 당연한 하늘의 이치가 아닌가"라고 주장하며 천부인권론을 미증유의 망상론으로 보는 『인권신설』(人權新說, 1882)을 간행했다. 사회진화론을 적나라하게 전개한 이 저서는 자유민권론자로부터 격렬한 비판을 받았다. 그래서 1887년 대학 교수 · 졸업생 · 학생이 회원이 되어 학회를 만들 때, 그 학회에 통치를 위한 학문으로서의 의미가 농후한 '국가학회'라는 이름을 붙였으며, 정담(政談)에 관여하는 자는 용서하지 않는다는 조건을 붙이고 헌법 · 행정 · 재무 · 외교 · 경제 · 정치 · 통계 등 국가학에 속하는 여러 분야를 연구했다.[5]

가토 히로유키가 민권론으로 아카데미즘의 자세를 표명했다면, 1890년 「교육칙어」[6] 하사에서 역할을 대표한 이는 문과대학 교수 이

---

4 〔역자주〕 메이지 18년(1885)에 있은 관제개혁 이전의 내무성 장관.

5 『국가학회잡지』 제1호, 1887.

6 〔역자주〕 「敎育勅語」. 메이지 천황의 이름하에 1890년 10월에 공표된 「교육에 관한 칙어」. 교육의 근본을 황조의 유훈에서 찾으며 충효의 덕을 국민교육의 중심에 두었다. 부모에 대한 효도, 부부의 화합, 존법 정신 등 12개 덕목을 나열하고 이를 지키는 것이 신민의 전통이라고 했다. 이는 서양의 학술과 제도가 도입되면

노우에 데쓰지로(井上哲次郎)였다. 문부대신의 면접에서 어떤 국체관을 가지고 있는지 검증받은 후 칙어의 해설서 초안 작업을 위촉받은 이노우에는 1891년 『칙어연의(勅語衍義)』를 완성했다. 이 저서는 초고 단계에서 가토 히로유키, 나카무라 마사나오(中村正直), 이노우에 고와시(井上毅) 등 80여 명의 의견에 의해 가필 · 정정되고 문부대신의 서문을 갖춘 반은 관에 의한 것이었으며, 문부성은 이 저서를 전국의 학교에서 사용하려고 했다. 그런데 그 내용 가운데 "이유 없이 주군을 모욕하거나 상해를 입히면 상하의 질서를 어지럽히는 단서"라는 한 구절에 대해서 자칭 수지생(遂志生)[7](이노우에는 유학자 나이토 지소內藤恥叟라고 추측했다)이라는 자로부터 "그럼 이유가 있다면 그렇게 해도 된다는 말인가"라는 비판을 받고 곧바로 "이유 없이"라는 문구를 삭제한 경위가 있다.[8]

게다가 이노우에 고와시는 교육칙어를 각 학교에 전달하는 동안 일어난 이른바 우치무라 간조(內村鑑三) 불경사건[9] 때에 교육과 종교의 충돌 논쟁을 제기해서 기독교 배격을 적극 주장했다.

서 경시되기 쉬운 도덕교육을 중시한 것으로, 이 도덕관은 전통적인 유교와는 다른 것이었다. 1948년 국회에서 그 실효 및 배제를 결의했다.

7 〔역자주〕 '뜻하는 바를 끝까지 수행하는 자' 정도로 해석할 수 있다.

8 『교육칙어환발관계자료집』, 국민정신문화연구소 편 · 간, 1939.

9 〔역자주〕 우치무라 간조(1861~1930)는 기독교 사상가, 문학가, 성서학자로서 홋카이도 개척 사업에 종사했고, 1884년 사비로 미국으로 건너갔다가 귀국 후 도쿄의 제일고등학교 촉탁교사가 되었다. 1891년 1월 강당에서 거행된 「교육칙어」 봉독식에서 천황 친필의 성명에 공손한 경례를 하지 않은 일이 동료 교사와 학생의 비난을 사서 사회문제가 된 것이 불경사건이었다. 이후에도 우치무라는 국민에 대한 억압적 체제에 기독교인의 입장에서 패전을 예언하는 등 신랄한 비판을 했다.

이 국가주의적 철학자 이노우에 데쓰지로의 자기 의식은 그의 저서 『내지잡거속론』(內地雜居續論, 1891)에 잘 나타나 있다. 이 책은 그에 앞서 간행된 『내지잡거론』(1889)에 대한 비판을 반박한 내용의 책인데, 다음과 같은 표현이 여기저기에 보인다.

> 고바야시 씨의 논의 따위는 반박할 만한 일고의 가치도 없는 것이다. 고바야시 씨의 학력은 겨우 도쿄전문학교를 졸업한 정도에 불과하며, 본인의 저서를 비판할 능력은 애당초 지니고 있지 않다.…시오지마 씨와 같은 사람이 대학 교육도 받지 않고 자기 분수를 모르고 우승열패에 관한 이야기 등에 끼어들어 스스로 학자랍시고 하는 양을 보면 우리나라 문학의 정도가 얼마나 미천한가를 알고도 남는다.

법학 분야에서는 호즈미 야쓰카(穗積八束)의 족적이 월등하다. 그의 헌법론은 "천황은 통어(統御)의 주체이다. 통어의 주체는 국가이다. 고로 천황은 국가이다. 그러하므로 천황의 대권은 결코 이 헌법에 의해서 제한되지 않는다. 헌법은 천황의 명령이며, 명령이란 주권자 자신을 향해 내리는 것이 아니기 때문이다"라는 논리에 입각하고 있었다.[10] 그런 의미에서 지배에 제약을 가하는 법 자체가 속박으로 의식되기에 이른다. 「법치주의를 비난한다」(1889)는 그러한 의식의 소산이었다.

10 「제국헌법의 법리」, 1889.

그러나 호즈미 야쓰카의 경우 민법론 분야에서 더욱 화려하게 활약했다. 이른바 보아소나드(G. E. Boissonade)에 대한 "민법이 나와서 충효가 사라진다"(1891)라는 비판은 민법전 논쟁에 커다란 화제를 몰고 왔으며, 보아소나드 민법을 매장하고 마는 결정타가 되었다. 민법전 논쟁 자체에는 영국법파와 프랑스법파라든지 자유경쟁파와 보호파의 대립과 같은 요소가 있기 때문에 간단하게 규정할 수는 없지만, 호즈미 야쓰카는 국가주의를 법제의 본위로 삼고 조상으로부터 내려오는 국풍 유지를 지향한다는 점에서 명료하게 이해된다.[11]

물론 실증주의라는 학문이 설화에서 사실(史實)을 준별해 내는 '말살 박사' 시게노 야스쓰구(重野安繹) 같은 역사가를 배출한 것은 사실이다. 그러나 실증주의의 과학 정신도 천황가에 대해 언급한 순간 곧바로 필화를 겪어야만 했다. 문과대학 교수 구메 구니타케(久米邦武)가 "신도(神道)는 하늘을 모시는 옛 풍속"이라고 논한 결과 해직된 사건은 금기가 확립되어 가고 있었음을 단적으로 말해 주고 있다.[12]

아카데미즘의 이러한 성립 과정을 이야기할 때, 나는 언제나 1901년에 있었던 의과대학의 독일인 교사 에르빈 벨츠(Erwin Bälz)의 일본 체재 25주년을 기념하는 자리에서의 연설 한 구절을 떠올리곤 한다.

서구 여러 나라는 제군들에게 교사를 파견하였습니다만, …그들의 사

---

11 이상에 관해서는 『호즈미 야쓰카 박사 논문집』, 호즈미 시게타카 편, 有斐閣, 1943 참조.

12 『폭풍 속의 100년—학문탄압소사』, 사키사카 이쓰로 편저, 勁草書房, 1952의 오쿠보 도시아키 집필 부분에 상세한 경과가 설명되고 있다.

명은 자주 오해를 받아 왔습니다. 원래 그들은 과학의 나무를 키우는 사람들이었으며, 또한 그렇게 하려고 했었습니다만, 그들은 과일이라는 결실을 잘라서 파는 사람으로 취급되었던 것입니다. … 일본에서는 현재의 과학의 '성과'만을 그들에게서 얻어 내려고 한 것입니다. 최신의 성과를 그들로부터 이어받는 것에 만족하여 그러한 성과를 가져다준 정신은 배우려고 하지 않는 것입니다.[13]

고용 교사의 '정신'이 조금은 과도하게 미화되어 있는 구석도 있는 것 같으나, 어쨌든 근대 일본의 아카데미즘이 구미의 학문을 수용함에 있어서의 특성을 제대로 꿰뚫어 보고 있는 점 또한 사실이다.

재래 문화의 서브컬처화

아카데미즘의 성립은 그때까지의 학문과 문화에 어떤 변동을 유발했을까?

메이지유신이 단행되기 전의 근세, 특히 근세 후기의 학문과 문화는 외형적으로 주자학을 중심으로 하는 봉건교학에 가려져 있어 분명히 그 제약을 받으면서도 활발한 모습을 보이며 두텁게 축적해 가고 있었다는 점은 주지하는 바와 같다. 개괄적으로 그 특성 두 가지를 지적하고자 한다.

첫째는 지역마다의 충실한 문화적 힘이다. 수없이 많은 문예 서적은 차치하고 근세기에 어떤 사상적 작품이 생산되었던가? 그 골격은

13 Toku Bälz 편, 스가누마 류타로(菅沼龍太郎) 역, 『Bälz의 일기』, 1952, 岩波文庫.

근대에 들어서 간행된 몇 가지 총서에 잘 나타나 있다. 우선 유교·불교 등의 철학과 종교사상을 모은 것으로서 이노우에 데쓰지로·가니에 요시마루(蟹江義丸)가 엮은 『일본윤리휘편』, 세키 기이치로(関儀一郎)가 엮은 『일본유림총서』, 와시오 준쿄(鷲尾順敬)가 엮은 『일본 사상투쟁 사료』 등이 있다. 그 다음으로 경제사상 분야에 눈을 돌리면 다키모토 세이이치(滝本誠一)가 엮은 『일본경제총서』와 『일본경제대전』이 있고, 오노 다케오가 엮은 『근세지방 경제사료』와 『일본 농민사료 취수』 등에 수록된 여러 작품이 있다. 그리고 발전이 뒤졌다는 자연과학 영역에서도 사이구사 히로토(三枝博音)가 엮은 『일본 과학고전 전서』가 있다.

이 외에 근세에 눈부시게 발달한 분야에 수필이 있으며, 주요 작품은 국민도서주식회사가 엮은 『일본수필전집』, 요시카와코분칸(吉川弘文館)이 엮은 『일본수필대성』에 수록되어 있다. 그리고 다양한 풍문이나 떠돌아다니는 단편적인 기록들을 모은 잡찬(雜纂)이라고 할 부수적인 성과물이 있는데, 예를 들어 『일본사적협회총서』 중 고데라 렌조(小寺連城)의 『갑자잡록(甲子雜錄)』, 『병인연성만필(丙寅連城漫筆)』, 『정묘잡습록(丁卯雜拾錄)』 등을 통해 그 일부를 알 수 있다.

그리고 마지막으로 각 지방의 풍토에 뿌리를 둔 작품들이 있다. 이를테면 도호쿠(東北)[14] 지방의 대표적 총서를 든다면 후카사와 다이치(深沢多市)가 엮은 『아키타총서』, 남부총서간행회가 엮은 『남

14 〔역자주〕 아오모리현(青森縣), 이와테현(岩手縣), 미야기현(宮城縣), 아키타현(秋田縣), 야마가타현(山形縣), 후쿠시마현(福島縣)의 6개현.

부총서』, 센다이총서출판협회(仙台叢書出版協會)가 엮고 간행한 『센다이총서』, 기쿠치 겐스케(菊池研介)가 엮은 『아이즈자료총서』 등이 있다.

내용 설명도 없이 이름만 나열한 이것들은 제2차 세계대전 전에 간행된 아주 흔한 총서의 일례에 불과하며 이 밖에 여러 분야의 총서와 개인 전집이 존재했고, 전후에는 한층 다양하고 정치한 재발행 작업이 이어졌다. 대학의 전공 과정에 막 입학한 사학과 학생들이 즐겨 찾은 이 총서들을 계통적으로 보면, 물론 연구 · 논책(論策) · 수필 · 잡찬 등이 분화되어 있지 않으나 문화적 소산으로서의 풍요로움을 볼 수 있으며, 수록 작품 중 많은 작품이 이른바 '삼도(三都)'[15]라고 불리는 중앙이 아닌 지방에서 쓰인 사실에 강한 인상을 받는다.

근세, 특히 후기는 이렇듯 문화가 다극적 거점을 가진 시대였다. 모토오리 노리나가(本居宣長)는 이세(伊勢)의 마쓰자카(松阪)에 있었고, 히로세 단소(広瀬淡窓)는 분고(豊後)[16]의 히타(日田)에 있으면서 전국 각지에서 3,081명이나 되는 문하생을 모았다. 농민 생활과 밀접한 농서 분야에서는 일본 열도를 각 지역으로 나누었을 때 홋카이도 · 도호쿠 17권, 간토 15권, 도산도 · 도카이 8권, 호쿠리쿠 13권, 긴키 6권, 주고쿠 8권, 시코쿠 9권, 규슈 및 오키나와 24권[17]처럼, 전국 각지에

15 〔역자주〕 교토(京都), 에도(江戶), 오사카(大坂)를 가리킨다.

16 〔역자주〕 지금의 오이타(大分) 중부 및 남부에 해당하는 지역.

17 〔역자주〕 간토(関東)는 이바라기현(茨城縣) · 도치기현(栃木縣) · 군마현(群馬縣) · 사이타마현(埼玉縣) · 지바현(千葉縣) · 도쿄도(東京都) · 가나가와현(神奈

서 쓰인 작품들이 사본이나 목판본 형태로 널리 유포되었다.[18] 그런 의미에서 조닌문화(町人文化)[19]의 시대라고 일컬어지는 근세는 그와 동등한 진실성을 지닌 지방문화의 시대이기도 했다.

둘째는 정신 태도로서의 경험적 합리론의 양성이다. 이 점은 지금까지의 근세학문사 연구에서 이구동성으로 지적하는 바이다.

일찍이 전후 제1기 『이와나미강좌 일본역사』의 「경험과학의 탄생」이라는 장을 집필한 마에다 이치로(前田一良)는 유학자의 자연 연구, 본초학, 고의방(古醫方),[20] 화산(和算),[21] 천문, 역학, 측량술 등에 대해 주로 논했다. 이어서 스기모토 이사오(杉本勳)가 엮은 『과학사』는 이러한 내용을 다루는 「자생적 과학문화 : 실학의 흥륭」의 장에 '근세 중기 산업의 발달과 기술학의 형성', '근세 중기의 사상과 실학', '경험과학의 발달' 등의 절을 두었다. 그리고 일본과학사학회가 엮

川縣), 도산도(東山道)는 주부(中部)·간토·도호쿠(東北)의 산지를 중심으로 하는 지역, 도카이(東海)는 시즈오카현(靜岡縣)·아이치현(愛知縣)·미에현(三重縣)·기후현(岐阜縣), 호쿠리쿠(北陸)는 니가타현(新潟縣)·도야마현(富山縣)·이시카와현(石川縣)·후쿠이현(福井縣), 긴키(近畿)는 교토부(京都府)·오사카부(大阪府)·시가현(滋賀縣)·효고현(兵庫縣)·나라현(奈良縣)·와카야마현(和歌山縣), 주고쿠(中国)는 돗토리현(鳥取縣)·시마네현(島根縣)·오카야마현(岡山縣)·히로시마현(廣島縣)·야마구치현(山口縣).

18 『농서』, 사토 쓰네오, 『강좌 일본기술의 사회사』 제1권(일본평론사, 1983) 수록.

19 〔역자주〕 조닌은 에도 시대 도시에 거주하던 직인과 상인 즉 사농공상 가운데 공과 상에 해당하는 사람들로, 이들은 풍부한 자금력을 바탕으로 독자적인 도시문화를 형성했는데 이것이 조닌문화다.

20 〔역자주〕 후한 시대의 의학으로 일본에서는 에도 시대 전기부터 행해졌다.

21 〔역자주〕 일본 고유의 수학. 에도 시대 세키 다카카즈(関孝和) 등에 의해 독자적으로 발전한 일본 고래의 수학. 메이지유신 이후 서양 수학이 도입되어 쇠퇴했다.

은 일본과학기술사대계 6 『사상』의 총설에서 엮은이 쓰지 데쓰오(辻哲夫)는 화산, 천문, 본초학, 농학의 발흥이 실증적 · 합리적 정신을 사상계에 차츰 보급해 갔다는 점을 강조하고 있다. 스기 히토시(杉仁)는 「경험적 합리론으로 가는 길」에서 근세의 양잠 기술을 통한 근대적 세계관 형성 문제를 논했다. 아울러 농서에서의 경험과학으로서 지카타가쿠(地方學)[22]의 형성도 농학사에서 여러 번 강조된다.

이와 같이 일본의 학문사에서는 근세 경험과학의 성립이 거의 공통적인 평가로서 자리 잡고 있으며, 이 경험과학은 때로는 '실학'이라고 불리고 있다. 게다가 이러한 경험과학은 비단 자연과학 분야에만 국한되는 것이 아니었다. 과학기술사를 설파한 이미 언급한 저서에서 쓰지 데쓰오는 '어느 면에서는 실증적 학풍을 지닌' 야마가 소코(山鹿素行), '이(理)는 어디까지나 물(物)에 따르는 실리임을 주창한' 이토 진사이(伊藤仁斎), '하나의 제도(예악제도)의 초시대성을 부정한' 오규 소라이(荻生徂徠) 등의 고학파, '천지자연에 생명력을 발견한' 가모노 마부치(賀茂真淵), '객관적 자연을 인식하는 주체로서의 인간'을 긍정한 모토오리 노리나가 등 국학자의 의의를 과학적

22 〔역자주〕 한자 표기를 보면 '지방을 연구하는 학문'으로 이해할 수 있다. 물론 중첩되는 부분도 있으나, '지카타(地方)'라는 말은 본래 농어촌을 가리키는 말인 무라카타(村方)와 같은 의미로서 에도 시대에 사용되던 말이며, 이와 대치되는 개념으로는 마치카타(町方)가 있다. 1898년(메이지 31년) 『농업본론』을 출간한 니토베 이나조(新渡戸稲造)는 독일에서 일어난 향토 보호 기운에 공감하여 도시화의 격랑에 흔들리는 농촌이 자립하기 위해서는 독일과 같은 운동이 일어나야 한다고 생각했다. 당시에는 향토라는 말이 보급되지 않았기 때문에 지카타라는 말을 사용하여 여기에서 지카타가쿠라는 용어가 생겨났다.

태도의 성장과 관련지으면서 설명했다.

근대 일본 초창기의 과학(자연과학)에 '국영과학(國營科學)'이라는 이름을 붙인 것은 과학사가인 나카야마 시게루(中山茂)이다.[23] 이 이름에는 ①당사자의 사명감을 비롯하여, ②외국의 과학을 섭취하면서도 외국 주도형이 되지 않았으며, ③국가의 총력을 동원했으므로 급속도로 일정한 수준에 도달했고, 그렇기에 비전성(秘傳性)을 타파하고 직업적 과학자를 육성하기에 이르러 과학의 제도화를 가져왔다는 특색이 공과 과부족 없이 담겨 있다.

그렇기 때문에 '국가사업으로서의 과학'의 도입은 나름대로 국민생활에 뿌리를 내리며 성장해 온 재래문화에 충격을 가하여 알력을 불러일으킬 수밖에 없었다. 재래문화를 '미몽(迷蒙)'으로 보는 계몽사상은 국가의 힘을 배경으로 빠르게 재래문화의 배제를 가속시켰다. 이 현상이 가장 전형적으로 나타난 것은 한방의학에서 서양의학으로, 한방 매약(賣藥)[24]에서 양약으로의 전환이었다.

일례를 들어 매약이라고 하면 엣추(越中)[25]의 것이 대표적이지만, 1870년 정부는 매약 단속 규제를 만들어 매약 면허권을 대학동교(大學東校)[26]에 넘긴 것을 시작으로 1872년에는 이미 교부된 매약 면허

23 스기모토 이사오(杉本勳) 편, 『科學史』 第10章의 장 이름.

24 〔역자주〕 일반 질병에 대한 약방문에 의하여 미리 조제해 두고 시판하는 약으로, 의사의 처방전에 의한 것이 아니다.

25 〔역자주〕 지금의 도야마현에 해당한다.

26 〔역자주〕 쇼헤이코 · 양학소 · 종두관의 3개 학교가 1868년 각각 쇼헤이학교 · 가이세이학교 · 의학교가 되었으며, 1869년에는 대학 · 대학동교 · 대학남교가

증을 반환할 것을 강요했으며, 나아가 1882년에는 10퍼센트의 매약 인지세를 징수하기로 했다. 일관된 압박 정책이라고 할 수 있는 이 규제들, 특히 약을 두기만 해도 세금을 내야 하는 인지세는 약을 먼저 배급하고 나중에 수금하는 영업 방식을 취하던 도야마 매약의 전통적 상법에 결정적 타격을 입혔다. 매약업자들은 때때로 탄원서를 제출하는 한편, 제약의 개량을 꾀하려고 공립 약학교를 세우는 등 살아남기 위해 노력했다(이 공립 약학교가 도야마약학전문학교를 거쳐 도야마대학 약학부가 되었다).[27]

'도야마에서의 메이지유신이란 무엇이었는가?'라는 시각에서 문제를 생각할 때 폐불훼석(廢佛毁釋)[28]과 함께 매약의 수난이 커다란 기둥이 된다. 그리고 이러한 종류의 알력은 정도의 차는 있을지언

되었다. 대학이 국학과 한학을, 대학동교가 의학을, 대학남교가 인문학을 분담했다. 그러나 국학자 · 한학자 · 양학자 사이에 학문 논쟁이 일어나자 메이지 정부는 양학 중시 입장을 취하여 1871년 대학을 폐쇄하고 말았다. 대학남교는 그 후 남교, 제일대학구제일번중학으로 개칭 · 발전하여, 1873년 가이세이학교가 되었다. 한편 대학동교도 동교 · 제일대학구의학교로 개칭 · 발전하여, 1874년에 도쿄의학교가 되었다. 그리고 1877년 4월 12일 도쿄카이세이학교와 도쿄의학교가 합병해서 일본 최초의 대학인 도쿄대학이 탄생하기에 이르렀다. 본문에서 말하는 동교는 지금의 도쿄대학의 전신이다.

27 무라카미 세이조, 『도야마시 약업사』, 도야마시 상공노동부약업과, 1975.

28 〔역자주〕 일반적으로는 불교 사원, 불상, 불경 등을 파괴 · 훼손하고 승려들이 누리던 특혜를 폐지하는 등 불교에 대한 공격을 말하나, 일본에서의 폐불훼석은 보통 메이지 정부의 신도국교화 정책에 의거해 일어난 불교배척운동을 가리킨다. 1868년 3월 왕정복고하에 메이지 정부가 신불분리령을 발포하자 불당, 불상 등에 대한 파괴가 각지에서 일어났다. 또한 일부 국학자는 불교를 외래 종교라며 불교의 약체화를 유도했다.

정 적잖은 지역에서 공통적으로 일어난 사태였다. 개화라는 이름하에 지역산업에 가해진 타격에 대해서는 마에다 마사나(前田正名)가 『흥업의견』(興業意見, 1884)에서 상세하게 기술하고 있다.

이렇게 하여 아카데미즘은 국영과학으로서 우뚝 서기에 이르렀다. 여기에는 근세로부터의 연속성보다 도태와 단절의 원리가 훨씬 강력하게 작용했다. 물론 세밀하게 분석하면 분야에 따라 차이가 있으며, 근세 문화의 중요한 요소를 차지하고 또한 생활에 밀착하고 있는 농학에서는 노농(老農)[29]에서 농업 시험장으로 이양하는 과정이 비교적 연속성을 띠었던 것에 반해, 군사상 · 산업상의 요청을 직접 반영하고 또한 '미증유의 사업'이라고 불리던 공학은 이식형과 단절형의 첨단을 형성했다. 이러한 차이를 내포하면서도 아카데미즘의 성립에 의해 국가가 학문으로 무장하는 체제가 완성된 것이다.

그만큼 일반 생활자는 학문상의 대변자를 상실하여 생활상의 의문을 이중, 삼중의 간접적인 형태로밖에 반영할 수 없게 되었다. 이를 부연하자면, 아카데미즘의 국가주의적 성격은 민중적 혹은 생활적 방향으로의 전개를 억지하거나 부차적인 것으로 여기게 되었으며, 이식적 성격은 자생적인 것에 대한 폄하와 경시를 가져왔고(접목성의 조장), 기술 본위적 성격은 전문성을 현저하게 획득해 갔다. 더불어 이들이 차지한 특권적 지위 때문에 강좌가 될 수 없는 학문 분

29 〔역자주〕 '농사짓는 늙은 사람'을 뜻하며, 구체적으로는 '농사일에 경험이 많은 사람'을 말한다. 즉 여기에서는 오랜 경험에 의해 농사를 짓던 시대로부터 농업 시험장에서 과학적으로 분석하고 연구하는 시대로 이양하는 것을 뜻한다.

야나 문화적 영위, 성과를 이른바 정규의 것으로 인지하지 않으려는 경향을 낳았다.

2

민간학의 태동

민간학의 걸음마는 학문 세계의 이러한 정통성 수립에 맞서는 형태로 시작되었다. 대변자 또는 대변을 위한 통로를 상실했다고 느낄 때, 새로운 통로를 찾고 자신이 지니고 있는 문제 즉 모순의 제시와 해결을 꾀하려는 것은 억제할 수 없는 인간의 마음이다. 갑자기 학문의 정통성을 부정하는 것은 아닐지라도 그 정통이 모든 것으로서 존재하는 데 이의를 제기하고 상대화를 도모하며, 학문이 아카데미즘에 의해 독점되는 사태에서 귀결되는 억압성을 완화하려는 최소한의 시도이다. 반은 아카데미즘의 성립에 병행하면서 반은 학문의 세계에 잇달아 일어나는 또 하나의 학문에 대한 움직임이 현저해지는 1880년대부터 1900년 전후에 걸친 시기는 그런 의미에서 민간학의 태동기를 이루고 있는데, 현재 세 가지 형태를 지적할 수 있다.

민권법학

첫째는 자유민권운동 속에서 형성된 민권법학이다.

민권법학이 민간학 성장에 남긴 자취를 자세하게 논의하면 양쪽의 성격과 관련하여 상당히 복잡한 문제를 품고 있음을 알 수 있다. 그러나 여기서는 '어떻게 해서 태동했으며, 왜 태동에 그쳤는가?'라는 각도에서 개괄적으로 다음 네 가지를 들어 설명하겠다.

1) 근대 일본 초창기의 사회과학은 번역문화의 압도적 영향 아래에 있었다. 예를 들어 하나의 잣대로 『메이지 문화 전집』의 〈자유민권〉, 〈법률〉, 〈경제〉, 〈정치〉 각 권의 말미에 있는 「문헌 연표」를 일람하면 무슨 뜻인지 알 수 있을 것이다. 1880년대 말까지는 번역서가 대부분을 차지하고 있으며, 번역서가 아닌 서적도 대부분이 서구의 사회과학서에 대한 해설 또는 조술(祖述)이다. 그중에서 〈자유민권〉의 「문헌 연표」는 저서가 번역서를 능가한 유일한 경우이며, 그만큼 독자적 문화 창조에 대한 의욕이 강했던 분야였다고 짐작된다. 그렇지만 실질적으로는 번역문화의 범위에 머물고 있었다.

2) 적잖은 정론서(政論書)가 간행되었으며, 그 가운데 나카에 조민(中江兆民)의 『삼취인경륜문답』(三醉人經綸問答, 1887)과 같은 고전이 태어났다. 하지만 정론이라는 성격상 대개 어디까지나 논의이지 학문이라고는 할 수 없는 것들이었으나, 학문에 대한 또 하나의 동기를 키우고 있었다.

3) 독자적 학문 체계를 세우지는 못했지만, 광범위하게 전개된 학습 활동에 의해 학문에 대한 관심을 전체적으로 향상시켰다.

4) 정치적 실천에 쫓긴 나머지 하나의 체계를 확립하기 위한 시간

적 여유가 부족한 경우가 많았다.

이러한 조건에 고전하면서도 또는 이러한 조건하에 있었기 때문에 이루어 낸 성과로는 오노 아즈사(小野梓)의 『국헌범론』과 『민법지골』을 들고 싶다. 『국헌범론』의 내용 대부분은 제러미 벤담(Jeremy Bentham), 존 스튜어트 밀(John Stuart Mill), 프랜시스 리버(Francis Lieber), 시어도어 드와이트 울지(Theodore Dwight Woolscy) 등의 주장에 따르는 한편, 일본의 헌법사와 민권사에서 시작하여 천황가의 지위와 인민의 자주권(자유권), 입법 · 행정 · 사법의 3권, 회계, 병력, 지방 정치 등을 여러 분야에 걸쳐 상세하게 서술했다. 그리고 입헌국민의 기풍에 대한 논의로 결론을 맺어 독자적 헌법학 체계를 확립한 저서로 알려져 있다. 이러한 논의의 골자는, 국가 본연의 의무는 '인간의 삶에서 3대 중대사인 생존, 부주(富周),[30] 평등을 보호하고 지키는 것'에 있다는 것이다.

『민법지골』은 미완성이지만 로마법 이후의 민법을 비교 · 검토하여(오노 아즈사는 이에 앞서 편역서인 『라마율요 羅瑪律要』를 세상에 내놓았다) 친족, 물권 및 법인에 대한 기본 틀을 제시한 저작이다. 그 기조는 "많은 권속을 한 명의 호주 아래에 두고 여러 사람의 자치 능력을 억제하여 한 사람이 좌우하도록 한다"라는 이유로 호주제 폐지를 설파한 점에 가장 명확하게 나타나 있다.

30 〔역자주〕『國憲汎論』에 다음과 같은 설명이 확인된다. "富周トハ吾人ノ餘裕アリテ豊饒ナル所以ヲ謂フ." 즉 부주는 "나한테 여유가 있어서 풍요로운 것이 富周라고 한다"는 것이다.

공법과 사법 양쪽에 관심을 가진 점 등은 과연 입헌개진당[31]의 이데올로기에 적합하다고 해야겠지만, 이러한 고찰을 통해 오노 아즈사는 군권적 · 가부장적 구상과 대치하는 국가관 · 사회관을 공리주의적 관점에서 역사적으로 검토하여 하나의 체계로 제시했다. 그러나 이 때문에 관료법학의 확립과 함께 오랫동안 무시되는 운명에 놓였던 점에 대해서는 히라노 요시타로(平野義太郎)가 『의회 및 법제사』에서 지적하고 있다.

민간사학

둘째는 1870년대의 계몽사학과 1890년대의 민간사학에 집약되는 또 하나의 역사관 제시이다. 이 문제에 관한 연구는 앞에서 밝혔던 이에나가 사부로의 『현대 사학 비판』을 비롯해서 마쓰시마 에이이치(松島栄一)의 『해제』(메이지사 논집』(1)(2), 1965), 오자와 에이이치(小沢栄一)의 『근대 일본 사학사의 연구 메이지 편』, 다나카 아키라(田中彰)의 『메이지천황제 확립기의 유신관—평민주의의 유신관과 그 전회(轉回)』 등 매우 많다.

계몽사학은 후쿠자와 유키치(福沢諭吉)의 『문명론지개략』(文明論之概略, 1875)을 선구로 다구치 우키치(田口卯吉)의 『일본개화소사』(日本開化小史, 1877)가 대표적이다. "대개 사람 마음이 개화를 했느냐 안

31 〔역자주〕 1882년부터 1896년까지 활동한 메이지 시대 자유민권운동을 펼친 대표적 정당의 하나. 초대 당수는 17대 총리를 역임하고 와세다 대학 창립자인 오쿠마 시게노부(大隈重信)이며, 오노 아즈사는 오쿠마를 보좌하는 비서관이라 할 수 있는 장사(掌事)로 취임했다.

했느냐는 재화를 얻는 어려움과 마찬가지여서 재화가 풍부하면서 사람 마음이 미개한 곳은 없으며, 사람 마음이 개화하였는데 재화가 없는 나라도 없다"라는 선언은 야만에서 문명으로 가는 진보에 대한 관념, 일본의 역사를 세계 속에 자리매김하려는 세계사에 대한 관념, 재화를 축으로 하는 역사관, 생활에 착안한 사회사적 관점을 내세우고 있었다. 이러한 의미에서 계몽사학은 종래의 명분론에서 벗어난 자유로운 정신의 발로임이 틀림없으며, 그 기본 관점 때문에 종종 문명사학이라고도 부른다.

그 뒤를 이은 민간사학은 도쿠토미 소호(德富蘇峰)가 주재하는 민유사(民友社)[32] 사원들이 주로 이끌었으며, 제2유신론을 축으로 삼았다. 평민주의자로서 도쿠토미 소호는 메이지유신을 '무비사회(武備社會)가 일변하여 생산사회가 되고, 귀족사회가 일변하여 평민사회가 되는 커다란 기초를 구축한' 변혁으로 보았으며,[33] 초심이 변질되어 '유신의 공신들이 병마의 대권을 장악하고, 재정의 대권을 장악하며, 나아가 그 권력은 사쓰마(薩摩)와 조슈(長州)[34] 두 번(藩)에 집중하여 천하가 모두 이들의 호령에 귀 기울이고 있는' 상황이 나타나[35] '역류'에 직면하고 있다고 보았다.[36] 바야흐로 제2의 유신의 필요성

---

32 〔역자주〕 1887년 도쿠토미 소호가 세운 출판사. 도쿠토미 로카, 구니키다 돗포(国木田独歩), 야마지 아이잔(山路愛山) 등이 참여했다.

33 『장래의 일본』, 1886.

34 〔역자주〕 일본 옛 지명으로 지방 행정 단위였던 구니(國)의 하나. 지금의 가고시마현(鹿児島縣)과 야마구치현(山口縣).

35 『유신혁명사에 관한 관견』 2, 「국민지우」 제66호, 1889.

36 『유신혁명사의 반면』, 「국민지우」 207호, 1893.

을 내세운 그의 주장은 이러한 인식에 뿌리를 두고 있었던 것이다. 도쿠토미 소호는 요시다 쇼인(吉田松陰)을 유신의 초심을 상징하는 인물로 보았다.

> 그가 순난자로서 피를 흘린 지 30여 년. 유신의 대업의 반은 황폐하여 새로이 제2의 유신을 요구하는 시기가 다가왔다. 제2의 요시다 쇼인을 요구하는 시기가 왔다.[37]

그의 주변을 그림자처럼 따라다녔던 히토미 이치타로(人見一太郎)는 자신의 저서 『제2의 유신』에서 "오호, 유신은 죽었다. 국가의 개혁은 죽어서는 아니 된다. 국민의 진보는 죽어서는 아니 된다. 이것이 오늘날 제2의 유신이 태어나는 까닭이다"라며 제2유신론의 필요성을 설명했다.

민유샤는 이러한 의식을 기초로 역사 서술에서 걸작 여러 편을 간행하기에 이르렀다. 다케코시 산사(竹越三叉)의 『신일본사 상·중』(하는 간행되지 않았다)과 『2500년사』(1896), 야마지 아이잔(山路愛山)의 『오규 소라이(荻生徂徠)』(1893)와 「일본의 역사에서 본 인권 발달의 흔적」 그리고 「현대사상사에서의 기독교의 위치」, 「일본인민사」 등은 그 대표작이다.

『2500년사』가 "국민은 어떤 생활을 영위하고 있는가. 어떤 사상

37 『요시다 쇼인』, 1893.

을 품고 있는가. 어떤 본성을 드러내고 있는가. 그리고 어떻게 이상을 향하며, 어떻게 질곡에서 벗어나려고 하는가"를 그려 내겠다고 장담하고, 「현대사상사에서의 기독교의 위치」가 "시대를 구가하고 시대와 함께 나아가려는 현세주의 청년이 주로 전승자 및 그와 같은 입장에 있는 자들 사이에서 많이 나오고, 시대를 비평하고 시대와 투쟁하려는 새로운 신앙을 품은 청년이 주로 패전한 자 사이에서 많이 나오는 것은 양쪽 모두 자연스러운 일이라고 이야기하지 않을 수 없다. 모든 정신적 혁명의 대부분은 시대의 그늘에서 나온다"라고 지적하는 것은 저자들의 집필 동기가 표출된 것으로 보아야 한다.

그리고 이 시기에 민유샤만이 유신사를 재평가한 것은 아니다. 이런 종류의 사론(史論)으로는 적어도 두 가지 움직임이 있었다. 하나는 좌막파 사관(佐幕派史觀)이라고 할 수 있는 유신사론으로, 시마다 사부로(島田三郎)의 『개국시말』(開國始末, 1888)이나 후쿠치 겐이치로(福地源一郎)의 『막부쇠망론』(1892) · 『회왕사담』(懷往事談, 1894) 등이 이에 해당한다. 후에 이 움직임은 시부사와 에이이치(渋沢栄一)의 『도쿠가와 요시노부 공전』(德川慶喜公傳. 전8권, 1918)에 의해서 대성된다.

다른 하나의 움직임은 민유샤와 함께 사상결사로서의 위치를 가진 세이쿄샤(政教社)[38] 및 신문 『일본』의 활동으로, 이는 구가 가쓰난

38 〔역자주〕 미야케 세쓰레이(三宅雪嶺), 시가 시게타카(志賀重昂) 등이 설립한 국수주의적 문화 단체. 일반 국민의 행복을 중시하면서도 그 전제로서 국가의 독립과 국민성을 중시했다. 기관지로 『일본인』을 간행했다.

(陸羯南)의 『근시정론고』(近時政論考, 1891)가 대표하며 미야케 세쓰레이(三宅雪嶺)의 『동시대관』에 의해 결실을 맺는다. 세이쿄샤는 내셔널리즘을 견지하고 강자의 전횡에는 민감하며 약자, 희생자, 시정에서 일어나는 일에 대한 공감을 내걸고 있었다.

이렇듯 1890년대가 다양한 각도로 유신사론을 거론하는 시기였던 데에는 이 시기가 제국헌법 체제의 수립기라는 점과 밀접한 관계가 있다. 1889년의 대일본제국헌법에 의해 천황제 국가의 틀이 완성되었으며, 그 알맹이는 번벌(藩閥) 정권이었다. 게다가 권력은 역사 속에서 정통성의 근거를 찾기 시작했다. 유신 직후인 1869년 호쇼(輔相)[39] 산조 사네토미(三条実美)에게 내려진 군신명분의 의(誼)를 서둘러 바로 하고, 화이내외(華夷內外)의 변을 밝히라는 칙명으로 시작된 메이지 정부의 수사 사업, 즉 정사 편찬 사업은 여러 차례의 변천 과정을 거쳐 1895년 제국대학교 문과대학에 사료편찬괘(지금의 도쿄대학교 사료편찬소)가 되었으며, 그동안 1889년에는 『복고기(復古記)』를 완성했다. 『복고기』는 1867년의 도쿠가와 요시노부의 정권 반환에서 이듬해 동정대총독(東征大總督) 해임에 이르는 기간의 사료집으로서, 왕정복고와 관련한 공로자(관군)와 반항자(조적朝敵)를 구분했다.

민간사학의 발흥은 이러한 정통성 성립에 대한 비판 의식을 기초로 하고 있으며, 상대화를 시도하려는 의미를 띠고 있었다. 민간사

39 〔역자주〕 천황을 보필하는 행정장관직.

학이 보이는 명쾌함은 도야마 시게키(遠山茂樹)가 말하는 것처럼 '사론사학에 대한 향수'를 불러일으킴과 동시에 전체로서 정밀한 실증이기보다는 사론으로 남을 수밖에 없었다.

사회문제의 제기

첫 번째와 두 번째가 어떤 근대를 지향할 것인가를 축으로 일어난 태동이었다면, 세 번째는 근대 자체가 현재화(顯在化)한 모순을 직시하는 가운데 싹트기 시작한 학문으로의 길이었다. 부국강병의 이면에 쌓인 이러한 문제는 1880년대 전반 마쓰카타(松方) 재정[40]에 의해, 그리고 1880년대 후반부터 세기의 전환기에 걸쳐 일거에 부상했다. 하나는 농촌 · 산촌 · 어촌의 계층 분화가 주된 원인으로 분석되는, 이른바 하층사회 특히 도시하층사회의 문제였으며, 나머지 하

---

40 〔역자주〕 대장경사 마쓰카타 마사요시(松方正義)가 행한 디플레이션 유도 재정 정책. 정부는 메이지 초기에 일어난 사족 반란 중 최대 규모였던 세이난 전쟁(西南戰爭)에 사용한 막대한 군비를 조달하기 위해 불환지폐를 남발하여 인플레이션이 발생했다. 이에 재정을 관장하는 당시의 대장경 마쓰카타 마사요시가 증세 · 국영 기업의 불하 · 통화 정리 등을 단행하여 태환지폐(兌換紙幣) 발행이 가능해졌고, 일본은 구미 열강에 버금가는 근대 국가가 되기 위한 기초를 마련했다. 구체적으로는 불환지폐를 회수해서 소각 처분하고 일본 은행을 설립했으며, 은화에 기초한 은본위제를 도입해서 은태환지폐를 발행하여 지폐 가치를 안정시키는 긴축 재정을 실시했다. 마쓰카타에 의한 이러한 일련의 정책을 '마쓰카타 재정'이라고 한다. 그러나 이러한 디플레이션 유도 정책의 결과, 농민의 소작인화가 급속도로 진행되고 대지주가 발생했다. 그리고 소작마저 유지할 수 없을 정도로 빈곤에 처해 도시로 유입된 농민은, 정부로부터 국영 기업을 불하받은 재벌이 경영하는 공장에서 저임금 노동을 강요받아 도시 빈곤층을 형성했다.

나는 공업화에 따라 발생하는 공해문제였다.

사회문제가 하층사회 내지 빈민의 문제로 등장한 것은 두 가지 의미를 지니고 있다. 하나는 하층사회로의 전락이 우연한 것이 아니라는 의식이 일기 시작했음을 뜻하고, 또 하나는 노동자·반실업자·실업자 혹은 부랑자들이 아직은 하나의 계층으로서 의식되는 단계에 있었음을 뜻한다. 이러한 역사적 상황을 반영하면서 하층사회에 대한 관심은 저널리스트에 의한 탐방 기사, 즉 르포르타주로 시작되었다.

그 선구자로 후타바테이 시메이(二葉亭四迷)가 있으며, 그 아래에서 마쓰바라 이와고로(松原岩五郎)와 요코야마 겐노스케(横山源之助) 등이 성장했으며, 또한 구가 가쓰난의 신문 『일본』에서 사쿠라다 분고(桜田文吾)가 등장했다. 사쿠라다 분고의 『빈천지기한굴 탐방기』(貧天地饑寒窟探險記, 1890)나 마쓰바라 이와고로의 『최암흑의 도쿄』 등은 뛰어난 해설과 함께 니시다 다케토시(西田長寿)가 엮은 『도시하층사회』(1949)에 수록되어 있다.

요코야마 겐노스케의 『일본의 하층사회』(1899)는 이러한 하층사회 관찰의 도달점이다. 「도쿄의 빈민 상태」·「직인 사회」·「수공업의 현황」·「기계 공장의 노동자」·「소작인 생활 사정」이라는 5편으로 구성되어 있는 이 책은 가자하야 야소지(風早八十二)가 해제에서 말한 것처럼 구체적이고 종합적이며 또한 노동자 입장에 선 조사라는 점이 특색이며, 그중에서도 일본 자본주의를 기저에서 지탱하고 있는 여공들의 실태 제시에 초점을 맞추었다. 전편에 걸쳐 임금을 받지 못한 여공이나 칡뿌리나 양하(蘘荷)를 먹으면서 허기를 견디고 있는 호쿠리쿠 및 오우(奧羽)[41] 지방의 빈민에게 과연 설은 즐거운가 등과 같은 하층사회에 대한 뜨거운 눈길이 드러나 있다. 이 점이 이 책을 근대 일본 사회과학 고전의 하나로 만들었으며, "경세(警世)와 과학과 문학이 나뉘지 않은 곳에 혹은 경세와 과학과 문학의 영역이 중첩된 곳에 성립하고 있다"라는 평가를 가져왔다.[42]

한편 공해문제는 아시오동산 광독사건이 대표적이다. 이 문제에 후반생을 바친 다나카 쇼조(田中正造)의 제국대학 비판은 최초의 본격적 부국강병학(富國强兵學) 비판이었다.

이 사건이 발생하자 아카데미즘의 아성인 제국대학 교수들은 조사인, 조사위원, 감정인, 증인으로서 이 문제에 관여해야 했다. 그 주된 사례를 보면, 1890년 농상무성(農商務省)은 공과대학 교수 노로 가게요시(野呂景義) 등을 아시오동산에 출장 보냈으며, 1891년 군마현 마치야바(待矢場) 양언수리토공회(兩堰水利土功會)는 의과대학 교수 단바 게이조(丹波敬三)에게 광독 진흙과 모래의 분석을 의뢰했다. 또한 도치기현 아시카가군(足利郡) 게노무라(毛野村) 마을의 하야카와 주고(早川忠吾) 등은 농과대학 조교수 고자이 요시나오(古在由直)와 나가오카 무네요시(長岡宗好)에게 피해 지역의 토양 분석을 의뢰했고, 도치기현 · 군마현 두 지사도 고자이 요시나오와 나가오카 무

41 〔역자주〕 지금의 아오모리현, 아키타현, 이와테현, 미야기현, 야마가타현, 후쿠시마현을 아우르는 도호쿠 지방이다.

42 다치바나 유이치(立花雄一), 『평전 요코야마 겐노스케—저변사회 · 문학 · 노동운동』, 1979, 創樹社.

네요시에게 조사를 위촉했다. 1897년 정부가 아시오동산 광독사건 조사위원회(통칭 제1차 위원회)를 구성하자, 위원 16명 가운데 제국대학 관계자 네 명 즉 이과대학 교수 고토 분지로(小藤文次郎) 및 의과대학 교수 쓰보이 지로(坪井次郎) 및 의과대학 교수 이리사와 다쓰키치(入沢達吉)·나가오카 무네요시를 지명했으며, 그 외는 고위 관료와 기사였으나 그중에는 전 공과대학장 후루이치 고이(古市公威, 내무성 토목기감)와 후에 공과대학 교수가 되는 와타나베 와타루(渡邊渡, 어료국 御料局 기사)가 있었다. 1900년 고자이 요시나오는 피해 농민들이 대거 청원운동을 일으켜 발생한 가와마타사건(川俣事件) 제1심 공판에 증인으로 출정했으며, 1901년에는 동 항소심에서 농과대학 교수 요코이 도키요시(横井時敬)·나가오카 무네요시·도요나가 마리(豊永真理)는 감정인으로서 재판관의 검증에 동행했으며, 이리사와 다쓰키치는 증인으로 출정했다. 1902년 정부가 광독조사위원회(통칭 제2차 위원회)를 설치하자 위원 16명 중 제국대학 관계자로 와타나베 와타루, 고자이 요시나오 외에 공과대학 교수 가와키타 미치타다(河喜多能達), 이과대학 교수 진보 고토라(神保小虎), 농과대학 교수 혼다 세이로쿠(本多静六), 공과대학 교수 나카야마 히데자부로(中山秀三郎)까지 6명이 지명되었다.[43]

이들 제국대학 관계자가 모두 광독 존재의 지적에 소극적이었다

43 우치미즈 마모루(内水護) 편 「자료 아시오(足尾)광독사건」(1971), 『도치기현사』 사료편 「근현대」 9(1980) 및 가노 마사나오(鹿野政直) 편 「아시오광독사건 연구」(1974)에 수록된 이가라시 아키오(五十嵐曉郎) 논문.

고는 할 수 없다. 오히려 전체를 놓고 볼 때, 농과대학의 고자이 요시나오와 나가오카 무네요시 등의 적극성과 공과대학의 후루이치 고이와 와타나베 와타루 및 의과대학의 이리사와 다쓰키치의 소극성은 현저한 대조를 이루었다. 광독으로 고통 받기 시작하자 농민들은 학계에 기대를 걸고 공평한 판정을 바랐다. 게노무라의 하야카와 주고는 "농과대학의 공평무사한 식견으로 학문상의 탐구가 이루어질 것을 바라고 믿었기 때문에 먼 길을 마다않고 상경했다"라고 말했다.

그러한 바람을 고자이 요시나오는 흔쾌히 받아들였고, 조사 결과 피해의 원인은 전적으로 동 화합물에 있는 것으로 생각된다는 분석 보고를 한 사실은 널리 알려져 있다. 이러한 대응은 고자이 요시나오의 인간성뿐만이 아니라 비교적 생활에 밀착해서 재래문화를 계승해 온 경우가 많은 농학이라는 학문의 성격 자체에 기인한 것이라고 보아야 할 것이다.

부국강병의 최전선에 서 있는 공학은 자연히 그 대극에 놓여 있었다. 1897년 제1차 위원회에서 일어난 농학계와 공학계 간의 격렬한 논쟁은 이에 강한 인상을 남겼다. 이 위원회에서 공학계 위원은 "일일이 계곡으로 들어가 자세하게 본 것은 물론 아니다"라고 기본적으로 현장을 경시하면서 "광독이라는 것의 범위가 어디까지 정해져 있는가", "해에 대해 이야기하려면 먼저 그 이익에 대해서도 거론해야 한다", "동이라고 여기에 언급해 둘 정도로 단정할 수 있는가", "불안한 마음을 제거하고…생각을…그런 생각을 가지기 시작하면 어쩔 수 없다"라고 주장하며, 시종일관 동산 측을 옹호하여 광독 방지 설비가 완성될 때까지 광산 조업의 부분 정지를 요구하는 농학 측의 저항을 밀어붙였다.

또한 이리사와 다쓰키치는 광독이 원인으로 추측되는 환자에게 엉터리 진단을 한 데다가 쌀이나 식수 중의 동 성분이 건강에 미치는 영향은 알 수 없다고 주장했다.

이러한 아카데미즘의 움직임에 다나카 쇼조는 격분하여 학문을 책임지는 이른바 '학사', '박사'에 대한 비판이 한층 격해졌다. 광독 문제와 관련한 그의 투쟁은 '광독이 생산을 침해하고, 따라서 인권을 침해하며, 따라서 생명 자체를 침해한다'는 점을 지적하는 식으로 심화되어 갔는데, 이 투쟁에서 피해자의 실태를 밝히려고 노력한 것은 말할 나위 없다. 그는 "당연히 결혼에도 영향을 미치기 때문에 위생 등의 해에 대해서는 쉽게 다른 사람에게 이야기할 수 없었다"는 피해민들의 안타까운 사정을 이해하여 지역 청년들을 조직해서 조사를 반복했으며, 변호사들의 협력을 얻어 법률적으로 적용 가능한 조항을 찾아냈다.

그러나 학문을 갖지 못한 자의 슬픔은 컸다.

> 피해자는 이런 여러 어려움을 참고 이런 상황을 해당 기관에 호소하려고 하나, 이 문제의 난해함을 어찌 극복할 수 있겠는가? 1) 토질, 2) 화학, 3) 위생, 4) 농학, 5) 산림학, 6) 토목학, 7) 수리학(水利學), 8) 경제, 9) 법률, 10) 국가학, 11) 사회학. 이것들 중 제대로 아는 것이 하나도 없으니 반복되는 관리의 부주의로 취지를 그르쳤고, 관리들 또한 일시적인 발뺌을 하여 잘못을 저질렀다.[44]

그만큼 이리사와 다쓰키치의 증언에 대한 다나카 쇼조의 분노는 격했다.

지난 4일, 이리사와 다쓰키치 의학박사 등은 의학자답지 않은 모호하고 무책임한 증언을 했다.[45]

제국대학 의학박사 이리사와 다쓰키치는 고의적으로 학리(學理)를 왜곡하고 허위 조사를 하여 정부를 기만하고 인민을 사멸케 했다.[46]

의과대학은 수많은 사람이 독으로 죽어 가는 것을 방조하고자 하는가.[47]

이리사와 다쓰키치는 죽고 사는 것은 각자의 문제이고, 따라서 이리사와 다쓰키치는 광독은 해가 없다고 주장했다. 살인자! 학리의 칼로 너를 처벌하고자 한다.[48]

다나카 쇼조의 분노는 이러한 아카데미즘으로 대표되는 근대 일본의 학문 전체에 대한 비판으로 발전했다.

---

44 이상은 「헌법 법률의 보호가 없어서 호소할 방법이 없는 피해민의 구제에 관한 청원서 초고」(1897)에 의함.

45 1901년 12월 6일자 아시오 동산 광독 지방생사조사회원 앞으로 보낸 엽서.

46 「아시오 동산 광독 정지청원의 요청」, 1903.

47 일기, 1903년 6월.

48 일기, 같은 해 7월.

작금의 학자, 학사들은 연과 같아서 하늘 높이 올라가면 근본과 거리가 멀어진다.[49]

세상은 학사와 박사들이 파괴하고, 머슴들이 만들며, 직녀가 베를 짠다.[50]

기사(技師)는 위태한 망국의 제조 기관과 같다.[51]

그리고 이러한 학문에 의존하고 있는 문명 자체에 대한 비판으로 이어져 「나의 문명관(我文明觀)」에서는 "거꾸로 깡총깡총 뛰어다니는 토끼 흉내를 내다니"라고도 했다. 이렇게 해서 그는 '야나카학(谷中學)'[52]을 제창하기에 이르며, 1904년 10월 3일의 한 서신에서 "쇼조도 조금씩 이 야나카학의 초급생으로 거듭나고 있습니다"[53]라고 쓰고 있다.

이러한 의미에서 다나카 쇼조는 일본의 학문사에서 아카데미즘

49 일기, 1903년 4월 13일자.

50 1904년 10월 30일자 구로사와 도리조(黒沢酉蔵) 앞 서신.

51 일기, 1903년 7월.

52 〔역자주〕 도치기현 야나카 마을은 아시오 동산 광독 피해를 많이 입은 곳인데, 일본 정부가 광독을 침전시키기 위해 마을 일대를 수몰시킬 계획을 세우자, 쇼조는 마을이 없어진다는 위기감에 1904년 7월 30일부터 이곳 야나카에 이주해서 투쟁을 계속했다. 이곳에서 쇼조가 주장한 내용을 '야나카학'이라 부르고 있는 것이다.

53 1904년 10월 3일자 오이데 기헤이(大出喜平) 앞 서신, 고마쓰 히로시(小松裕) 씨의 가르침에 의함.

이 갖는 부국강병학적 특징을 최초로 그리고 전면적으로 지적한 인물이었다. 일본의 학문사는 아카데미즘의 비판자로서 이 '재야의 백성'을 빼놓을 수 없다.

부국강병학에 대한 이의 제기

이렇게 보면 아카데미즘의 성립에 맞서는 형태로 또 다른 학문을 향한 다양한 걸음이 시작되었음을 알 수 있다. 여기서는 세 가지에 대해 언급하겠다.

첫 번째의 민권법학은 국가를 축으로 하는 법 체계의 조형에 대해서 어쨌든 '일신(一身)의 보고(保固)'를 중심으로 하는 법 구상을 내세웠고 그것을 역사적으로 이론화했다. 그러나 다분히 번역의 성격이 강했다.

두 번째의 민간사학은 번벌(藩閥) 지배를 내용으로 하는 천황제 국가가 역사 위에서 스스로에게 정통성을 부여하려는 것에 대해서 유신의 초심을 방패 삼아 비판하며 다양한 유신 사관을 그려 냈다. 다만 '논'(論)으로서의 전개에 그쳤다.

세 번째의 사회문제 제기는 자본주의이기에 발현한 다양한 모순을 직시하면서 그것들을 수량화하여 새로운 학문으로의 길을 열었으며(요코야마 겐노스케의 경우), 또한 호교학에 직격탄을 날렸다(다나카 쇼조의 경우). 단 전자는 학문으로 분화되지 못했으며, 후자는 대부분 기성에 대한 부정으로 끝나고 말았다. 그런 의미에서 이러한 전개는 민간학 탄생의 전야로서 양상을 띠었다.

이러한 형태로 이의 제기가 부화한 배경에는 이를 가능케 하는 모순에 대한 인식의 심화, 바꾸어 말하면 내부의 열기가 한껏 고조되었다고 보아야 할 것이다.

3

지적 관심의 새로운 시야

민간학의 영웅시대

이 책에서 말하는 민간학은 이러한 역사를 거쳐 1910년 전후에 성립했고, 1920년대에는 또 하나의 혼란기를 맞이했다. 우선 일본의 학문사에서 1910년 전후를 되돌아보면 두 가지 새로운 기운의 대두를 인정할 수 있다.

하나는 아카데미즘 내부에서 일정한 변용이 일기 시작한 점이다. 이를 대표하는 움직임으로서 요시노 사쿠조(吉野作造), 가와카미 하지메(河上肇), 미노베 다쓰키치(美濃部達吉) 등 곧 다가올 다이쇼 데모크라시의 정치사상, 경제사상, 법사상을 짊어질 사람들의 학계 등장을 들 수 있다. 1897년 제국대학을 졸업한 후 1900년 도쿄제국대학(이하 도쿄대) 조교수가 되고 1902년에는 교수로 빠르게 승진한 미노베 다쓰키치를 제외하고, 1904년 도쿄대를 졸업하고 위안스카이(袁

世凱) 후계자의 가정교사를 하던 요시노 사쿠조는 1909년 모교의 조교수가 되었고, 1902년 도쿄대를 졸업한 후 저널리스트로 활동하던 가와카미 하지메는 1908년 교토제국대학 강사(이듬해 조교수가 되었다)로 발탁된 사실 자체가 이러한 새로운 기운을 보여 주는 하나의 징조였는지도 모른다.

미노베 다쓰키치의 헌법학설의 기초가 국가법인설, 즉 이른바 천황기관설에 있었음은 주지하는 바이다. 미노베 다쓰키치가 이러한 학설을 『헌법강화(憲法講話)』라는 책으로 출간한 것은 1912년의 일인데, 이는 호즈미 야쓰카의 후계자로서 도쿄대 헌법 강좌를 담당하고 있던 우에스기 신키치(上杉愼吉)와의 사이에 논쟁을 불러일으켰다. 정치학 전공자로서 요시노 사쿠조는 보다 나은 통치 방식을 찾아 당시의 정치를 비판하는 것에서 자신의 학문적 생애를 출발했다. '권력만능주의의 유망(謬妄)'(1905)을 지적한 데에 그의 입장은 잘 반영되어 있으며, 마침내 그 학설은 민본주의로 대성했다.

이에 비해 가와카미 하지메는 기복이 심했다. 그는 『일본존농론』(日本尊農論, 1905)을 펴내는가 하면, 사회주의를 비판하면서도 강한 관심을 보여 「사회주의 평론」(1905)을 집필하기도 했으며, 이토 쇼신(伊藤証信)의 무아애운동(無我愛運動)에 뛰어드는가 하면, 때로는 『일본경제신지(日本經濟新誌)』의 발간(1907)으로 알 수 있듯이 국가주의 입장을 취하기도 했다. 이것들은 모두 이기주의 비판으로서 발상된 것이며, 그 근거를 찾아 변화무쌍한 행동을 취한 것이라고 볼 수 있다. 그런 의미에서 『가난이야기』(貧乏物語, 1916), 나아가서는 그 후의 생애를 위한 행로를 이미 걷기 시작한 것이다.

또 하나는 아카데미즘 밖에 학문상의 '거인'들이 출현하기 시작한 점을 들 수 있다. 야나기타 구니오, 이하 후유, 긴다이치 교스케, 쓰다 소우키치, 미나카타 구마구스, 오리쿠치 시노부 등이 각자의 학문에 독자적 형태를 갖추기 시작한 것 역시 1910년 전후의 시기였다.

'일본민속학의 기수'라고 할 수 있는 야나기타 구니오의 『후수사기(後狩詞記)』가 1909년에, 본격적인 오키나와 연구의 시작이라고 할 수 있는 이하 후유의 『옛 류큐(古琉球)』가 1911년에, 국체 신화에 명쾌하게 의문을 제기한 쓰다 소우키치의 『신대사(神代史)의 새로운 연구』가 1913년에 간행되어 우연의 일치라고 보아 넘기기 힘든 동시성에 신기함을 금하지 않을 수 없다.

전혀 별개로 진행되던 일들이 이렇게 거의 같은 시기에 결실을 맺게 된 것은 시대정신이라고밖에 표현할 수 없는 새로운 기운의 발흥을 말해 준다. 그리고 그와 동시에 큰소리치던 학문으로부터는 관심조차 받지 못하던 이 작업들이 차츰 커다란 파문을 일으키기 시작하는 것 역시 시대정신이 가져다준 것이었다. 이렇게 해서 민간학의 영웅시대가 열렸다.

이러한 기운이 무르익고 있던 점에 대하여 가와카미 하지메는 1909년 「신형법과 시대사조」에서 이렇게 지적했다.

"변혁의 시대이며 법칙 파괴의 시대이다. 모든 것을 근본부터 부정하는 시대이다. 방향을 잃은 시대이며, 움직이는 시대이다."

습복기(慴伏期)에 있던 쓰다 소우키치는 1911년 3월 31일 일기에서 "법과 학생들 사이에도 새로운 기운이 불고 있다고 한다"라고 적고 있다.[54] 학문상의 지각 변동은 이러한 변화를 원동력 혹은 배경으로 하여 일어났다. 즉 부국강병학에 균열이 생기기 시작한 것이다.

앞에서 말한 아카데미즘의 내적 변화는 종래부터 인지되던 학문 분야의 알맹이를 수정한 것이었음에 반해, 외적 변화는 새로운 인식 대상, 바꾸어 말하면 학문 분야를 개척해 갔다. 그리고 민간학 영웅들의 학문에 그들의 이름을 붙여 야나기타학 · 오리쿠치학 · 쓰다학 등으로 부르게 되었고, 때로는 '오키나와학의 아버지' 하는 식으로 그 분야의 시조임을 표현하곤 했다.

배경으로서의 러일전쟁 후기

'인심의 어떠한 움직임이 선택받은 이들 몇 명을 그러한 학문의 길로 이끈 것일까?'

이러한 질문을 던질 때 우리는 그 배경으로서 러일전쟁 후기에 직면한다. 1904~1905년에 일어난 러일전쟁과 그에 이어지는 시기를 근래에 들어 역사학계에서는 '근대 일본사에서 가장 혼란스러운 시기'로 설명한다.[55] 그 이유는 무엇인가? 이 의문을 실마리로 대략 다음과 같이 설명할 수 있다.

매튜 캘브레이스 페리(Matthew Calbraith Perry)가 개항을 요구한 지

54 1913년 3월 31일자. 쓰다의 문장은 『쓰다 소우키치 전집』 본권 28권, 별권 5권(1963~1966, 岩波書店)에 정리되어 있다.

55 미야치 마사토, 『일러 전후 정치사의 연구—제국주의 형성기의 도시와 농촌』 도쿄대학출판회, 1973.

반세기가 지난 시점에 치러진 러일전쟁은 메이지유신 이래의 국가 목표를 일단은 달성한 것이었다. 이에 전후하는 1902년의 영일동맹, 1905년의 포츠머스조약에 의한 사할린 남반부의 영유와 관동주(關東州)의 조차(租借), 1906년의 남만주철도주식회사(南滿洲鐵道株式會社)의 설립, 1910년의 한일합병을 나열해 가면 일본의 대국으로서의 지위 확보 흔적이 역력하다. 이는 다시 말하면 일본 국내적으로는 자본제와 기생지주제(寄生地主制)[56]를 큰 기둥으로 하는 천황제가 삼위일체라고 할 만한 형태로 확립되었음을 뜻한다.

이러한 상황이 이른바 제국의 위신 혹은 영광으로 명백하게 드러난 것이라면, 이와 대립하는 형태로 '승리의 비애'가 국민 사이에 끝없이 퍼져 가고 있었다. 승리의 비애란 도쿠토미 로카(德富蘆花)가 1906년에 쓴 글의 제목인데, 그 글에서 그는 "이 승리라는 것이 생각보다 허무하고 보잘것없으며, 전쟁의 결과는 선뜻 납득할 수 없다. …그래서 이 번민은 주식의 번창에 기여하지 못하며 강대국의 대열에 들었다는 인증을 받지 못한 채 국민의 가슴속에 남아 있다"라고 말하고 있다. 나쓰메 소세키의 소설 『산시로(三四郎)』에서, 도쿄에 상경한 청년 산시로가 "그러나 지금부터는 일본도 점점 발전하겠지요"라고 말하자, 히로타 선생이 냉담하게 "망할걸세"라고 대답하고

56 〔역자주〕 에도 시대 이후, 특히 메이지유신의 토지세 개정 이후, 지주에 대한 토지 집적이 진행되어 발생한 지주 · 소작 관계를 기초로 하는 농업 경영의 형태. 지주 스스로는 농업에 종사하지 않고 소유지 대부분을 소작인에게 빌려 주고 소작료를 거두어 생활의 기반으로 삼았다. 제2차 세계대전 이후 농지 개혁으로 해체되었다.

있는 것은 1908년이다. 영광스러움이 만연하는 한편, 이 영광스러움과 격렬하게 다투는 불안감이 싹트기 시작한 것이다.

이러한 의식으로 삐걱거리는 불협화음을 조장한 것은 바로 러일전쟁 그 자체였다. 때때로 함께 나열되는 청일전쟁, 러일전쟁 두 전쟁은 그 규모면에서는 거의 비교가 되지 않았다. 전쟁 비용을 예로 들자면 1904~1905년의 국가 재정이 4억~5억 엔 정도였으나 러일전쟁의 임시 군사비는 결산에서 17억 1,600만 엔에 달했으며, 그 재원은 증세와 전시공채(외채 및 국채)에 의존할 수밖에 없었다. 게다가 식민지 경영을 포함한 전후 경영을 위한 재정 규모는 증대되고 있었고 임시세 또한 계속 거두었다.

농어촌은 이 영향을 그대로 받을 수밖에 없었다. 이시카와 다쿠보쿠(石川啄木)의 소설에는 이러한 농촌의 모습이 잘 그려져 있다. 이렇듯 러일전쟁 기간에는 유신 이래의 국가 목표를 일단 달성하는 동시에 그러한 목표의 강행이 빚어 낸 모순이 현재화하는 상황이 발생한 결과, 이 시대의 성격을 혼란스러운 것으로 만들었다.

이러한 모순을 호도하고자 정부는 다양한 형태로 민중 통합 정책을 추진했다. 일찍이 이시다 다케시(石田雄)가 정식화한 가족국가관[57]이라든지 조손제(町村是)[58]를 중심으로 하는 지방개량운동, 보덕운동

57 『메이지 정치사상사 연구』, 1954, 未來社.

58 〔역자주〕 조(町) · 손(村)은 행정 단위이며, 제(是)는 '기본 방침' 이라는 뜻이다. 메이지 30년대(1897년 이후 10년) 손제(村是) 조사가 시작되었다. 손제란 각 마을의 산업과 성격을 파악하여 개선 방법을 정하는 것으로, 이것은 '도덕과 경제의 조화' 를 주장하며 중앙보덕회를 중심으로 전국적으로 실시되었다. 이 조사

(報德運動),[59] 청년단운동, 재향군인회, 삼교회동운동(三教會同運動), 신사 정리 등이 피폐한 마을을 휩쓸었다.[60] 이러한 정책은 어떤 경우에는 마을을 구제할 수 있다는 환상을 심어 주면서 전체적으로는 모순을 심화시켰다.

이러한 점은 내국 식민지로서의 오키나와와 홋카이도의 경우에 더욱 노골적으로 나타났다. '뒤처진 후진성' 때문에 근대화로 내몰리는 압박과 뿌리 깊은 차별이 선주민인 오키나와인과 아이누인을 괴롭혔다. 이로 인해 사람들은 자기 상실의 위기에 직면했다. 이 상실의 위기가 이러한 상황에 대한 원인의 뿌리를 찾게 하고 그 결과 새로운 관점을 지닌 지적 관심을 팽배케 하였던 것이다.

학문의 개조

그 다음 혼란기인 1920년대의 경우, 제1차 세계대전의 전후 상황이 배경이다. 모든 강대국이 참전하고 제각각 패권을 위하여 투쟁한 이 전쟁은 판도라의 상자 뚜껑을 연 결과를 초래하고 말았다. 열강의 입장에서는 불길한 사건들, 즉 공산주의혁명, 자립을 지향하는

의 이념은 니노미야 손토쿠(二宮尊德)가 기초했으며, 최종 목표는 메이지 정부의 국력 증진이었다.

59 〔역자주〕 니노미야 손토쿠가 퍼뜨린 사상운동. 경제학설의 하나로, 경제와 도덕의 융화를 호소하며 사리사욕에 매이지 말고 사회에 공헌하면 자신에게 환원된다는 주장이다.

60 아리이즈미 사다오, 『메이지국가와 민중통합』(『이와나미강좌 일본역사』 17, 근대 4. 1976)에 수록. 그리고 필자 또한 일전에 『자본주의형성기의 질서의식』(1969, 筑摩書房) 등에서 논한 적이 있다.

여성운동, 식민지와 반식민지에서의 민족운동이 연이어 일어났다. 유럽의 세계 지배를 배경으로 하는 그럭저럭 안정된 근대에 대한 신앙은 돌변해서 늘 불안한 시대로 돌입했다.

일본의 사상계에서는 '개조'가 화두가 되었다. 1919년 창간된 잡지 『개조』는 그러한 사조를 적어도 하나의 흐름으로서 대표하고 있었다. 문명의 재건을 주창한 버트런드 러셀, 뉴턴 이후의 역학을 바꾸어 놓은 알베르트 아인슈타인, 그리고 기존의 사회적 제도와 체제를 조소한 조지 버나드 쇼, 철학을 지상으로 끌어내린 존 듀이, 생명을 신의 속박으로부터 해방시킨 마거릿 생어(Margaret Sanger) 등 세계의 지도적 지식인을 『개조』가 초빙했음을 보아도 당시의 사조가 얼마나 빠른 속도로 변화하고 있었는가를 알 수 있다.

어떤 형태의 개조인가도 불확실하며 나아갈 방향도 분명하지 않은 채 빠르게 흘러가기 시작했다. 사조의 이러한 상황 그리고 지향해야 할 미래상은 지극히 추상적이면서도 무언가 원리상의 변혁을 희구하는 사람들의 바람이 그대로 반영되어 있었다. 노동운동, 농민운동을 시작으로 다양한 경향을 띠는 다양한 분야의 사회운동이 일어났고 사회운동선언이 이어졌다.

그 기운은 아카데미즘에 충격을 주어 교수들은 "상아탑에서 거리로"라는 구호대로 1918년 말 여명회[61]를, 학생들은 신인회[62]를 비롯

61 〔역자주〕 黎明會. 요시노 사쿠조 등이 중심이 되어 1918년 결성한 민본주의적 사상계몽단체. 강연회를 통해 민본주의의 발전과 보급에 힘썼으며 보통선거, 치안경찰법 제17조 철폐 등을 주장했다. 1920년 해산했다.

한 여러 단체를 결성했다. 동시에 대학 안팎에서 그리고 다양한 분야에서 학문의 개조를 위한 움직임이 발생했다. 그만큼 이 시대의 학문은 사회문제의 심각화를 그 동기로 짊어지고 있었던 것이다.

생활을 조명하다

이러한 민간학은 전체적으로 어떤 새로운 인식 대상을 개척해 나간 것일까? 야나기타 구니오의 작업에는 이 점이 가장 포괄적으로 나타나 있다. 그의 작업 대부분은 『정본 야나기타 구니오집』[63]에 정리되어 있으나, 만년의 야나기타 구니오가 세심한 주의를 기울이면서 참여한 것으로 보이는 이 집대성의 구성 자체가 그의 작업 범위를 명료하게 보여 주고 있다.

구체적인 서명은 생략하고 각 권의 주제를 간략하게 살펴보면 제1권 남방문화, 제2권 북방문화, 제3권 기행, 제4권 산, 제5권 전설, 제6권 옛날이야기, 제7권 모노가타리, 제8권 여성과 어린이, 제9권 민간신앙, 제10권 마쓰리(祭), 제11권 신도, 제12권 무덤(塚), 제13권 연중행사, 제14권 의 · 식(衣食), 제15권 이에(家)와 혼인, 제16권 도시와 농촌, 제17권 민요와 하이카이(俳諧), 제18권 방언, 제19권 언어(국어), 제20권 지명, 제21권 어린이의 읽을거리, 제22권 수필, 제23권 서평 · 해제 · 서문과 발문, 제24권 역사와 민속학, 제25권 향토, 제26

62 〔역자주〕 新人會. 도쿄제국대학 내에 결성된 사회주의 학생단체. 1918년 요시노 사쿠조 등의 원조로 결성되어 1929년 11월에 해산할 때까지 일본 학생운동의 핵심적 존재였다.

63 본권 31권, 별권 5권, 1962~1971, 筑摩書房.

권 전설, 제27권 초기 민속론, 제28권 농정 등, 제29~31권 잡찬(별권은 신문 논설 · 자전 · 일기 · 서간 · 연보 · 색인)으로 되어 있다. 이는 일본인의 과거의 생활 및 생활문화에 대한 광범위한 시야와 지속적인 추구의 소산이라고 할 수 있다.

그 밖의 사람들의 경우를 아울러 보면 생활, 관습, 평민, 신앙, 방언, 오키나와, 아이누, 자연 등이 비록 잡다한 범위의 개념을 나열한 형태이지만 주제로서 떠오른다. '부국강병학'에서는 학문의 대상, 적어도 1차적인 대상이 될 수가 없을 뿐 아니라 대상으로서 가치 없다고 판단되어 등한시되던 분야들이었다. 그런 의미에서 근대화와 함께 서브컬처화되던 재래문화의 복권을 지향했다고 할 수 있다. 지적 관심의 새로운 시야가 열린 것이다. 게다가 대상의 추구는 단순히 '논'에 머무는 영역을 뛰어넘는 내용을 지니고 있었다.

정통이 아닌 학문의 성립

이렇게 해서 아카데미즘 외에 새로운 인식 대상을 개척하는 형태로 지금까지와는 다른 학문이 성립하기 시작했다.

물론 '아카데미즘 외'라고 할 경우 두 가지 유보 조건이 필요하다. 먼저 그 담당자들이 아카데미즘과 완전히 관계가 없었다는 의미는 아니라는 것이다. 오히려 그들은 크든 작든 아카데미즘, 즉 제국대학에 의해 양성되었고 거기서 벗어난 존재였다. 졸업생이 아닌 쓰다 소우키치(도쿄전문학교 졸업)의 경우를 보아도 가쿠슈인대학(學習院大學) 교수이고 후에 도쿄대 교수가 된 동양사학자 시라토리 구라키치(白鳥庫吉)의 지도와 비호를 받은 사실은 그의 일기나 자전적 글에 자세히 나와 있다. 시라토리 구라키치에 대한 경의는 평생 변하지 않았으나, 첫 번째 단행본인 『신대사의 새로운 연구』의 서문에서 "선생님의 주장은 근본적으로 내 생각과 다른 점이 있다"라는 사실을 확인하는 데서 그의 학문은 출발했다.[64] 그리고 기다 사다키치의 경우는 대학 졸업 후 인생의 대부분을 대학에 적을 두고 보냈다.

다음은 아카데미즘 바깥에 있는 것만으로 민간학으로서의 내실을 갖출 수 있는 것은 아니라는 점이다. 일반적으로 권위로서의 아카데미즘의 흡인력은 강력하며 그 외부에 놓여 있으면서도(혹은 놓여 있기 때문에) 유사아카데미즘화에 대한 충격을 차단하는 일은 과거에는 물론 지금도 매우 힘들다.

이 두 유보 조건을 전제로 장(場)으로서도 내실로서도 아카데미즘에서 벗어난 곳에 학문 체계를 확립하려는 움직임이 나타났다. 물론 그 움직임이 학문으로서 성립할 수 있느냐 없느냐는 확실하지 않았다는 편이 정확할 것이다.

그만큼 민간학을 수립한 이들의 학문은 대개의 경우, '손수 만들었다'는 형태를 취할 수밖에 없었다. 다시 야나기타 구니오의 경우를 예로 든다면, 동지들의 결집과 연구 보고의 주된 장은 사적인 담화회로 시작해서 지속되었다. 1910년 니토베 이나조(新渡戸稲造) 자택에서 시작된 향토회가 그 시작이었으며, 형식은 1922년 이후 남도담화회(南島談話會)라든지 야나기타 구니오 자택에서 열린 민속학담화회로 이어졌고, 나아가 1933년 이후 목요일마다 열린 민간전승론

64 최초의 단행본인 『신대사의 새로운 연구』의 서문.

강의로 계승되었다. 후자의 명칭이 목요회에서 연구회로, 연구회에서 일본민속학회로 변화한 것은 사적 존재가 점차 사회로 확대되어 자연스럽게 공적 존재가 되어 가는 과정을 잘 보여 주고 있다. 연구실이 아닌 사택의 방 하나가 학문 발효의 장이 된 것이다.

당연히 연구 성과의 공표에는 적잖은 어려움이 따랐다. 민속학 초창기인 1909~1911년 야나기타 구니오가 글을 쓴 정기 간행물은 『요미우리신문』, 『문장 세계』, 『진세계(珍世界)』, 『사민(斯民)』, 『통계집지(統計集誌)』, 『태양』, 『신초(新潮)』, 『무명통신』, 『산악』, 『역사지리』, 『고고계』, 『산업조합』, 『학생문예』, 『인류학(회)잡지』, 『고고학 잡지』, 『중학 세계』, 『사민 가정』, 『풍속지림』, 『불교사학』, 『법학 신보』, 『신소설』 등이다. 그 다양함에 놀라움을 금할 수 없는데, 그 놀라움은 몇몇 학술 잡지가 있지만 대부분이 통속적인 것까지 포함해서 일반 잡지였다는 점에서 비롯된다. 참고로 『후수사기』는 자비 출판이었다.

민간학 선각들의 성과 보고는 이와 유사한 형태로 시작되었다. 이하 후유의 『옛 류큐』는 오키나와공론사에서 출판한 것으로 되어 있다. 그러나 그가 후학이자 동지라고 할 수 있는 히가 슌초와 나카하라 젠추(仲原善忠)가 말한 것처럼 "오시로 히코고로(大城彦五郎) 군의 도움으로 구니가미(国頭)에서의 강습회에 300명이나 모였다. 다른 곳에서도 모이면 꽤 될 테니 1,000부 정도 출판할 생각이다. 인쇄는 오키나와공론사가 맡아 준다"라는 형식으로 간행된 것이다.[65] 그리

65 「태양자의 일록」(太洋子の日錄), 1911년 1월 29일, 히가의 글은 사키하마 히데아키(崎濱秀明) 등이 펴낸 『比嘉春潮全集』에 의하였다.

고 재판은 당업연구회출판부(糖業研究會出版部)에서 나왔다.

결핵 조사에 전념해서 『여공(女工)과 결핵』을 간행한 농상무성(農商務省) 촉탁인 이시하라 스스무(石原修)는 나중에 그때를 회상하면서 학계의 승인을 거쳐 여론에 묻는 것이 타당한 방법임을 알면서도, "과학적 발표일지라도 무명의 젊은 학자에게는 시간을 주지 않는다. 학술 논문으로 발표하기 위해서 내용을 줄여 10여 장으로 할 수 없다. …의학 관련 잡지사로부터는 모두 거절당하고, 학계에서는 기회를 주지 않고, 그렇다고 자비 출판을 하기에는 간신히 먹고 사는 생활밖에 할 수 없는 내게는 남의 일… 일반 사회에 발표할 수 있다면 발표해서 여론에 호소하는 방법밖에 길이 없다"라고 당시의 심경을 술회하고 있다.[66]

그만큼 발표의 장을 마련하여 동지 결집의 장으로 만들기 위하여 기관지를 발행하는 경우가 적지 않았다. 야나기타 구니오가 1913~1917년에 걸쳐 편집한 『향토 연구』는 대표적 존재였다. 그 지면을 살펴볼 때 야나기타 구니오의 예사롭지 않은 집중력에 감명을 받는 한편 너무 독단적이지 않았나 하는 생각도 지우기 어려우나, 이 잡지가 일정 기간 발표와 결집의 장으로서 기능했다는 점만은 부정할 수 없다.

『향토 연구』 휴간호(제4권 제12호)의 권말에는 「『향토 연구』 기고자 및 통신자 명부」가 실려 있는데, 총 276명 중 도쿄부 외 거주자는

66 『여공과 결핵』, 「생활고전총서」 5(光生館, 1970)에 대한 가고야마 다카시(篭山京)의 해설을 인용함.

190명에 이르고 있어 지방 거주자의 두터운 층을 잘 보여 주고 있다. 그리고 여기에는 이노베 시게오(井野辺茂雄), 쓰다 소우키치, 도조 미사오(東条操), 이와모토 겐이치(岩本堅一), 아카보리 마타지로(赤堀又次郎), 이시구로 다다아쓰(石黒忠篤), 나카야마 다로(中山太郎), 아시다 고레토(蘆田伊人), 오리쿠치 시노부, 가토 겐치(加藤玄智), 우부카타 도시로(生方敏郎), 누마타 라이스케(沼田頼輔), 니토베 이나조, 오노 다케오, 기다 사다키치, 긴다이치 교스케, 후지이 진타로(藤井甚太郎), 마쓰무라 다케오(松村武雄), 야마다 요시오(山田孝雄), 하야카와 고타로(早川孝太郎), 히라후쿠 햐쿠스이(平福百穗), 기쿠치 산사이(菊池山哉), 아리마 요리야스(有馬頼寧), 야마나카 에무(山中笑), 오다우치 미치토시(小田内通敏), 나스 히로시(那須皓), 가토리 호쓰마(香取秀真), 구보타 미치하루(窪田通治), 미우라 히로유키(三浦周行), 기요하라 사다오(清原貞雄), 우메하라 스에지(梅原末治), 고노 세이조(河野省三), 오가와 우센(小川芋銭), 오사타케 다케키(尾佐竹猛), 구리이와 에이지(栗岩英治), 구루미자와 간나이(胡桃沢勘内), 사사키 시게루(佐々木繁), 마키노 신노스케(牧野信之助), 시다 기슈(志田義秀), 미나카타 구마구스 등 흔히 말하는 비정통 또는 독학자 계열의, 그렇기 때문에 후에 독창적 학풍을 보인 이들이 많이 포함되어 있었다. 야나기타 구니오는 이러한 인맥을 찾아낸 것이며, 이러한 성향은 후에 잡지 『민족』, 『섬(島)』, 『민간전승』이라든지 시리즈물인 〈노변총서(爐邊叢書)〉 〈여성총서〉 등을 기획할 때도 일관되었다.

더욱이 그들의 학문은 진기한 사상(事象)에 대한 호사가적 관심 혹은 잡기로 간주되는 경향이 있어 쉽게 학문으로 받아들여지지 않았다. 가장 저명하고 거대한 지도적 존재이자 자타가 인정하던 야나기타 구니오조차 농정(農政) 관료 시절 담당한 농정학이나 농민사 강의를 제외하면 민속학을 내세워 고등교육이나 연구 기관에 등장한 것은 1920년대부터 각 대학에서 강연의 형태로 시작되었다. 정규 강의로서는 1924~1929년의 게이오대학에서의 '민간전승'이 처음이 있으며, 그 다음은 1937년 교토제국대학과 도호쿠제국대학에서의 '일본민속학'이었다.

오늘날에는 쓰다사학이라는 이름으로 근대 일본이 낳은 대표적 역사학의 하나로서의 위치를 차지하는 쓰다 소우키치의 학문 역시 『고사기 및 일본서기의 신연구』(1919)를 간행했을 무렵 "정식 학교는 다니지 않고 시라토리 선생의 서생을 하면서 그만한 학문을 이룩했으며… 예상외로 젊은 친구들(도쿄대 동양사담화회) 사이에서 『고사기 및 일본서기의 신연구』에 대한 평가가 좋았다"는 분위기가 존재한 반면,[67] 도쿄대의 분위기는 "도대체 국사학계에서는 진지하게 이 책을 받아들일 기운이 없었다"는 정도의 존재에 불과했다.[68] 그런 의미에서 가도와키 데이지(門脇禎二)가 말한 것처럼 "1945년 패전 이전의 역사학계에서는 이른바 비전문가였던 쓰다 소우키치의 업적이나 학풍에 주의를 기울인 역사학자는 아주 드물었던 것"이다.[69] 아카

67 와다 군이치(和田軍一) 담화, 아오야마 시게루(青山茂) 편, 『정창원의 장인들』, 1983, 草思社.

68 사카모토 다로(坂本太郎), 『고대사의 길—고증사학 60년』, 1980, 요미우리신문사.

69 「쓰다 소우키치」, 앞의 『일본의 역사가』에 수록.

데미즘에 의한 '인지'는 대개 뒤쫓는 형태로 이루어졌다.

모두 그런 것은 아니었지만 경제적으로 어려움에 처한 경우가 많았다. 국어학자인 나카소네 세이젠(仲宗根政善)은 1929년 도쿄대에 입학하고 처음으로 선배인 이하 후유의 고이시카와(小石川)의 집을 방문했을 때의 인상을 「이하 선생의 추억」이라는 글에서, "생활은 검소했다. 아니 검소하다기보다는 비참함마저 느낄 수 있었다"라고 회상했다.[70] 나카소네 세이젠이 독실하고 겸손한 인품의 소유자인 만큼 이 말에 더욱 강한 호소력을 느낀다.

아이누 연구에 정진한 긴다이치 교스케가 가난했다는 이야기는 유명하다.

"부모, 누이, 동생이 고향에서 열심히 뒤를 밀어 주며 '어떻게든 학교를 졸업만 하면' 하고 생각하고 있을 때에 아이누어 연구를 할 거라고 이야기했더니 모두들 실망하던 모습이 떠오른다. 매우 괴로웠다."

곧 결혼하고 아이가 태어났고, 그 아이가 백일해에 걸려 기침을 하고 있는데, "화로에 불이 꺼져 온기라고는 없어" 아이가 그만 죽고 말았다.[71]

어떤 제도적 보장도 없이 그저 뜨거운 열정만이 홀로 걸음을 떼고 있었던 것이다.

---

70 「이하 선생의 추억」, 호카마 슈젠(外間守善) 편, 『이하 후유 사람과 사상』, 1976, 平凡社.

71 『내가 걸어 온 길』, 1968, 고단샤(講談社).

그렇다면 이러한 지적 관심의 새로운 시야는 어떤 방면으로 그리고 어떤 형태로 학문적 결실을 맺어 갔을까? 그 동기와 성과를 가능한 한 다양한 형태로 제시하기 위하여 1910년을 전후한 예로서 야나기타 구니오, 이하 후유, 쓰다 소우키치, 미나카타 구마구스를 그리고, 1920년대의 예로는 야나기 무네요시, 기다 사다키치, 다카무레 이쓰에 같은 영웅들의 발자취를 간략하게 정리함으로써 민간학의 원형을 밝혀 나가고자 한다.

제2장

민간학의 다양한 모습

1

민속에 대한 탐구
야나기타 구니오

민속학으로의 출발

새로운 시야의 개척이라는 점에서 볼 때 가장 선명하게 궤적을 남기고 있는 것은 오늘날 민속학이라고 부르는 영역이다. 가치 없는 존재로 여기던 민중 속의 잔재에 불과하다던 습속(폐습이라는 의미에 가까웠다)을 대상으로 하나의 학문으로 승화시켰기 때문이다. 그리고 그러한 점에서 볼 때 일본 민속학이 좋든 나쁘든 야나기타 민속학(柳田民俗學) 또는 야나기타학으로 각인되어 있는 것처럼 야나기타 구니오(柳田国男, 1875~1962)가 걸어온 길 자체가 민속학 탄생의 과정이었다. 비교적 많은 연구가 이루어져 잘 알려진 민속학 탄생의 과정에 대한 개략적인 내용을 나름대로 정리하면 다음과 같다.

야나기타 구니오의 민속학 연구는 농정학(農政學)으로부터의 전환이었다고들 이야기한다. 시간적 흐름을 보면 그렇다. 그러나 야나기

야나기타 구니오

타의 내면에서 꿈틀거린 관심이라는 각도에서 보면 농정학에 대한 관심과 민속학에 대한 관심은 동일한 것이었다. 이러한 관심에 대해 그는 만년의 저작인 『고향 70년』(1959)에서 상세하게 설명하고 있는데, 어린 시절을 이렇게 회상하고 있다.

"당시 세태의 변화는 지금보다 더 복잡하고 격동적이었다."

변화는 사람들의 운명에 대단히 큰 전환점을 가져왔다. 불행과 빈곤에 대한 문제가 야나기타 구니오의 뇌리에 가장 강렬하게 맴돌고 있었던 것 같다. 전자는 큰형인 마쓰오카 가나에(松岡鼎)의 운명을, 후자는 다름 아닌 야나기타 구니오 자신의 운명을 모색하면서 하나하나 더듬어 갔다.

큰형은 고베(神戸)의 사범학교를 졸업하고 19세에 소학교 교장이 되었으며, 20세에 결혼하여 '일본에서 가장 작은 집'에서 부모형제와 함께 살았다. 하지만 고부 간의 갈등으로 이혼하고 한때 방황하기도 했으나, 의학에 뜻을 두고 도쿄로 가서 결국 이바라기현(茨城縣) 후카와초(布川町)와 지바현(千葉縣) 후사초(布佐町)에서 개업하여 지역 명사로 평생을 보냈다. 한편 야나기타 구니오는, "내가 여덟 형제라고 하면 동네 사람들은 '어떻게 할 작정인지, 원'이라며 눈을 동그랗게 뜨고 놀랄 정도"여서 여섯째인 자기가 부모에게 버림받을 수도 있다는 사정은 비록 어렸지만 이해할 수 있었다고 한다. 그런 의미에서 농정학과 후에 민속학이라 일컬어지는 학문에 뜻을 둔 것은 근본적으로 서로 통하는 부분이 있다.

야나기타 구니오는 형의 비극의 원인을 일본의 이에[1]가 나빠서라는 점과 함께 집이 작아진 점, 제2차 세계대전 이후의 영향도 고려하지 않고 제도를 멋대로 바꾼 점, 한학자가 충효의 '효' 자를 글자 그대로 사용해 버린 점을 들고 있다. 위에 든 세 가지 중 첫 번째는 일본사회 전반에 퍼져 있는 빈곤에 대한 관점이며, 두 번째는 '위'에 의해 강행된 근대화에 대한 지탄이며, 세 번째는 무사적=유교적 윤리를 평민사회로 직선적으로 이식하려는 움직임에 대한 비판이었다. 나쓰메 소세키가 말하는 외적 자극에 의한 근대화가 불행을 축적하고 있다는 인식과 동일하다.

그래서인지 이러한 불행의 근원을 다음과 같이 지적했다.

"옛날에는 가난하다고 하면 방탕 등에 의해 스스로 초래한 가난이거나 집안에 일어난 일시적인 커다란 재난과 불행의 결과로서 어쩌다 일어나는 드문 일이었지만, 현대에는 성실하게 일하면서도 언제나 조금씩 부족하다는 일종의 불행이 나타났다."

그는 이는 돈 중심의 경제 시대의 특색이며 오늘날의 빈곤은 자각하면서도 막을 길 없는 괴로운 궁핍이라고 단정지었다.[2] 야나기

---

1 〔역자주〕 いえ(家). 본래는 '집'을 의미하나 여기에서는 고유명사로 취급하여 그대로 두었다. 여기에서의 이에는 단순히 가옥 구조물이나 공간을 뜻하는 것이 아니라 개별적인 '집'을 포함하면서도 가족 제도와 같은 제도적 · 관습적 틀을 포함하는 의미 범주로 사용되고 있기 때문이다.

2 「산업조합의 역사」, 1908. 후에 『시대와 농정』(1910)에 수록.

타 구니오가 이러한 상황에 대한 발본적 대책으로 제시한 농정책이 산업조합을 축으로 하는 중농양성책(中農養成策)이었다는 사실은 이미 잘 알려져 있다.[3]

민속학으로의 출발은 이러한 농정학의 좌절과 함께 본격화된다. 그렇지만 그 행로의 단서는 이미 농정학 시대에 싹트고 있었다. 농정가로서 산업조합이나 농회[4]에서의 강연 여행은 야나기타 구니오로 하여금 보다 깊게 그리고 넓게 각 지역의 풍속을 비교하고 검토할 수 있는 기회를 제공했다. 1907년의 「에치고(越後)로」, 1909년의 「북국(北國) 기행」, 1910년의 「이즈(伊豆) 일기」, 1911년의 「미노 · 에치젠 왕복(美濃越前往復)」 등 당시의 기행문은 각 지역의 산업 관찰과 함께 풍속에 대한 묘사로 가득 차 있었으며, 그가 지향한 방향과 발을 들여놓으려는 분야를 확실하게 보여 주고 있다.

> 명산의 정상을 정복하고자 하는 여러분 앞에서 약간 분위기에 벗어나는 이야기일지도 모르겠으나, 나는 범산의 중턱 아래에서 행해지는 생활이라는 낮은 것에 대해 이야기하겠다.[5]

그는 역사의 그늘로 내몰려 근대에 들어서도(또는 근대에 들어섰기

3 1904년에 같은 이름의 논문이 있다.

4 〔역자주〕 산업조합과 함께 제2차 세계대전 이전의 주요 농업 관련 단체. 1899년 공포된 농회법에 의해 농사의 개량과 발달을 꾀할 것을 목적으로 설립된 지주 · 농민 단체로, 1943년 산업조합과 함께 농업회로 통합되었다.

5 「산민의 생활」, 1909.

때문에) 어둠 속에 머물 수밖에 없는 사람들을 직시했으며, 그 지점에서 거꾸로 문명을 측정하는 입장을 확립해 나갔다. 그것이 어떠한 것이었는지 그의 초기 작품을 통해 알아보자.

농정학에 발을 들여놓은 야나기타 구니오는 1901년 40일간 조슈(上州) 및 신슈(信州)[6] 여행을 하나, 이때의 견문이 구체적인 작업으로 나타난 것은 「덴구[7] 이야기」(天狗の話, 1909)가 처음이다. 여기에서 야나기타가 "내가 덴구를 연구한다는 것은 물론 보잘것없는 일이다. 그저 옛사람의 생활을 알기 위해 여러 방면에서 생각하는 사이 자연스럽게 거기에 생각이 닿았다"라고 말한 것은, 이미 그에게 다분히 호사가적 이미지를 품고 그러한 평판이 나 있었음을 뒷받침한다. 이 글을 게재한 잡지가 『진세계(珍世界)』였던 점은 야나기타 구니오가 말하는 '연구'가 정규 학문의 세계와 동떨어진 곳에서, 소위 무형의 골동품 수집이라는 시각으로 보이는 상황에서 출발했음을 말해 준다.

그러나 야나기타 본인에게는 결코 놀이가 아니었던 것은 분명하다. 알다시피 이 분야에서의 단독 저작은 『후수사기』(後狩詞記, 1909)로 시작하여 『석신 문답』(石神問答, 1910), 『도노 이야기』(遠野物語, 1910)로 이어진다.

---

6 〔역자주〕 일본 옛 지명으로 지방 행정 단위였던 구니의 하나. 시나노(信濃)의 다른 이름이며, 지금의 나가노현(長野縣) 일대이다.

7 〔역자주〕 天狗. 깊은 산에 산다는 요괴. 수행승의 모습으로 얼굴이 빨갛고 높은 코에 등에는 날개가 있으며, 손에는 부채 · 칼 · 금강장을 들고 있다. 신통력이 있어 자유자재로 날아다닌다. 각 지방에는 덴구에 얽힌 괴이한 이야기가 전승되고 있으며, 산속에서 일어나는 각종 신기한 현상은 덴구의 짓이라고 한다.

『후수사기』

「수사기(狩詞記)」[8]의 이름을 딴 『후수사기』는 "휴가노쿠니(日向國)[9] 나스(奈須)의 산촌[10]에서 지금도 행해지고 있는 멧돼지 사냥 의식을 주제로 삼고 있다. 야나기타 구니오는 아소(阿蘇)에 있는 남작의 저택에서 사냥 그림을 구경할 기회가 있었는데, 이 일은 멧돼지 사냥에 관심을 갖는 계기가 되었다. 그는 그 그림을 보고 옛날에는 사냥이 백성들이 나와서 구경하는 일종의 마쓰리(祭)[11]였다는 사실, 사냥감이 어마어마했다는 사실, 무사나 천민의 옷차림이 화려했다는 사실에 크게 감동했던 것이다. 그는 옛 사냥의 즐거움을 알게 되자, 언제 그 즐거움을 잃어버렸는가 하는 질문에 이르렀다.

"총포는 참으로 무서운 것이다. 우리나라에 건너온 지 불과 20~30년 사이 여러 지방에서 쇼묘(小名)[12] 수천 명의 영지를 쓰러뜨리고, 그 반은 죽이고 나머지 반은 떠돌이 무사와 농민으로 전락시킴과 동시에 사냥이라는 국민적 오락을 근절시켜 버렸다."

보통 정사에서는 근세적 통일을 앞당겼다고 서술되는 총포의 전래를 많은 사람을 죽음으로 내몰고 국민적 오락을 근절시켰다고 평

8 『群書類從』 권419.

9 〔역자주〕 일본의 옛 지명으로 지방 행정 단위였던 구니의 하나. 지금의 미야자키현(宮崎縣) 일대이다.

10 宮崎縣東臼杵郡椎葉村, 인용자에 의함.

11 〔역자주〕 신불과 조상을 모시는 의식이며, 특정한 날을 택해 몸을 깨끗이 하고 공물을 바쳐 기원과 감사, 위령을 행한다. 오늘날에는 여기에서 파생한 이벤트, 페스티벌을 가리키는 말이 되기도 한다.

12 〔역자주〕 무가 시대에 다이묘(大名)에 비해 비교적 작은 영지를 소유한 지배층.

가하고 있는 것이다. 이렇듯 정사와 결별한 역사관을 가진, 야나기타 구니오의 시각은 역사를 내려가 현 상황에 대한 비판으로 이어갔다. 즉 지금 시골이 재미없는 것은 사냥의 즐거움을 신사(紳士)들에게 빼앗겼기 때문일 것이라고 주장했다.

그 후 그는 사냥과 관계되는 생활의 여러 모습을 밝혀 나갔다. 그가 다룬 것은 사냥에 관련 있는 지방의 명칭 · 사냥 용이 · 사냥 법도 및 다양한 구전들인데, 여기서 야나기타가 강조하는 부분은 수렵으로 살아가는 산촌에 사는 사람들의 생활의 예지라고 할 부분이다.

예를 들어 지방의 명칭 가운데 쓰치타키(ツチタキ, 土瀧)는 '암석이 없고 급경사여서 미끄러워 사람이 지나가기에 곤란한 곳'을, 구모우케(クモウケ, 雲受)는 '하늘을 바라보는 듯한 산의 정상'을, 가마데(カマデ, 鎌手)는 '어느 목표를 향한 오른쪽'을, 가마사키(カマサキ, 鎌先)는 '어느 목표를 향한 왼쪽'을 이르는 등 생활의 실감에 뿌리를 둔 것이다. 또한 '사람이 변사한 흔적'을 시바토코(シバトコ)라고 하는 것은 망령을 위로하기 위해 길을 가는 자가 잡목을 꺾어 바치는 풍습에서 유래하며, 사람들의 신앙 생활과 깊은 관계가 있었다. 이러한 점은 사냥 용어나 사냥 법도에서도 마찬가지여서 사냥 방법, 기간, 사냥감을 잡은 후의 법도, 분배 법칙, 분쟁 해결법에까지 이르며 민중이 생활 속에서 확립해 온 관례에 대한 중요성을 주목했다.

이 모든 것을 통해 분명해지는 것은 정치적으로는 통치의 객체, 문화적으로는 교화의 객체로만 여겨지던 민중을 생활을 축으로 주인공으로서 가치 부여를 하려는 자세이다. 이를 야나기타 구니오는

"이 관습과 법도는 산속의 공(公)[13]이다"라고 정리하고 있으며, 민중적인 질서가 생생하게 살아 기능하고 있음을 지적했다. 이러한 그의 지적은 문화가 '중앙'으로부터 일방적으로 주입 내지 유입되는 것을 당연시하는 의식을 통렬하게 비판한 것이다.

변경에서 문명을 비판하다

그 이듬해 1910년 발표한 『도노 이야기』는 『후수사기』와 맞먹는 작품이다. 지금까지 많은 일본인으로 하여금 도노라는 곳에 대한 향수를 품게 한 이 저작은 도노 출신의 사사키 교세키(佐々木鏡石)에게 들은 이야기를 정리하여 곳곳에 주석을 단 작품이며, 리쿠추(陸中)[14] · 도노 사람들의 정신을 포함해서 그들의 생활을 118개 항목으로 나누어 서술하고 있다.

『도노 이야기』를 내부에서 바라보았다고 할 수 있는 『도노 이야기를 가다』에서 기쿠치 데루오(菊池照雄)는 『도노 이야기』를 다음과 같이 정의했다.

> 메이지도 40년이 지나 일본은 이미 근대 국가가 되어 있었다. 그러나 도노의 화롯가에서는 독버섯을 먹고 한 집안이 사라지기도 하고, 아들이

13 〔역자주〕 일본어로는 오야케이며, 오야케에는 '천황 · 정부 · 조정 · 관청 · 세상 · 공공 · 공평' 등의 많은 뜻이 있다. 여기에서는 산촌에서 수렵을 하는 민중이 정한 관행은 곧 국가의 법이자 세상의 공평한 규칙이라는 의미로 해석된다. 이 광의성을 살리기 위해 특정 단어로 옮기지 않고 그대로 두었다.

창으로 어머니를 죽이기도 하는 등 공동체 내 화제로 세월 가는 줄도 모르고 있었다.

야나기타 구니오는 이 이야기를 통해 국가가 형성되기 이전 촌락의 경관과 주민들의 심리를 극명하게 그려 냈다.

나는 이 작품에 대한 이보다 더 적절한 평을 보지 못했다.

등장하는 사람들은 어떤 의미에서 기타카미(北上) 산지를 무대로 야마오토코(山男)[15] · 야마온나(山女)[16] · 야마하하(ヤマハハ)[17] · 갓파[18] · 여

14 〔역자주〕 일본 옛 지명으로 지방 행정 단위였던 구니의 하나. 1868년 무쓰쿠니(陸奧國)에서 분리되었으며, 지금의 이와테현(岩手縣) 대부분과 아키타현(秋田縣) 일부이다.

15 〔역자주〕 깊은 산에 살고 있다고 전해지는 남자 괴물. 어린아이인 것도 있고, 외눈에 다리가 하나인 것도 있다고 한다.

16 〔역자주〕 전설 또는 옛날이야기 등에서 깊은 산속에 살고 있다고 전해지는 여자 괴물. 키가 크고 머리가 길며 큰 입에 반짝이는 눈을 가졌다고 한다. 야마우바(山姥), 야만바(山姥)라고도 한다.

17 〔역자주〕 오니바바(鬼婆) 또는 기조(鬼女)라고도 하는 노파 괴물. 깊은 산속에 살며 처음에는 아름다운 여인의 모습으로 정처 없는 나그네에게 잠자리를 주고 먹을 것을 주지만, 밤이 깊으면 잡아먹는다고 한다. 기아로 산속에 버려진 노파 등에 관한 전승이 변한 것이다.

18 〔역자주〕 河童. 일본의 전설이나 옛날이야기 속 상상의 동물. 지역에 따라 형태와 성격은 다르나, 대체로 어린아이만 한 키에 거북 모양을 한 등과 머리에 물이 담긴 접시와 같은 것을 얹고 다닌 것이 특징이다. 이 접시가 마르거나 깨지면 힘을 잃어버리거나 죽는다고 한다. 주로 강 속에 살며 강가를 지나거나 헤엄을 치는 사람을 물속에 잡아끌어 익사시키는 등 악동으로 묘사되는 경우가 많다.

우 · 산신 · 덴구 · 가마쿠라사마(カマクラサマ)[19] · 오시라사마(オシラサマ)[20] 등과 공생하면서 가미카쿠시(神隱し)[21]와도 무관하지 않게 살아가고 있었다. 문명개화라는 큰 흐름 속에서 미신으로 폄하하고 부정해 오던 이들에 대해 야나기타 구니오는 훌륭한 존재 이유가 있다고 단언하고, "국내 산촌 중에서 도노보다 더 깊은 곳에는 또 다른 산신, 야마비토(山人)[22]에 관한 무수한 전설이 존재한다. 바라건대 이 전설들을 이야기하고 알려 평지에 사는 자들을 전율케 하자"라고 공언했다. 이는 산지=비문명으로 평지=문명을 공격하는 사상이다. 『후수사기』와 나란히 보면 한쪽은 규슈와 휴가(日向) 산지에서, 다른 한쪽은 도호쿠(東北) 리쿠추(陸中) 산지에서 멀리 떨어져 있는 도쿄의 근대를 사정권에 두려고 했음을 알 수가 있다.

나스(椎葉. 推葉)도 도노도 실재하는 지명이자 상징적 지명으로서의 의미를 갖는다. 이 제2차 세계대전 후 야나기타 구니오의 연구 주제는 『석신 문답』을 비롯하여 「섬들 이야기」 · 「산민의 생활」 · 「개펄에 관한 연상」(이상 1909), 「고개에 관한 관찰 두세 가지」 · 「13개의 무덤(十三塚)」 · 「산신과 오코제(山神とヲコゼ)」 · 「아이누의 가옥 형

---

19 〔역자주〕 일본 도호쿠 지방에서 집을 지키는 신 또는 농업 및 양잠을 보호하는 신.

20 〔역자주〕 일본의 간토 지방에서 도호쿠 지방에 걸쳐 민간에서 믿는 양잠의 신. 뽕나무로 남녀의 조상을 만들어 모신다. 오시라가미(おしら神)라고도 한다.

21 〔역자주〕 일본 고래의 민속적인 사상으로 주로 어린이나 처녀들이 갑작스럽게 행방불명이 되는 것. 산신이나 덴구가 숨긴 것으로 믿었다.

22 〔역자주〕 산에 살거나 산에서 벌목 또는 숯 굽기 등을 하는 사람. 선인이나 신선을 뜻하기도 한다.

태」·「마을의 터(村の址)」(이상 1910), 「생석 전설(生石傳說)」·「갈이장이 이야기(木地屋物語)」·「춤의 지금과 옛날」·「지장목」·「우리의 선조들은 어떤 옷을 입고 있었습니까」·「고야스(子安)[23] 석상(子安石像)」·「'이타카' 및 '산카'」·「에치젠만자이(越前萬歲)[24]에 대하여」·「수신(樹神) 신앙에 관해서」(이상 1911) 등 광범위하게 걸쳐 있다.

이 저서들에서 다루는 소재는 모두 지리적으로 또는 신분상·직업상 또는 사회통념상 폄하되어 오던 존재, 즉 물리적·정신적으로 '변경'에 자리하는 것들이다. 야나기타 구니오의 표현을 빌리자면, 당시로서는 이름 없는 수많은 조상의 흔하디 흔한 매일의 관습에 호기심이 생겨 알아보고 싶더라도 그 일부조차 알 수가 없다는 이유로 버려져 오거나[25] 음사(淫祀)로 낙인찍혀 의심의 눈초리를 받거나[26] 경찰로서의 임무에 충실한 사람에게 범죄 단체로 지목받는 존재였다.[27] 그는 이런 것들을 일본사회에서 일제히 끄집어내어 그 같은 변경의 연합 세력으로 문명을 포위하기 시작했다.

아울러 거기에는 근대화가 가져오는 것들에 대한 우려가 담겨 있었다. '마을이 사라진 땅'을 다룬「마을의 터」는 그에 대한 그의 인식이 어떠했는가를 여실히 보여 주는 글이다. 야냐기타 구니오는 이

23 〔역자주〕 순산뿐 아니라 아이를 갖게 되는 것, 아이가 무사히 자라는 것을 포함하는 의미를 지닌 말이다.

24 〔역자주〕 후쿠이현 에치젠시에 전해지는 전통 예술.

25 「우리의 선조들은 어떤 옷을 입고 있었습니까」.

26 「수신(樹神) 신앙에 관해서」.

27 「'이타카' 및 '산카'」.

런 예는 얼마든지 있다고 하면서 다음과 같은 말을 했다.

"15년 전 어느 여름을 지냈던 미카와(三河)[28]의 이라코사키(伊良湖崎)의 오래된 마을도 없어졌다. 육군 용지에 둘러싸였기 때문이다. 마을 사람들은 충분한 보상을 받고 만족해하면서 떠났겠지만, 다시는 저 묘진야마(明神山)[29]의 그늘 사이를 흐르는 시원하고 맑은 물을 길러 갈 수가 없다. 토끼 수십 마리와 만난 산기슭의 고마쓰바라(小松原)에도 영원히 놀러 갈 수가 없다."

또 "세상이 발전한다는 것은 여러 의미를 내포하고 있는 법이다"라는 감상을 덧붙였다. 그리고 미나카타 구마구스(南方熊楠)에게 보내는 서신에 쓴 "과거를 망각하는 것은 모든 사회악의 근원이다"라는 격한 말은 이 생각에서 나온 것이다.[30]

생활자와 지역

이름 없는 수많은 사람은 대개 생활자로서 그 지역에서 생활한다. 그런 의미에서 그들을 주체로 삼을 경우, 지역성의 유지가 관심의 대상이 되었다. 이러한 입장은 야나기타 구니오가 농정가로 활동하던 시기 지역의 특성을 무시한 획일주의에 대한 비판으로 분출된 적 있다.

러일전쟁 후 추진된 지방개량운동에서 조손(町村)에 지침 역할을

28 〔역자주〕 일본 옛 지명으로 지방 행정 단위였던 구니의 하나. 지금의 아이치현(愛知縣) 동부이다.

29 해발 1016m.

30 1911년 7월 5일자 미나카타 구마구스(南方熊楠)에게 보낸 편지.

한 것은 그 지역의 실태 조사와 장래 계획을 기록한 조손제(町村是)였으나, 언뜻 보기에 각 지역 고유의 문제를 드러내고 있는 것처럼 보이는 조손제를 야나기타는 다음과 같이 말하며 통렬하게 비판했다.

> 하나의 모형이 있어 의심을 품은 사람들이 모여 토의한 결과의 기록이 아니라 일종의 제도 기술자 같은 전문가가 의뢰를 받아 각 마을을 돌아다니고 감독청에서 제시한 양식에 주판과 붓으로 빈칸을 기입케 한 것들이 많기 때문에… 유감스럽게도 실제로 농민들이 품고 있는 경제적 의문에 대한 답은 애초에 존재하지 않았다.[31]

야나기타 구니오에게는 "고금(古今)은 똑바로 서 있는 하나의 막대기가 아니라 산지를 향해 옆으로 눕혀 놓은 것과 같은 것이 우리 일본의 상황"이며, 그처럼 신구(新舊)가 혼재하는 다양한 일본을 획일화하려고 한다면 강제력을 동원할 수밖에 없고, 그것은 생활의 파괴로 이어진다는 확신이 있었다. "종종 '우리 현의 농업 상황은'이라며 개론을 논하는 사람이 있지만, 이는 무서운 일이다"라는 그의 말은 이러한 인식에서 나오는 말이다.[32] 당연히 함부로 시행되는 방언 교정에는 위화감을 느꼈다. 그는 「무덤과 숲 이야기(塚と森の話)」라는 글에서 "부(府)와 현의 교육위원회 등에서 방언을 교정하겠다고 앞뒤 안 가리고 출처도 불분명한 도쿄 말로 바꾸어 사물의 이름을 가

31 「농업경제와 마을제」, 1909.

32 「농업경제와 마을제」, 1909.

르치는 것은, 이른바 서기적(書記的) 교육의 병폐이며 지방 역사에 대한 적"이라고 지적했다.[33] 또한 겨우 100년 전의 본초학(本草學) 서적을 보면 하나의 초목, 하나의 조수(鳥獸)에 수많은 지방의 방언이 채록되어 있는데 지금은 모르는 것이 당연한 것처럼 되어 버렸다는 말을 했다.[34]

이러한 과정을 거쳐 야나기타 구니오에게 지역으로서의 '향토'라는 개념이 싹트기 시작했다. 마침내 민속 탐구에 뜻을 세우고 잡지를 기획했을 때, 미나카타 구마구스에게 보내는 편지에서 "촌락의 호학 청년들이 주목할 만한 좋은 이름이 없을까?"[35]라며 이런 저런 고민을 한 끝에 잡지의 이름을 『향토 연구』라고 정한 것은 이 같은 마음에서 나온 것이다. 그때까지 없던 '향토 연구'라는 말은 그 후 적잖은 사람들로 하여금 생활의 장을 인식하도록 고무하는 보통명사가 되었다.

『향토 연구』의 발간

오늘날 민속학으로 불리는 학문은 이러한 동기 속에서 다듬어졌다. 야나기타 구니오 자신도 1912년에는 프레이저(Sir James George Frazer)의 『황금가지(The Golden Bough)』를 읽고 동호인 또는 동지들과 교류하게 되었다. 1909년에는 『인생지리학』의 저자 마키구치 쓰

---

33 「무덤과 숲 이야기」, 1912.

34 「무덤과 숲 이야기」, 1912.

35 앞의 미나카타 구마구스(南方熊楠)에게 보낸 편지.

네사부로(牧口常三郎)와, 1910년에는 『석신 문답』의 출판을 계기로 미나카타 구마구스와, 1911년에는 『향토 연구』를 함께 편찬하게 될 다카기 도시오(高木敏雄)와(후에 결별한다) 만났고, 1912년에는 이하 후유(伊波普猷)에게서 그의 저서 『옛 류큐(古琉球)』를 세 권 선물 받았다. 『정본 야나기타 구니오집』 별권 5의 총색인에서 검색해 보면, 그가 '민속학'이라는 말을 처음 사용한 것은 『석신 문답』에 수록된 1909년 9월 15일 야마나카 에무(山中笑)에게 보낸 서한에서이다(물론 정착한 상태는 아니다). 이 또한 민속학 성립의 하나의 이정표가 될 것이다. 이러한 상황에서 그는 『향토 연구』 발간을 결심했으며, 이 잡지는 민속에 대한 탐구 또는 민속학이라는 자각에 입각한 최초의 성과 보고의 지속적 장이 되었다. 『향토 연구』에 그가 때로는 실명으로 때로는 가명으로 기고한 275편의 글에는 앞에서 언급한 동기가 보다 구체적으로 전개되고 있다. 이 시기 특히 야나기타 구니오가 온 힘을 다해 일구어 낸 영역을 세 가지 들 수 있다.

첫 번째는 동물 혹은 상상 속 동물이다. 「마력신(馬力神)」·「말의 기탁(馬の寄託)」·「사람과 너구리 동맹, 지금 맺어지다(人狸同盟將に成らんとす)」[36]·「동물 성쇠」[37]·「동물은 글자를 이해하는가(動物文字を解するか)」[38]라든지 「갓파고마히키」[39] 등이 이 분류에 속하며, 일찍이 인간과 짐승이 실로 깊은 관계를 지니고 있었다는 점에 대한 규

36 이상, 제1권 제8호, 1913. 「사람과 너구리 동맹, 지금 맺어지다」.

37 같은 권 제9호, 1913.

38 같은 권 제11호, 1914년. 「동물은 글자를 이해하는가」.

39 「河童駒引」 『산도 민담집』 1, 1914.

명을 주제로 하고 있다. 그 가운데 「갓파고마히키」는 백미이며, 효능이 매우 뛰어난 긴소야쿠(金創藥)[40]를 갓파에게 전수받는다는 많은 이야기가 존재한다는 사실에 착안하고 말이 대단히 중요한 조연 역할을 하고 있음을 지적했으며, 양자의 관계를 전국에 걸쳐 관찰한 글이다. 이렇게 해서 야나기타 구니오는 이러한 종류의 전설은 실은 일찍부터 전국적인 공유물이었다고 주장하며, 일본 열도를 둘러싼 전혀 새로운 별개의 문화 지도를 그리기 시작했다.

이 작업은 문화에서 민중의 자립성 강조로 이어졌다. 이 점에 대해 그는 「갓파고마히키」에서 먼저 역대 문인들은 한학의 지식에 입각해서 虯(규 : 새끼용, 뿔 없는 용)와 蛟(교 : 이무기) 두 한자를 '미즈치'라고 읽으려고 했으나, 물가에 사는 평민들은 조금도 이런 지식인의 주장에 개의치 않고 그들이 존재한다고 믿는 괴물에 갖다 붙여서 각자마다 물의 신을 상상해 내고 있는 사실에 주목하여, 지식인의 쓸모없는 말장난에서 벗어난 곳에 '조금도 개의치 않는' 민중이 만들어 낸 문화가 있음을 확인했다. 그리고 이어서 "갑작스럽게 나타나서 법(法)을 집행하듯이 흉신을 물리치고 사라진다. 이것이 곧 우리가 말하는 이른바 전설의 여명이다. 전설이란 마치 봄 들판의 아지랑이와 같다. 우리가 원하는 방향으로 발전해 간다"라며 전설은 민중의 상상력의 소산, 즉 문화라는 논의를 전개했다.[41]

두 번째는 폄하되고 있는 계층을 복권시키고자 하는 움직임이

40 〔역자주〕 칼에 의한 상처에 사용하는 외용약. 긴소는 칼에 벤 상처를 말한다.

41 이상은 「갓파고마히키」에 의한 것이다.

다. 피차별부락민,[42] 히닌(非人),[43] 야마비토(山人) 등에 대한 야나기타 구니오의 관심이 그것을 말해 준다. 「야마비토 외전 자료」(야마오토코·야마온나·야마타케山丈·야만바山姥·산도山童·야마히메山姫의 이야기),[44] 「특수부락 이야기」,[45] 「소위 특수부락의 종류」[46] 등이 그 예이다. 그는 그들의 기원을 검토함으로써 일본의 역사를 재조명하려고 했다. 야마비토의 경우를 보면, 야나기타가 이에 관한 견문담 200개 정도를 살아 있는 그대로 수집한 결과, 고증과 추론은 "야마비토는 예부터 이 섬나라에 번창해 온 선주민의 자손"이라는 것이었다.

이는 정통적 황국사관의 입장에서 보면 경천동지할 견해였다. 그만큼 야나기타 구니오는 완고한 의지를 지니고 멋들어진 글을 계속해서 발표했다.

> 고금 3,000년 동안 그들을 위해 쓰인 역사책은 한 권도 존재하지 않는다. 그런데 이 종족들이 거의 절멸한 것으로 생각되는 오늘날, 그들의 불

---

42 〔역자주〕 에도 시대 사농공상이라는 신분 범주 밖에 있던 최하층민. 나라 시대부터 제도적으로 있어 왔으며, 근세를 거쳐 근대로 오면서 이들에 대한 차별이 사회문제화 되었다. 1871년 해방령에 의해 법적 차별은 해소되었으나, 사회적 차별과 편견·인권 침해는 완전히 해소되지 않고 있다.

43 〔역자주〕 에도 시대 에타(피혁업에 종사하거나 죄인 처형 등에 사역)와 함께 사농공상 아래에 놓여 있던 피차별 계층민. 유예나 형장의 잡역 등에 종사했다. 1871년 법적으로는 평민이 되었으나 사회적 사별은 여전히 있었다.

44 제1권 제1호, 1913.

45 같은 권 제3호, 같은 해. 「특수부락 이야기」.

46 『국가학회잡지』 제27권 제5호, 같은 해, 「所謂特殊部落ノ種類」.

구대천의 원수의 하나라고 할 수 있는 보잘것없는 나의 손에 의해 계획되고 있는 것이다.…명예로운 영원한 정복자의 후예로서 위엄을 지키면서 저 타키투스가 게르만을 그린 것과 같은 마음가짐으로 이들의 과거에 임하고자 하는 것이다.

천손인종(天孫人種)의 옛날이야기이며 너무 은성하다는 것에 대한 강한 대항 의식이 흐르고 있었다.[47]

음사 · 사교에 대한 관심

마지막은 이른바 음사(淫祠) · 사교(邪教)에 대한 관심이었다. 정사에서는 종교에 대하여 보통 신도(神道)와 불교만 기술하고 있으며, 그 중 신도는 천황 신앙에 결부되고 불교는 다양한 교의불교로서 설명되어 왔다. 그러나 이런 식으로 무시되던 음사 · 사교는 사실 민중의 신앙 생활에서는 정통으로서의 자리를 지켜 왔다고 해도 과언이 아니다. 민간신앙에 대한 야나기타 구니오의 강한 관심은 그런 의미에서 역사 재평가를 지향했다. 그중에서도 그는 성(聖)과 속(俗) 중간에 존재하는 무녀와 게보즈(毛坊主)[48]에 커다란 관심을 품었다. 한 쌍을

47 그러나 야나기타의 피차별 부락민에 대한 언급은 1921년의 「속성연혁사」를 마지막으로 끝난다. 아리이즈미 사다오(有泉貞夫)의 「야나기타 구니오 고(考)—조상숭배와 차별」(『전망』 1972년 6월)은 이 점에 대해서 지적하고 그 의미를 밝힌 논문이다.

48 〔역자주〕 보즈는 '중'을 가리키는 말로 게보즈는 삭발하지 않은 반 승려, 반 속인인 사람을 가리킨다. 이들은 사찰이 없는 농촌 등지에서 장의 때 승려를 대신했다.

이루는 「무녀고」[49]와 「게보즈고」[50]라는 두 장편은 바로 그 성과이다.

이들에 대한 그의 결론은 무녀에 대해 논한 다음의 말에 집약되어 있다.

"일본의 무녀라는 계급은 사회 조직이 그렇게 만드는바, 한때 인위적으로 만들어진 국민의 한 분파에 불과하다. 이 특별한 종류의 직업을 폐지하면 그들은 다시 백성 속으로 섞인다.…이용할 민힌 시골의 미신이 없어지자 먹고살기 위해 나쁜 짓을 해서 미움을 받곤 했다. 그러나 그들의 과거는 정말로 변화무쌍한 경력으로 점철되어 있다. 무녀라는 계급이 없었더라면 일본의 민간 전승은 허전했을 것이다."

사회적으로 폄하되던 사람들을 선천적으로 특이한 존재로 보지 않고 그들이 빈번하게 저지른 악행에도 불구하고 문화의 한 담당자로 보는 관점을 제시한 것이다.

이렇게 볼 때, 『향토 연구』 시절 야나기타의 주제는 사회의 한구석으로 밀려나거나 사회의 틀 밖으로 내쫓긴 존재의 복권이었다. 이미 규슈와 도호쿠에서 중앙의 문명을 공격했듯이, 여기에서는 피소외자를 연합하여 가치 있는 것으로 여겨지는 존재를 에워싸는 구도를 제시했다. 결국 이러한 그의 주장은 문화라는 개념의 180도 선회이며, 민중이 육성해 온 문화를 오히려 본체로 여기고 사회통념상의 문화를 그림자로 보는 관점이었다.

---

49 제1권 제1~12호, 1913~1914.

50 제2권 제1~12호, 1914~1915.

나는 때때로 야나기타 구니오가 농정학에 결별을 고한 책으로 일컬어지는 『시대와 농정』의 "일본의 내지에는 신문을 보지 않는 사람이 4,500만 명 정도 있다"라는 말을 떠올린다(식민지를 제외한 당시 일본의 인구는 약 5,100만 명이었다). 그에 이어서 "그들의 본연의 모습에 반하고 배려 없는 통일 정책으로는 영원히 그들을 납득시켜 새로운 시대로 끌어낼 수 없을 것이다"라는 부분에 이르면, 오히려 치정자로서의 의식을 쉽게 확인할 수 있다. 하지만 그 관점으로 그들 본연의 모습을 살리는 방법을 탐색한 것이 기존 문화관의 변화를 가져온 것이다.

역사학에 대한 비판

이렇게 해서 성립된 민속학은 과거 탐구의 학문이며, 창시자 야나기타 구니오는 같은 분야의 선배 격인 역사학을 강하게 의식하면서 모습을 갖추어 갔다. 다양한 영역에 걸친 역사학 비판은 세 가지로 나누어 파악할 수 있다.

첫 번째는 역사학이 정치사 중심으로 서술되는 데에 반해 생활사 중심으로 서술할 필요성에 대한 제창이었으며, 이는 동시에 영웅사관에 대한 상민[51]사관(常民史觀)의 주장이기도 했다. 이 점을 가장 잘 정리하여 발표한 것이 「국사와 민속학」이라는 논문이다. 여기에서

---

51 〔역자주〕 일반적으로는 서민을 뜻하는 단어로 쓰이나, 여기에서는 '민속을 전승하고 유지하고 있는 기층문화의 담당자로서의 계층'을 의미한다. 야나기타 구니오는 영어의 folk, 독일어의 Volk에 대항하는 단어로 이용했다.

그는 "사소한 민간의 사실(事實)은 되돌아볼 것이 못 된다고 가르치는 학자도 있다고 한다"라고 역사학을 혹독하게 비판하며 상민의 생활에 주목할 것을 주장했다. 이런 식으로 민중에 의한 심오한 일상성을 응시하는 그였기에 다음과 같은 발언을 하기에 이르렀다.

"과거 민중의 생활은 집합적 현상이었으며, 이를 개선해 나가는 것은 무리의 힘에 의해서였다. 그것을 단 하나의 옳은 증거로 삼아 함부로 이것이 민중의 생활이라고 단정해 버리는 것은 매우 염려스럽다."

야나기타 구니오의 모든 작업은 이러한 비판 위에 선 탐구였다.[52] 앞에서 언급한 의미에서 그의 대표작을 든다면 『메이지 · 다이쇼사 4 세태 편』(明治大正史 4 世相篇, 1931)이 될 것이다. 이 저작은 종래의 전기식 역사가 불만스러웠기 때문에 일부러 고유명사를 하나라도 덜 쓰려고 노력한 역사 서술이며, 영웅의 심중을 이야기하지 않고 나라 구석구석에 가득한 상인을 대상으로 했다고 단언하고 있는 점에서 독자에게 강렬한 인상을 남겼다.

두 번째는 역사학이 문헌 중심인 데 반해 전설과 전승을 축으로 한 점이었다. 이 점에 대해서도 「국사와 민속학」에 정리되어 있는데, "증거를 반드시 문자로 남아 있는 것에 제한하려는 생각은 오늘날

52 물론 야나기타는 스스로를 '상민(常民)'으로 생각하고 있었던 것은 아니다. 그는 어디까지나 '상민'의 생활과 신앙의 기념비를 '친근감을 가지고 열심히 권장'하는 '전국을 돌아다니는 수행승(修行僧)'이었다(『山島民譚集』 一, 「小序」). 또한 "우리들처럼 동정심을 가지고 이들 시골사람들의 신앙을 바라보고 있는 사람조차도 그 안에 들어갈 수 없으며 나 또한 마찬가지다"라는 말도 하고 있다.(『柳田国男對談集』, 1964, 筑摩書房). 그러나 이러한 사실이 오히려 야나기타로 하여금 뛰어난 관찰자로 만든 것이다.

의 사학에서는 미신이다"라고 통렬하게 비난했으며 유사한 내용의 발언을 들자면 끝이 없다. 야나기타 구니오의 이러한 지적은 종래의 역사학이 지배층의 공적인 행적을 좇는 데에 열중한 나머지 민중의 일상의 모습을 등한시해 왔다는 비판에 그대로 겹쳐진다. 야나기타가 문헌을 대신하여 중요성을 강조한 전설 또는 전승은 역사학에서는 황당무계하다고 지적하던 분야인데, 그는 이 점에 대해 "그렇게 오해를 하더라도 이 땅에서는 모두 믿고 있다"라면서 그렇기 때문에 그 힘을 인정해야 한다고 주장했던 것이다.

지배층이 만들어 내는 역사상(歷史像)=정사라는 등식에 비해 민중이 만들어 내는 역사상=전설이라는 등식으로 맞서게 함과 동시에, 역사학이 과거의 얼마나 작은 부분밖에 밝히지 못하고 있는가 하는 유한성을 자각하도록 촉구하는 논쟁이었다. 과거의 생활이 영위되고 역사 사상(事象)이 발생한 장에 매달리려는 의미에서 그는 자신의 학문을 '실험사학'이라고 불렀다.[53] 여기에는 애당초 역사학을 책상 위의 학문으로 보는 입장이 내포되어 있었다.

세 번째는 학문의 실용성이라는 깃발을 든 점을 들 수 있다. 비근하다거나 편의적이라는 인상을 주기 쉬운 그 깃발을 통해 야나기타 구니오는 종래의 역사학, 나아가서는 학문 전체의 자기목적주의와 거기에 뿌리를 두는 폐쇄성과 고답성을 비판했다.

그는 기회가 있을 때마다 "우리 평민은"이라는 식으로 자기를 표

53 「채집기와 채집기능」(1935)의 제목을 바꾼 것이다.

현했다. 그러나 해석하기에 따라서는 불쾌감을 줄 수 있는 이 표현은 평민의 입장에서 역사를 바라보고 그 역사적 관심에 답해 가려는 그의 결의를 말해 준다. "지극히 가난한 자, 옛날 같으면 하찮다고 일컬어지던 사람들에게도 그들 나름의 체험에서 회고할 수 있는 국사가 있다"라는 인식에 서 있는 한 그것은 당연한 결의였다.[54] 그런 만큼 그는 사학은 궁극적으로 어린이나 개인의 사소한 의문에도 반드시 답을 해야 한다고 끊임없이 주장한 것이다.[55]

"우리는 학문이 실용의 하인이 되는 것을 부끄러워해서는 안 된다"[56]라는 민간학자로서의 자부심에 찬 자기 규정은 이런 생각을 바탕으로 한 것이며, 그것이 최고조에 이르렀을 때 "마지막은 인생의 어용학자"라는 표현이 태어났다.[57] 야나기타 구니오는 이러한 생각에 초점을 맞추고 있었기 때문에, 예를 들어 도쿄대에서 교양 강좌를 맡았을 때 그는 '일본의 마쓰리'라는 주제를 택했고, 나중에 책으로 간행할 때 "오늘날 일본에서는 소학교 이래 한 번도 이러한 강의를 듣지 못하는 것은 물론 이를 문제로 삼아 생각해 볼 기회조차 갖지 못했다"라고 적고 있다.[58]

역사를 보는 이러한 시각이 생겨서 과거상이 완전히 바뀌었다고는 말할 수 없을지라도 커다란 변화는 일어났으며, 더불어 문명을

54 「사학(史學)과 세태해설—국사회고회 강연」, 1935.

55 위와 같음.

56 『향토생활의 연구법』, 1935.

57 「역사교육에 대해서」, 1953.

58 『일본의 마쓰리』, 1942.

바라볼 때의 가치 판단에도 커다란 변화를 가져왔다. 그런 의미에서 민속학의 탄생은 우리의 문화 인식이 알게 모르게 빠져 들어간 영역을 자각시켰으며, 이를 출발점으로 삼아 자유로워질 불씨를 숨기고 있었던 것이다.

과거로의 몰입

물론 민속학이 현 상황에 대한 강한 비판성과 전투성을 노골적으로 지녔다고는 단언할 수 없다. 그 미묘함은 민속학 창시자인 야나기타 구니오 자신에게도 나타난다. 이미 설명한 바와 같이 야나기타 구니오에게 농정학과 민속학은 현상 비판의 이중주를 이루고 있었다. 그는 전자에서는 구체적인 정책을 제시했고, 후자에서는 일본의 근대화가 얼마나 많은 상민의 운명을 사회적으로 문화적으로 유린해 왔는가를 지적했다. 전자가 경세가로서의 야나기타 구니오를 보여 준 것이라면, 후자는 비판가로서의 그를 보여 준 셈이다. 따라서 전자에서는 미래상이 기준이 되는 데에 반해 후자에서는 과거상이 규범이 된다. 그 의미에서 전자에서 후자로의 이행 내지 전환은 근대 일본의 모습에 대한 비판이 보다 총체적이고 근본적이었음을 보여 줌과 동시에 그만큼 현실과 유리된 과거 몰입의 자세를 강화했다는 뜻이기도 하다.

주지하는 바와 같이 야나기타는 후에 '문화'라는, 말하자면 비실무적인 영역에서만 계속 발언했다. 그 결과 그의 뒤를 잇는 사람들은 전체적으로 볼 때 '과거'에 의한 '현대'의 상대화를 동기로 삼으면서도 '과거' 탐구가 자기 목적화하는 경향을 적잖게 보였다.

그렇지만 그 후 민속학의 전개는 우리에게 참으로 새로운 시야를 제공해 주었다. 야마세(ヤマセ)를 예로 들 수 있다. 혼슈(本州)의 북쪽 끝에 자리한 아오모리현(青森縣), 특히 옛 난부번(南部藩)[59] 사람들에게 짧은 여름 동안 북동쪽에서 불어오는 야마세는 영락없이 냉해로 이어지는 불길한 바람이었다. 보통 일본어 국어사전에는 "산을 넘어 불어오는 바람"이라고 정의되어 있는 이 바람은 오호츠크의 고기압에 의해 발생하여 바다에서 불어오기 때문에 이 지방에는 "기근(흉작)은 바다에서 온다"라는 말이 있다. 이 야마세에 대해 처음으로 제대로 된 논고를 발표한 사람이 바로 야나기타 구니오였으며, 그는 연작 「풍위고」(風位考, 1930) 첫머리에 '야마세' 항목을 두고 있다. '야마'는 산(山)을, '세'는 바람을 뜻한다는 야나기타의 주장이 완전히 정착했다고는 말할 수 없으나, 각 지방에서 개별적으로 사용되던 '미지의 일본어'에 사회적 관심이 쏠리게 하는 계기가 된 것은 확실하다.

이 문제에 눈을 돌릴 때 야마세가 해당 지역에 가져다주는 엄청난 맹위가 선명하게 떠오른다. 아오모리현 내의 지지(地誌) 중 야마세와 야마세에 의한 참화를 서술하지 않는 것이 없으며, 이와 관련한 수많은 자료와 사료를 발굴하고 있다.[60] 그리고 민속학자인 미야모토 쓰네이치(宮本常一)는 "야마세가 대지를 차갑게 만들어서 한여

59 〔역자주〕. 본디는 모리오카번(盛岡藩). 지금의 이와테현 중북부에서 아오모리현 동부에 걸쳐 있던 지역이다.

60 이 점에 대해서는 하세 세이이치(長谷誠一), 사사키 다카오(佐々木高雄), 간 가쓰히코(菅勝彦)의 『풍토의 각인/북동풍/사회』(1983, 東奧日報社)에 자세한 기술이 있다.

름인데도 화로의 불을 끌 수 없다. 야마세가 이 지역에 사는 사람들의 생활을 얼마나 어둡게 만들고 있는가"라고 보고하고 있다.[61]

이것은 한 예에 불과하다. 이러한 관찰의 축적에 의해 일본을 바라보는 눈은 분명히 크게 변해 왔다. 그만큼 민속학은 무고한 백성들의 고통을 역사의 어둠 속에서 끄집어내는 역할을 해냈다. 이에 대해 세키 게이고(関敬吾)의 「일본 민속학의 역사」,[62] 와카모리 다로(和歌森太郎)의 「민속학의 발달과 현황 — 일본」[63]·『전통과 현대』 제25호 「일본 Folkore의 선구자」[64] 등에 잘 개관되어 있다.[65] 그리고 그 학문의 장은 대학의 연구실이 아니라 야나기타 구니오의 서재였으며, 유력한 후원자였던 시부사와 게이조(渋沢敬三)가 주재한 일본상민문화연구소였으며, 상민 가정의 사랑방과 처마와 그들의 노동 현장이었다는 사실을 밝혀 둔다.

61 『나의 일본지도 3 시모키타 반도』, 1968, 同友館.

62 세키(関) 등 편에 의한 일본민속학대계 2 『일본민속학의 역사와 과제』(1958, 平凡社)에 수록. 「일본민속학의 역사」.

63 세키(関) 등에 의한 일본민속학강좌 5 『민속학의 방법』(1976, 朝倉書店)에 수록. 「민속학의 발달과 현상—일본」.

64 『전통과 현대』 제25호 「일본 Folklore의 선구자」, 1974.

65 후자에는 나카지마 고타로(中島河太郎)의 「일본 Folklore 연구사연표」가 포함된다.

2

오키나와에 대한 응시
이하 후유

전후사에서 제외된 오키나와

오키나와(沖縄)를 시야에 넣느냐 안 넣느냐에 따라 역사상이 크게 바뀐다는 것을 전후사를 생각하기 시작할 무렵에 나는 경험한 적이 있다. 식견이 짧다고 비판을 받아도 할 말은 없으나, 우리가 막연하게 '일본 전후사'라고 생각하고 있는 것은 '오키나와'(조심성 없는 표현이지만)를 삽입하는 순간 '본토 전후사'의 모습을 띤다. 그리고 근래에 이르기까지 일본의 전후사는 흔히 본토(오키나와 입장에서 보면 야마토大和 또는 오야마토大大和[66])의 전후사로 쓰여 왔다.

그러나 이러한 문제는 과연 전후사에만 한정되는 것일까? 또한 지

66 〔역자주〕 본토인 일본(야마토)에 비하여 오키나와는 부수적인 존재로서 서술되고 있음을 이야기하는 것이다.

금은 개선되었을까? 전국역사교육연구협의회 편『일본사 용어집』[67]은 이러한 문제를 조사할 때 도움이 되는 책이다. 고등학교용 일본사 교과서 13종에 사용되고 있는 역사 용어를 모아 그 사용 횟수와 함께 간단한 해설을 더한 책으로, 수험생 사이에서 애용되고 있다. 그러나 고등학교 일본사 교과서를 국민의 역사 의식을 함양하기 위한 기본적인 역사서로 인식할 때, 13권 중 몇 권이라는 숫자는 현재 일본인의 오키나와사 인식의 정도와 방향을 말해 주는 잣대가 된다.

숫자는 그다지 바람직하지 않다. 오키나와 관련으로는 4개 항목 곧 오키나와현 13회, 샤미센 13회, 오키나와 점령 12회, 오키나와 반환(또는 일본 복귀) 10회가 과반수 교과서에 사용되고 있다. 그에 반해 류큐왕국(琉球王國)의 명칭은 5회, 류큐처분[68]은 3회에 머문다. 그럼 인명은 어떠한가? 오키나와의 민권운동가로서 유명한 자하나 노보

67 1975년판, 山川出版社.

68 〔역자주〕 메이지 정부가 류큐왕국에 청나라에 대한 책봉 관계의 폐지를 요구하며 무력을 앞세워 강제적으로 일본에 통합한 과정, 더 구체적으로는 1872년 류큐번 설치에서 1879년의 폐번치현까지의 일련의 과정. 류큐라는 이름은 14세기 이후 사용되기 시작하여 하나의 국가로서의 류큐왕국이 사라질 때까지 오키나와의 이름이었다. 1872년 메이지 정부가 류큐왕국을 강제로 폐지하고 류큐번을 설치하자, 청나라는 류큐는 중화제국에 복속하고 있었다며 영유권을 주장했다. 당시 동아시아의 질서는 중국 청나라 왕조를 중심으로 형성되어 있었고, 류큐왕국도 예외가 아니었기 때문이다. 그러나 일본 정부는 근대적 국민국가 건설을 내세워 류큐를 자신의 영토로 만들려 했다. 1879년 메이지 정부는 군대와 경찰을 파견하고 류큐번의 폐지를 선언하여 가고시마현에 편입했으며, 이해에 오키나와현을 설치하여 토족·사족의 저항을 물리쳤다. 이에 류큐는 중앙집권적 근대일본에 편입되어 갔으며 류큐왕국은 완전히 소멸했다. 류큐번 설치를 제1차 류큐처분, 폐번치현을 제2차 류큐처분이라고도 부른다.

루(謝花昇)가 2회로 유일한 예이며, 사실상 인명은 거의 기억하지 않아도 된다는 것이 일본사 교과서의 총체적인 역사 의식이며, 이러한 형태로 젊은 세대의 역사 의식이 양성되고 있는 셈이다.

이하 후유

교과서로 오키나와 역사를 체계적으로 학습하는 것은 불가능에 가깝다. 이런 한편 오키나와의 고등학생들은 자국의 역사로서 다이카개신(大化改新)[69]이라든지 후지와라노 미치나가(藤原道長)를 암기할 것을 강요받는 셈인데, 이때 심리적 거리감을 얼마만큼 극복해야 하는지 생각하게 된다.

그런 의미에서 최근의 오키나와 관련 서적의 유행에도 불구하고(그 중요성을 결코 경시하려는 의도는 아니다) 본질적으로는 변화하지 못하고 있으며, 본토 사람의 역사 의식에서 오키나와의 결락은 지속되고 있는 것으로 보인다. "그러나 그래서는 안 된다"라는 것을 강력하게 일러 주는 것이 바로 오키나와이다.

69 〔역자주〕 다이카 원년(645) 나카노 오에노오지(中大兄皇子)와 나카토미노 가마타리(中臣鎌足)가 중심이 되어 일어난 일련의 정치 개혁. 당나라의 율령제를 모범으로 하여 중앙집권 국가의 건설을 목적으로 했다. 황족·호족의 사유지와 사유민의 폐지, 지방행정제도의 확립, 조·용·조 등 통일된 세제의 실시를 내용으로 하는 조칙을 공포했다.

오키나와학의 아버지

오키나와학이라는 호칭은 오랜 고난의 길을 거쳐서(하지만 슬픔이 가득한 게 아니라 뭐라 형용할 수 없는 낙천성이 그 바닥에 흐르고 있다) 겨우 시민권을 획득한 것처럼 보인다. 오늘날 오키나와에서 대표적인 종합 잡지이자 사상 잡지인 『신오키나와 문학』은 33호(1976)에 「'오키나와학'의 선각자 군상—사람과 학문」이라는 특집을, 그리고 37호(1977)에 「오키나와 연구의 선인들」이라는 특집을 잇달아 게재했다. 전자에서는 히가시온나 간준(東恩納寬惇), 마지키나 안코(真境名安興), 히가 슌초(比嘉春潮), 나카하라 젠추(仲原善忠), 사키마 고에이(佐喜真興英), 긴조 조에이(金城朝永), 기샤바 에이준(喜舎場永珣), 오쿠자토 쇼켄(奥里将建), 시마부쿠로 젠파쓰(島袋全発), 미야라 도소(宮良当壮), 시마부쿠로 겐이치로(島袋源一郎), 세레이 구니오(世礼国男), 이나무라 겐푸(稲村賢敷)에 대해 그리고 후자에서는 배질 홀 체임벌린(Basil Hall Chamberlain), 니콜라이 네프스키(Nikolai Nevskii), 제임스 클리포드(James Clifford), 야나기타 구니오, 오리쿠치 시노부(折口信夫), 야나기 무네요시(柳宗悅), 사사모리 기스케(笹森儀助), 다시로 안테이(田代安定), 이토 주타(伊東忠太), 구로이와 히사시(黒岩恒), 다무라 히로시(田村浩), 오쿠노 히코로쿠로(奥野彦六郎), 다나베 히사오(田辺尙雄), 도리이 류조(鳥居竜蔵), 가와무라 다다오(河村只雄), 스도 리이치(須藤利一), 가토 산고(加藤三吾), 이와사키 다쿠지(岩崎卓爾)에 대해 각각 논하고 있다. 전자는 오키나와 출신이고 후자는 오키나와 이외의 지역 출신인데, 당당한 산맥이라고 할 수 있는 사람들로 대부분이 아카데미즘과는 무관한 사람들이었다는 점이 인상적이

다.[70]

그런데 어느 쪽에도 이름이 없는 이하 후유(伊波普猷, 1876~1947)는 '오키나와학의 아버지'라는 이름을 독차지하면서 달리 견줄 만한 사람도 없는 존재로서 우리 앞에 우뚝 서 있다. 그가 오키나와를 응시하면서 쌓아 올린 학문은 과연 어떤 학문이며, 우리에게 무엇을 말하고 있는 것일까?

1906년 도쿄제국대학 문과대학 문학과 언어학 전공을 졸업하고 귀향한 이하 후유가 촉탁으로 현립 오키나와도서관장으로 근무하면서 오키나와학 수립의 기념비적 작품인 『옛 류큐(古琉球)』를 출간한 것은 1911년 12월이다. 유소년기에 폐번치현(廢藩置縣)을 겪고 그 후 야마토화 과정을 직접 지켜보며 뼈저리게 느끼면서 자란 한 인간으로서의 귀결이었다.

오키나와현립 중학교에 다니던 시절, 교장이 영어 과목을 폐지하려 하자, 이에 저항하고 오키나와를 이해하려고 노력하는 교사를 교장이 휴직시키고 면직시키는 일이 벌어졌다. 이때 이하 후유는 교장 배척운동의 선봉에 선 결과, 고등학교 입학 자격을 빼앗긴 채 퇴학당하고 말았다. 이렇게 해서 인생길을 돌아가는 과정에 자신의 뜻을 정치에서 언어학으로 바꾼 경위는 자전적 글인 「중학교 시절의 추억」[71]이나 여러 연구를 통해 잘 알려져 있다. 정치 개혁에 매진하려 했던 그가 즉각적인 효과를 구하기보다는 장기적인 전망에

70 오키나와 연구의 개관으로서는 이 외에 오키나와현 교육위원회 편 · 간행의 『오키나와현사』 제5권 각론편 4 「문화」 1 (1975)이 상세하다.

71 『류큐고금기』(1926)에 수록.

의해 문화의 영역으로 돌아서서 오키나와의 마음을 깊이 있게 찾아가게 된 것이다.

이러한 선택은 이하 후유가 좋아한 프랑스 시인 레미 드 구르몽(Rémy de Gourmont)이 말한 "우리는 역사에 의해 압사당하고 있다"에서 볼 수 있듯이 오키나와가 짊어지게 된 역사의 모순을 직시한 결과임은 분명하다. 그 모순이란 두말할 나위 없이 청나라에 대한 복속, 사쓰마번(薩摩藩)에 의한 지배, 그리고 메이지 정부에 의한 류큐 처분으로 인해 나타난 것이다.

오키나와와 류큐

『옛 류큐』가 이하 후유의 최초의 저작은 아니다. 비록 소책자이기는 하지만 이에 앞선 1911년 1월에는 『류큐인종론』을, 같은 해 7월에는 『류큐사의 추세』를 간행했다. 그리고 오키나와 연구가 이전에 없었던 것은 아니다. 사사모리 기스케, 가토 산고, 다시로 안테이라든지 이하의 중학교 시절 스승이자 깊이 사숙하고 있던 다지마 리사부로(田島利三郎) 등의 연구가 이미 있었다(오키나와를 여행하거나 오키나와에서 직장을 얻은 사람들 중에서 오키나와의 문화에 매료되고 정도의 차는 있지만 내재적인 이해를 찾아 연구를 시작한 선구자 대부분 즉 사사모리 기스케, 가토 산고, 다시로 안테이, 다지마 리사부로, 이와사키 다쿠지 혹은 나카무라 짓사쿠中村十作 같은 민권운동가가 모두 도호쿠나 니가타 등 우라니혼裏日本[72] 출신이었다는 점은 결코 우연이 아니다. 어떤 의미에서

72 〔역자주〕 혼슈의 일본해에 면한 지방.

불우한 처지에 놓인 사람들이 모이는 곳이었기에, 근대화의 이면에 놓인 지역에서 성장했다는 이유만으로 오키나와의 문화나 상황이 마음 깊이 와 닿았을 것이다). 그렇지만 『옛 류큐』는 앞에서 언급한 두 저작을 비롯해서 어느새 20편이 되어 버린 과거 여러 해 동안 신문에 게재한 초고를 묶었다는 점에서, 그리고 오키나와의 가장 뛰어난 고전이라고 할 수 있는 오모로(オモロ)[73]의 빛으로 류큐의 고대를 조명했다는 점에서 매우 뛰어난 저작이다.

이 『옛 류큐』를 대하면 우선 제목에 끌린다. 가까이서 이하 후유의 가르침을 받은 히가 슌초의 당시의 일기 「태양자의 일록」 1911년 1월자에는 "처음에는 과거의 류큐라고 할 생각이었으나 너무 평범한 것 같아서 옛 류큐로 바꾸었다"라는 이야기가 실려 있다.

류큐 시대의 오키나와를 대상으로 삼고 있다고는 하나, 이하 후유의 류큐에 대한 집착을 엿볼 수 있다. 이런 관점으로 그의 전집 11권에 수록된 「저작 목록」[74]을 살펴보면 「류큐 소식」(琉球だより, 1900), 「류큐의 역사와 그 언어」와 「류큐사 훑어보기(琉球史の瞥見)」, 「'류큐'라는 명칭에 관해서」(이상 1901), 「류큐의 세 종류의 사람들」(琉球に於ける三種の民, 1902)처럼 '류큐'라는 단어가 많이 사용되고 있다. 특히 『문고』에 기고한 최초의 짧은 글은 수험 생활 중에 쓴 글인데, 낯선 본토에서 그것도 재수생이라는 불안한 처지를 참고 견디며 자

73 〔역자주〕 오키나와 아마미제도(奄美諸島)에 전해지는 고대 가요. 신사(神事)나 궁정의 축연 때 불린 서사시이다.

74 『全集』 제11권에 수록.

신을 표현할 때 그 중심을 류큐에 두었던 것이다.

뿐만이 아니라 애당초 '오키나와'라는 단어를 사용했던 경우, 예를 들어 「오키나와에 고유의 문자가 있었는가」는 『옛 류큐』 재판(1916)에서는 「류큐에 고유의 문자가 있었는가」로, 「오키나와인의 조상에 대하여」는 『오키나와 마이니치신문』에 다시 실릴 때 「류큐인의 조상에 대하여」로 바뀌었다. 그리고 「진화론에서 바라본 오키나와의 폐번치현」은 『류큐사의 추세』에서 「진화론에서 바라본 류큐의 폐번치현」으로 바뀌었듯 수정되어 있는 경우가 적잖다. 『오키나와 여성사』[75] · 『오키나와여 어디에』[76] · 『오키나와고』(1942)처럼 처음부터 '오키나와'라는 단어를 사용한 저작이 있지만, 전체적으로 볼 때 그의 마음이 류큐에 크게 기울고 있었다는 것은 의심할 여지가 없으며, 이것은 이하 후유의 자기 인식에 관련된 문제를 제기하게 된다.

왜 류큐이어야 했는가? 류큐가 오키나와현으로 바뀐 후 많은 우여곡절이 있었으나, 일본의 한 지방으로서의 오키나와라는 기조를 지닌 정책이 추진된 것은 분명하다. 그리고 그 방침은 교육면에서는 강력한 황민화 정책으로 나타났다.

이러한 점을 상징하는 예로 오키나와사범학교 교사이자 황민화의 유력한 이론가였던 닛타 요시타카(新田義尊)가 오키나와현교육회의 기관지인 『류큐 교육』에 기고한 논문 「오키나와는 오키나와이지

75 안을 보면 『琉球女性史』라고 되어 있다.

76 후에 『오키나와 역사이야기』(1947)라는 이름으로 나왔다.

류큐가 아니다」[77]가 있다는 것은 잘 알려진 사실이다. 이 글에서 닛타 요시타카는, '양쪽에 속한 흔적'이 남아 있는 류큐라는 명칭을 추방하고 '오키나와라고 말할 수 있는 충의와 정절이 뛰어난 숙녀'의 의식을 투철하게 갖고 일본 혼을 더욱 닦아 국체를 잃지 않도록 정진해야 한다고 주장했다. 중학생이던 이하 후유가 강한 저항감을 느낀 교장에 의한 영어 폐지라든시 교사 추방도 이러한 의식의 연장선상에 있었다.[78]

오키나와도 류큐도 혹은 우루마(うるま)[79]도 모두 오래된 명칭으로 여기에서 이 어원에 관한 유래를 상세하게 논할 수는 없다. 그러나 1890년대 당시 이들 명칭이 일정한 의미를 지녔던 것은 명백한 사실이다. 그러한 상황 속에서 이하 후유의 마음 안에서 소용돌이치는 오키나와화에 대한 저항 의식이 그로 하여금 류큐에 더욱 집착하게 했다. 그후 1922년 스승인 다지마 리사부로의 유고를 정리해서 『류큐 문학 연구』라는 제목으로 간행했을 때 그는 「다지마 선생님의 구고(舊稿) 류큐어 연구 자료 출판에 즈음하여」라는 글에서 "닛타(新田) 선생의 제언으로 기관지 『류큐 교육』의 명칭까지 『오키나와 교육』으로 바꾸어 버렸다"라고 적고 있다. 이 부분을 읽으면 이하 후유의

77 제2호, 제4호, 제8호~11호, 제14호, 제17호, 1895~1997.

78 〔역자주〕 오키나와 중앙부에 있는 도시. 오래전에는 야마토의 교토 혹은 가마쿠라에 비유될 만큼 번영을 누리던 곳으로 2500여 년 전 패총, 세계문화유산으로 지정된 가쓰렌구스쿠(勝連城) 등의 유적이 있다.

79 이 과정에 대해서는 히야네 데루오(比屋根照夫)의 『근대 일본과 이하 후유』(1981)에 자세하게 나와 있다.

탄식이 들려오는 듯하다.

이하 후유의 이러한 류큐에 대한 집착은 정부에 의한 역사 인멸 정책과 정면으로 충돌했을 뿐만 아니라[80] 다른 지역과 대등해지기를 바라는 현민들의 적지 않는 의식에 저촉하는 부분도 있었다. 류큐인, 리키인, 지키인이 다른 지방에 진출한 오키나와 사람들에게 어떤 울림을 지녔는가는 굳이 히로쓰 가즈오(広津和郎)의 「방황하는 류큐인」이나 구시 후사코(久志芙沙子)의 「망해 가는 류큐 여자의 수기」[81]를 살펴보지 않더라도 지금도 마음 깊은 곳에 새겨진 상처로 남아 있다. 오키나와에서는 오키나와인임에 고무받으면서 타향에서는 류큐인이라는 차가운 눈초리를 느껴야만 했던 것이다.

이러한 상황의 류큐에 대한 집착은 논쟁을 불러일으켰으며,[82] 이하 후유를 '일약 블랙리스트에 이름이 오른 인물'로 보기 시작했고,[83] 드디어 미친 것이 아닌가 하는 의심을 받을 지경으로까지 몰렸다.[84] 「연보」를 보면 이하 후유의 학문적 출범은 커다란 반향을 일으켜서 오키나와 연구에 종사하는 사람들을 배출했다고 적혀 있다. 그러나 이러한 지적은 사실의 반에 불과하다. 그의 언행이 기존 체제라든지 가치 의식에 의해 빈축을 사거나 반발을 살 정도로 '독'을 품고 있었기 때문에 많은 젊은 마음을 촉발할 수 있었던 것이다. 같은

80 『琉球新報』 1906년 10월 31일, 『全集』 제11권 수록 「年譜」.

81 지면에는 久志富佐子로 되어 있음. 1931.

82 『옛 류큐』 재판의 「序」.

83 「공도(空道)에 대해서」, 1924.

84 『옛 류큐』 초판의 「序」.

해에 터진 가와카미 하지메(河上肇)의 설화사건[85]을 둘러싼 두 가지 반응과 거의 비슷한 양상을 보이고 있었다.

마이너스 가치의 집약이라고 할 수 있는 오키나와의 과거를 감히 연구 대상으로 삼고(이하 후유는 도서관장으로서 향토 사료 수집에 전력을 다했다), 게다가 그 연구 대상을 모든 사람이 배제하고자 혐오하는 류큐로 정하고, 그리고 이러한 '류큐' 의식을 지키며 양보하지 않으려는 것은 역풍에 맞서 혼자 싸우겠다는 의식의 발로였다. 이렇게 하여 내면 가치의 역전이 그의 정신에서 일상적인 모습이 되었고, 그는 다음과 같은 주장을 했다.

"모든 민족에게는 신으로부터 부여받은 특질이 있다. 개인성에 고착하는 근본 사상은 독창성이라는 개념이다."[86]

그리고 이하 후유는 이 겁내지 않고 각 방면에서 유일무이함을 발휘할 수 있도록 추진했다. 그는 오키나와에 존재하는 중층적인 가치의 서열 가운데 가장 경시되는 사키시마(先島)의 문화를 가장 오키나와다운 것으로 보고 끊임없이 아끼고 사랑하는 자세를 스스로 보

85 〔역자주〕 1911년 가와카미 하지메가 오키나와에서 교사를 대상으로 한 강연에서 "오키나와 사람에게 충군애국의 사상이 부족하다고 하지만, 그것은 슬퍼할 만한 것이 아니라 오히려 기대되는 것이다"라고 말한 것이 계기가 되었다. 황국신민을 표방하던 오키나와의 지도적 입장에 선 사람들은 이 발언에 반발했고, 『류큐신보(琉球新報)』 등 오키나와의 신문도 오키나와 현민을 모욕한다고 비난했다. 반면 비록 소수이나마 새로운 사상에 눈떠 가던 청년들이 가와카미 하지메를 옹호하여 『오키나와 마이니치신문』 등에서 논쟁을 벌였으나 여론의 지지를 얻지는 못했다.

86 「이하 문학사의 이야기」, 1909.

였다. 야에야마(八重山)에서 모심기 때 부르는 「바시윤타(鷲ゆんた)」를 소재로 한 「야에야마의 상징시 독수리의 노래」라든지 마찬가지로 야에야마의 가요를 다룬 「남으로부터」, 「작은 게의 노래」 등에는 이러한 심정이 그대로 나타나 있다.

이들 중 하나인 「남으로부터」에서 이하 후유는 이리오모테지마(西表島)의 「미나토부시(湊節)」를 소개하고 있다.

사키야마(崎山) 항구에
니무라(新村)의 나루터에
미조라는 물고기가 몰려왔다.
하타라*가 무리를 지었다.
심부름꾼이 일해서
심부름꾼이 놓아서
5월에 나는 허드렛고치를 만든 솜으로
여름에 나는 하얀 첫 솜으로
마누라에게 짜게 해서
처녀들에게 짜게 해서
눈이 큰 그물을 만들어서
야스메 그물을 팔에 걸어서
미조를 향해 던졌더니
하타라를 향해 던졌더니
미조는 잡히지 않고
하타라는 잡히지 않고
처녀가 걸렸다.
어여쁜 여인이 걸렸다.
여기서 주무시고 가세요.

아가씨, 여기서 쉬었다 가세요, 어여쁜 아가씨.
여기서 자게 해서 뭘 할 건가요.
쉬게 해서 어떻게 할 건가요.
오늘 밤 일을 이야기하고
밤에 있을 일을 이야기하고…
(이하 후유의 직역)
*하다리 : 농이의 일종

그리고 그는 이렇게 말했다.

"오키나와 본 섬의 노래에는 아마도 이렇게 경묘한 노래는 없을 것이다. 야에야마의 노래집을 접할 때마다 시라는 것은 짓는 게 아니라 부르는 것이라는 사실을 강하게 느낀다. 민속이나 신화 또는 민요 연구에 종사하는 사람들은 한 번은 꼭 사키시마를 방문해야 한다."

이하의 뒤를 이은 한 사람인 긴조 조에이(金城朝永)는 '이하 후유 선생님의 생애와 류큐학'이라는 말을 사용했는데, 이상에서와 같은 상황을 놓고 보면 오키나와학의 수립자에게는 매우 적절한 정의인 것 같다.

오모로의 빛

이하 후유는 이렇게 오키나와에 몰두해 갔다.

"깊게 파라, 자신의 마음속 샘을 다른 곳에서 물을 길어 오지 않도록."[87]

87 「류큐 세 수」에 있는 한 수, 1911.

"그대가 서 있는 곳을 깊게 파라, 그곳에는 샘이 있다."

이하가 좋아한 니체의 말을 그대로 빌린 노래이다. 이하는 오키나와 탐구를 실천하면서 독창성을 찾기 위해 『오모로소시(おもろそうし)』[88]를 정면으로 연구하며 대상으로 삼은 시대의 사람들 입장이 되어 그 마음을 읽으려고 했다.

후에 이하 후유는 오리쿠치 시노부가 '만요비토(萬葉人)'라는 말을 사용한 것에서 '오모로비토'라는 명칭을 사용했는데, 이 말은 근대인의 섬세한 감정으로 오모로비토의 소박한 감정을 마음대로 추측하는 것을 그만두고 그들 입장에 서서 그들의 감정을 직접 경험하자는 자세에 입각한 것이었다.[89] 그는 마지키나 안코(真境名安興)에게 보내는 서신에 이렇게 썼다.

"우리는 앞으로 서로 오모로비토의 마음이 되어 이 고대문화의 보고 안으로 들어가야 하지 않겠습니까?"[90]

『류큐 성전 「오모로소시」 선역』(琉球聖典「おもろそうし」選釋, 1924)의 '일러두기'에 의하면 "구두점을 찍는 방법도 원본 그대로 따랐다. 오모로의 구두점은 단순한 구두점이 아니라 노래할 때에 필요한 어떤 표시가 아닌가 생각되는 부분이 있다. 즉 구두점 중에는 인명과

---

88 〔역자주〕 오키나와와 아마미제도에 전해지는 고대 가요집. 류큐의 고어로 쓰인 가요 1,554편이 수록되었고 전22권이며 1531~1623년에 성립되었다. 『오모로사시(おもろさうし)』라고도 한다.

89 「도난(盜難)을 노래한 오모로 附 : 오모로 연구의 태도에 대해서—마지키나(真境名) 씨에 보내는 편지」, 1925.

90 위와 같음.

지명 한가운데서 끊은 데도 있다”라고 할 정도로 이하의 『오모로소시(おもろそうし)』 분석은 정교했다. 이러한 그의 태도에 대해 다양한 의견이 있을 수 있다. 그러나 가능한 한 옛 류큐 사람들 마음에 다가서려 한다는 점에서 하나의 견식이었음은 부정할 수 없다.

이런 연구 중에서 오키나와다운 향기를 풍기는 노래 한 수를 예로 들어 이하 후유가 어떤 식으로 접근하고 있는지 살펴볼까 한다.

天に, とよむ, 大ぬし,
あけ, もどろの, はなの, さいわたり,
あれよ, みれよ, きよらやよ,
ぢてに, とよむ, 大ぬし
あけもどろの, はなの.

분석하는 것이 그의 일이었을 텐데, 이하는 이 아름다운 선율에 먼저 취해 버려 이렇게 쓰고 있다.

“나는 몇 해 전에 나카구스쿠(中城) 성터에서 일출을 보고 이 오모로의 시인과 거의 같은 감정에 빠진 적이 있다. 그 순간 시인이 아닌 나는 이 찰나의 느낌을 표현할 말을 갖지 못하고 있다는 사실에 슬펐다. 생기에 찬 태양은 지평선 위에 얼굴을 내밀자마자 하늘에 그리고 바다에 촉수와 같은 광선을 일제히 뿜어냈는데, 그 광경이 오므라들었던 꽃이 갑자기 활짝 피어나 황금빛 꽃잎이 순식간에 벌어지는 듯했다. 이 움직임을 오모로의 시인은 ‘황금빛 꽃이 피었습니다’라고 표현했다. 그리고 그 아름다움에 감격하여 마치 어린아이처럼 순수하게 '저것 봐, 저것 봐, 아름다워'라고 외치고 있다."

이하 후유는 일종의 황홀경에 내던져져 고심한 끝에 결국 동요로 옮겨 보았다.

하늘에 계신 고귀한 왕의
황금빛 꽃이 피었습니다
저것 봐, 저것 봐, 아름다워
온 누리를 비치는 해님이
황금빛 꽃잎이

이렇게 옮겨 놓고도 그는 찬탄이 충분하지 않다고 느꼈는지 이런 말도 곁들였다.

"그들은 자연이라는 어머니의 따뜻한 품속에서 자라며 끊임없이 어머니 가슴에 귀를 대고 있어 어머니 안에 흐르는 선율의 파도 소리를 들을 수 있다. 그리고 어머니 속에서 나는 파도 소리와 공명해서 영혼의 선율이 언어로 나타난 것이 오모로이다."

강한 단정의 표현이 반복되어 있어 그가 얼마나 감동했는가를 알 수 있다.

이하 후유가 『오모로소시』에 보이는 'あけもどろ(아케모도로)'라는 말의 어원 고찰에 몰두하는 것은 그 후의 일이다. 그는 고찰에서 "불가사리류 가운데 별모양을 하고 다리가 다섯 개 뻗쳐 있는 데즈루모즈루(てづるもづる)라는 것이 있다는 사실에 착안해 '어지럽게 산란하는 상태로'라는 뜻을 가진 'しどろに', 'しどろもどろに'라는 두 부사의 존재를 알게 되었다. 여기에 오키나와 중부 동쪽에 있는 헨자지마(平安座島)에서는 마음이 어지러운 상태에 쓰이고 있다는 사실을 필드워크 조사를 통해 보강한 다음, "이렇게 보면 もどろ(모도로)는 예부터 무언가가 한 점에서 주변으로 넘쳐 나오거나 뿜어져 나온다는 뜻이 있었음이 틀림없다"라고 결론지었다.[91] 몰입이라고 할 만큼 대상에 대한 애정이 깊었기에 이하 후유는 오모로비도의 마음과 가장 빌노 있게 교감할 수 있었을 것이다.

이러한 연구의 결과로서 이하 후유는 어떤 독창성을 파헤쳤을까? 방대한 데다가 미묘하게 변화하는 그의 업적 전체에 대해 언급하기란 불가능하지만, 그렇기 때문에 몇 가지 사례를 통해 그의 업적의 특징과 방향을 살펴보고자 한다.

첫째는 「아마와리고」(阿麻和利考, 1905)이다. 오키나와에서는 누구나 알고 있듯이, 15세기에 슈리(首里)의 주잔왕(中山王)의 명으로 나카구스쿠(中城) 성을 짓고 성주가 된 고사마루(護佐丸)가 이 땅 제일의 충신이라는 말을 듣는 데 반해 고사마루를 참언으로 곤경에 빠뜨리고 주잔(中山) 공략을 꾀하다가 처형당한 가쓰렌구스쿠(勝連城) 성주 아마와리(阿麻和利)는 제일의 역신으로 여겨지고 있었다. 1898년 이하의 스승 다지마 리사부로가 1898년 발표한 논문 「아와마리 가나라는 이름(阿麻和利加那といえる名義)」에서 양자의 대립은 권력 투쟁에 불과하다고 주장하여 논쟁이 벌어졌다.

그러나 이하 후유는 다지마 리사부로의 논문을 더욱 발전시켜서

91 단 오늘날 현재 이 해석이 자리를 잡은 것은 아닌 것 같다.

'오모로의 빛'에 의해 연구한 결과, 아마와리는 어쨌든 가쓰렌 인민들의 의지에 의해 가쓰렌반도의 주인이 된 인물이며, 아마와리란 원래 아마쿠다리(アマクダリ)·아모리(アモリ), 즉 '하늘에서 내려온다'라는 말이라고 지적했다. 즉 가쓰렌의 원래 지배자였던 모치즈키(茂知附) 씨의 압제에서 반도의 인민을 구해 낸 '오키나와의 마지막 옛 영웅'이라고 정의하며, "농민 폭동의 두목은 하루아침에 가쓰렌의 아지(按司)[92]가 된 것이다"라고 말했다. 그렇다면 고사마루와의 대립, 그리고 주잔왕에 대한 반기는 어떻게 해석되는가? "아마와리는 또한 아루모노(アルモノ)를 생각하기 시작했다. 이 아루모노를 생각한다는 것은 '천하는 천하의 천하이고, 한 사람의 천하가 아니다(天下者天下之天下也, 非一人之天下)'라고 단언하는 『주잔세이칸(中山世鑑)』[93]을 가지고 있는 류큐에서는 그다지 죄가 되는 생각이 아니었다"라고 해석했다.

이러한 새로운 해석은 "뭔가를 베풀어 주는 사람이야말로 우리의 주군"이라는 속담에 대한 고찰에도 보인다. 이 문제를 논한 「'뭔가를 베풀어 주는 사람이야말로 우리의 주군'의 진정한 뜻」(「物呉ゆ者ど我が御主」の眞意義, 1915)은 상당히 미묘한 문맥을 지니고 있다. 그러나 여기서 이하가 가장 강력하게 주장한 것은 '무언가 주기만 하면

92 〔역자주〕 메이지유신 이전 류큐의 벼슬 품계 가운데 하나. 예부터 계보를 지닌 지역의 지배자로, 후에 국왕이 임명하는 위계명이 되었다. 안지, 안즈라고도 한다.

93 〔역자주〕 류큐왕국 최초의 정사. 1650년 국왕의 명령으로 쇼쇼켄(向象賢)이 편술했으며 전6권으로 구성되어 있다.

어떤 사람에게나 꼬리 치며 달려간다'라고 해석되던 이 속담이 실은 역성혁명사상에서 나왔다는 점이라며 다음과 같은 말을 했다.

"쇼하시왕(尙巴志王)의 상무사상적(尙武思想的) 왕조가 '먹을 것을 주는 이야말로 우리의 주군'이라는 아사토 히야아(安大親里)의 『유테(世謠)』를 신호로 쉽게 전복되어 버린 것은 주목할 필요가 있는 대목이다.…세상에 오키나와만큼 먹을거리의 부족을 느껴 먹을거리를 제공해 주는 좋은 통치자를 동경한 지역은 없을 것이다. 이러한 인민이 쇼토쿠왕(尙德王)과 같은 호전적인 통치자에 환멸을 느끼고 세상이 바뀌기를 희망한 것은 무리가 아니다.…오모로에도 '쓴 세상을 단 세상으로 바꾸는 주군', '세상의 흉을 길로 바꾸는 주군'이라는 비슷한 말이 있다."

이 말에서 이하 후유는 본토와는 달리 오키나와에서는 세상이 바뀌는, 즉 역성혁명에 대한 의식이 정착해 있었다고 주장하고 있는 것이다.

이와 유사한 본토와의 이질성에 대한 지적은 「옛 류큐의 나무(裸舞)」에서 거의 자리 잡게 된다. 이 논문은 얼마 되지 않는 자료를 불씨로 시작하여 추리를 거듭하며 입론해 가는 이하 후유 학문의 대단히 뛰어난 부분을 여실히 보여 주는 실례인데, 거기에는 이런 언급이 있다.

"『고사기(古事記)』와 『일본서기(日本書紀)』를 볼 때마다 나는 고대 신화에 등장하는 인물들에게 우리가 중국옷을 입히고 있다는 생각을 떨쳐 버릴 수 없다. 이러한 옷을 모두 벗겨 던지고 여기 류큐 남쪽 섬사람들처럼 그들 본래의 모습을 볼 수 있는 방법은 없을까?"

오키나와의 독창성

이하 후유는 근래에 이르러 더러 '일류동조론(日琉同祖論)의 제창자'라는 이야기를 듣는다. 이하가 이론을 전개하는 과정에서 시기에 따라서는 얼마간 흔들리고 있는 부분도 있으며, 때로는 루쉰(魯迅)과 같은 깊은 절망=희망도 드러내고 있어서 상당히 복잡한 면을 보이고 있다. 그렇다고 이하 후유가 일본 본토에의 동화를 주장한 것은 아니다. 『오모로소시』에 대한 몰두를 통해 그가 도달한 것은 오키나와는 야마토와는 다른 특질을 가진 땅이며 그 독창성을 인정하자고 주장하는 동시에 그 이질성 때문에 역사에 압사당하고 있는 상황에서 자신을 해방시키고 자립을 지향하자는 것이었다. 그런 의미에서 이하 후유의 주장은 비천황제적(非天皇制的) 문화상의 제시이자 정신적 자치주를 지향하자는 논의였다고 볼 수 있다.

게다가 이 독창성에 대한 주장은 오키나와에만 한정되는 것이 아니라 모든 약소한 존재, 모든 압사당하고 있는 존재로 시야를 확대할 수 있는 것이었다.

오키나와인인 이하 후유에게는 아일랜드에 대한 뜨거운 공감이 있었다. 1924년 이때는 벌써 주소를 도쿄로 옮긴 상태였으나, 연하의 방랑 작가 이케미야기 세키호(池宮城積宝)를 위해 쓴 글[94]에서 "여러분은 여러분이 갖고 있는 개성을 표현할 수 있는 자신의 언어를 갖고 있지 않다. 여러분이 지금 가지고 있는 그것은 빌린 것이다…

94 자쿠호(寂泡) 군을 위해서

그렇기 때문에 오키나와인이 소설가가 되는 것은 아일랜드인이 소설가가 되는 것만큼이나 어려운 일이다. 아일랜드 사람들은 언어라는 커다란 난관을 극복했을 때 비로소 쇼(George Bernard Shaw)나 예이츠(William Butler Yeats), 싱(Synge John Millington)과 같은 귀재를 중앙의 문단으로 보낼 수 있었다"라는 유명한 말을 했다. 이하 후유와 문화에 관해 공통된 인식을 지녔다고 지적되는 야나기타 구니오에게는 이런 관점은 없다.

당초 이하 후유는 오키나와가 이룬 문화적 우수성에 대한 찬탄 때문에 아이누에 관해서는 문화적 차이를 강조하는 태도를 취하고 있었으나,[95] 1925년 아이누 청년 이보시 다키지로(違星滝次郎)의 강연을 듣고 번연히 깨닫고서는 "나는 자네의 고향과 반대편에 있는 류큐에서 온 이하라고 하네. 자네의 마음이 누구보다도 잘 이해되었네"라고 말하며 악수를 한 다음 "소견이소문위 차심동차이동(所見異所聞違, 此心同此理同)"[96]이라고 적어서 건넸다. 이에 관한 이야기를 적은 「눈뜨기 시작한 아이누 종족(自覺ぬつつあるアイヌ種族)」이라는 글에서 "천손인종(天孫人種)을 괴롭히고 젠쿠넨(前九年) · 고산넨(後三年)의 난[97] 때 활약한 그들의 조상의 활동을 알게 되면 짐작하고도

95 「그때 그때」, 1905.

96 〔역자주〕 비록 홋카이도와 오키나와는 겉으로는 다르게 보이는 데가 있고 다르게 들리는 곳이 있어도 그 마음은 같으며 그 이치 또한 같다는 뜻.

97 〔역자주〕 각각 1051년, 1083년에 일어난 전란. 1051년 무쓰(陸奥)의 호족 아베노 요리토키(安倍頼時)가 자신의 아들들과 일으킨 반란으로 조정이 군사를 보내 평정한 일(젠쿠넨의 난)과 젠쿠넨의 난 이후 세력을 펴던 기요하라(清原) 씨

남음이 있다. 그들의 조상은 우리 조상이 오모로를 남긴 것처럼 유카리(ユーカリ)[98]라는 아름다운 시를 남겼다"라는 말을 보면 이하가 얼마나 크게 공감했는지를 짐작할 수 있다. 그리고 이 강연이 긴다이치 교스케(金田一京助)의 『아이누 연구』 간행을 축하하는 아이누학회 자리에서 행해졌다는 점을 생각하면, 오키나와학과 아이누학이 서로 공명하는 정경을 쉽게 연상할 수 있다.

이러한 동기를 가진 이하의 학문은 『오모로소시』에 대한 분석과 해명을 축으로 언어학 · 역사학 · 민속학의 여러 분야로 확대되었으며, 후세에 많은 자극을 주기에 이른다.

그와 동시에 다음과 같은 점도 지적해 두고자 한다. 고전에 대한 몰두는 일반적으로 현대와의 격리라는 이미지를 품기 쉬우나, 이하 후유의 경우는 오히려 반대로 고전에 숨어 있는 옛 류큐 사람들의 마음을 현대에 되살려 내는 역할을 해냈다. '황금빛'이라는 의미의 あけもどろ(아케모도로)는 그가 되찾은 말이다. '쓴 세상 · 어려운 세상'이라는 의미의 にが世(니가요)와 '단 세상 · 좋은 세상'이라는 의미의 あま世(아마요)의 경우도 마찬가지이다. 그리고 이 니가요와 아마요는 본토와 분리된 채 점령되고 언제 귀속될지도 모르는 고향 오키

의 내분에 미나모토노 요시이에(源義家)가 개입하여 후지와라노 기요히라(藤原清衡)를 도와 기요하라노 이에히라(清原家衡)와 하케히라(武衡)를 멸망시킨 일(고산넨의 난)이다. 이 두 난의 수장 아베노 요리토키와 후지와라노 기요히라가 아이누였는지는 제쳐 두더라도 그 병사들은 대부분 아이누였다고 한다. 여기에서는 이 두 난에서 맹활약한 이들이 아이누의 조상이라는 것을 말하고 있다.

98 〔역자주〕 아이누어로 된 영웅서사시.

나와를 그리워하면서 1947년에 펴낸 마지막 저서 『오키나와 역사 이야기』를 끝맺으며 사용하고 있어 모든 읽는 이에게 깊은 감명을 주고 있다.

오로지 지구상에서 제국주의가 종말을 고할 때 오키나와인은 니가요에서 해방되어 아마요를 즐기며 충분히 개성을 살려 세계 문화에 공헌할 수 있다는 말을 남기고 이 펜을 놓고자 한다.

3

국민사관의 수립
쓰다 소우키치

암흑 속의 등불

역사 교육이라는 문제를 생각할 때 나는 언제나 1945년 1학기에 받은 국사 수업을 떠올리곤 한다. 당시 중학교 2학년이었는데 공습과 밭일 사이사이에 받은 수업에서 선생님은 '제1과 조국(肇國)'이라고 칠판에 크게 적고, 다른 나라는 정복 국가이기 때문에 건국이지만 일본은 황실을 중심으로 스스로 시작한 나라라고 설명했다. 이 말은 「교육 칙어」에 있는 "우리 일본은 황조황종(皇祖皇宗)이 나라를 열고 원대한 덕을 세움이 심후하도다"[99]라는 말을 반사적으로 상기하게 하는 설명이었다.

이 광경은 당시 전국을 에워싸듯이 실시되고 있던 황국사관 교육

99 '皇祖皇宗國ヲ肇ムルコト宏遠ニ.'

의 아주 작은 예에 불과하다. 그렇게 보면 일본의 어린이는 미국 공군과 황국사관에 의한 융단 폭격을 번갈아 받았던 셈이다. 이런 환경에서 배양된 국체 관념이라는 주문에서 풀려나기 위해서는 알고 있는 바와 같이 일본의 항복을 기다려야만 했다. 게다가 이 해금이 과연 전면적인 것이었는지 부분적인 것이었는지, 또는 영구적인 것이었는지 일시적인 것이었는지에 대해서는, '사건'에 비유하자면 아직 결말이 나지 않는 미결사건이라 할 수 있다.

쓰다 소우키치(津田左右吉, 1873~1961)의 역사학, 이른바 쓰다사학은 국체 관념에 관한 족쇄가 그만큼 철저하던 상황에서 매우 눈에 띄는 존재였다. 쓰다 소우키치는 학문적 생애의 출발점에서 국체 신화의 성전으로 여겨지던 『고사기』와 『일본서기』의 서술에 대해 가차 없는 비판을 가하며 자신의 연구를 밀고 나갔기 때문에 당시 파시즘 체제하에서 표적의 하나로 지목되었다는 점에서 역사가 중 특별한 존재였다.

국체 관념을 족쇄로 의식하고 거기서 빠져나가려고 모색하고 있는 사람에게 쓰다사학이 얼마나 강렬한 충격이었는가는, 일본 사학사에서 쓰다 소우키치의 계승자로 여겨지는 사상사 연구가 이에나가 사부로(家永三郎)가 다름이 아닌 쓰다를 대상으로 삼은 역작 『쓰다 소우키치의 사상사적 연구』의 서문에서 가장 적절하게 설명하고 있다. 국사를 전공하던 학생 이에나가 사부로에게 첫째로는 칸트파의 철학이, 둘째로는 신란(親鸞)의 종교와 기독교가 국체 관념의 원천이던 '국사'의 무게를 떨쳐 내고 세계를 비판적으로 바라보는 시야를 기르기 위한 논리적 전제가 되었다. 그리고 그 결과 "눈앞을 뒤덮고 있던 신비의 커튼이 걷힌 후 어떻게 새로이 일본의 역사를 바라볼지 방향을 잃고 역사와 소원해지던 때 구체적인 모습으로 전혀 새롭게 역사를 바라보는 방법을 가르쳐 준 것이 쓰다 소우키치의 학문이었다"라고 적고 있다. 또 "쓰다의 저서를 다 읽기 전과 후는 사방의 경치마저 완전히 바뀐 것처럼 강렬하던 인상이 언제까지나 지워지지 않고 남아 있었다"라고 썼다. 젊은 날의 이에나가 사부로에게 쓰다 소우키치는 암흑 속의 등불이었던 것이다.

번뇌와 방황

이러한 쓰다 소우키치의 학문은 이미 이에나가 사부로가 앞의 저서에서 지적하고 있듯이 아카데미즘의 학문으로서가 아니라 민간학으로 성립한 학문이다. 그의 학력은 오늘날까지 불확실한 부분이 많은데 고향 기후(岐阜)에서 초등학교를 졸업하고 나고야의 사설 학원에서, 그리고 한때 교토의 니시혼간지(西本願寺) 별원(別院)이 시작한 일종의 사립 중학교 같은 곳에서 공부했다. 이어서 도쿄전문학교 정치과 교외생(校外生)으로서 강의록을 구독하고 공부하여 도쿄전문학교 정치과 2학년으로 편입했으며, 1년 후인 1891년 열아홉 살에 졸업했다는 것이 대략적인 학력이다. 졸업 후 교원 검정시험에 합격하여 여러 지방에서 중학교 교사를 했다고 한다.

쓰다 소우키치가 「어린 시절의 추억」과 「'어린 시절의 추억' 이후」(유고)에서 밝혔듯이 "이 동네(기후현 요나다岐阜縣米田 주변. 지금의 미노카모시美濃加茂市)에서는 초등학교를 졸업하는 자도 얼마 없으며, 졸업을 해도 상급 학교에 진학하는 학생은 거의 없던" 당시로서는 드문 경우였음이 틀림없으나, 애당초 국가의 지도자를 양성하는 코스와는 현격한 괴리가 있었다. 중학교 교사 시절의 쓰다는 학문에 뜻을 품고 있으면서도 그것을 구체화할 환경을 갖지 못하여 괴로움 속에서 세월을 보냈다.

쓰다 소우키치

당시 자신을 '기의산인(芰衣山人)', '척광아(隻狂兒)', '황혼생(黃昏生)' 등으로 부르며 하루도 빠뜨리지 않고 쓰던 일기에 「파도의 물방울(浪の雫)」, 「부운래거록(浮雲來去錄), 「팔중률(八重葎)」, 「근심거리(おもい草)」, 「뜬구름(うき雲)」, 「풍진록(風塵錄)」, 「누흔록(涙痕錄)」, 「풀 베개, 파도 베개(草枕浪枕)」, 「혼혼록(惛々錄)」, 「곡화록(哭花錄)」, 「도중에 깬 꿈(見はてぬゆめ)」, 「낙엽(落ち葉)」, 「광야방황록(曠野彷徨錄)」, 「바닷물에 젖은 옷(しおなれころも)」, 「뒤 없는 뒤(あとなきあと)」, 「처풍참우록(悽風慘雨錄)」, 「명몽록(溟濛錄)」, 「눈 밑의 새싹(雪の下もえ)」, 「덩굴풀(むぐら)」(1. 이겸치초록利鎌薙草錄, 2. 총리충성록叢裡蟲聲錄)', 「망천일방록(望天一方錄)」, 「고목한아록(枯木寒鴉錄)」, 「신수구정록(新愁舊情錄)」, 「무현무황록(無絃無簧錄)」, 「춘수기(春愁記) 정·속」, 「마음의 행방(こころのゆくえ)」, 「형영상조록(形影相弔錄)」, 「비인정일기(非人情日記)」,[100] 「삼첩일기(三畳日記)」, 「쥐일기(鼠日記)」 등의 제목을 붙이고 있는데, 이 제목들 대부분이 그대로

100 이것은 소세키(漱石)의 『구사마쿠라(풀베개 : 草枕)』에 촉발되어 붙인 제목이다.

쓰다 소우키치의 심상풍경을 보여 주고 있다.[101]

> 척광아 왈, 나는 미쳐서 어리석고 극히 평범하여 세상 풍파에 잘 따르지 못하며, 데면데면하고 엉성하며, 감수성이 예민한 성격을 지녀 매사에 실패가 많고 가슴속에는 언제나 걱정이 끊이지 않는다.[102]

> 책을 읽지 않고 글을 쓰지 않으며, 책을 펴도 그 뜻을 헤아리지 못하고 붓을 들어도 글로 나타내지 못하며, 오호 내 업이 지금처럼 이토록 황폐하고 내 사기가 이토록 위축되고 마비된 적은 없었다. 언제나 한탄하며 스스로 아파하고 또한 우울해하며 혼자 슬퍼한다.[103]

그는 이렇게 방황하고 있었던 것이다. 짧지 않은 어려운 시기를 통해 쓰다 소우키치를 학문적으로 계발하고 생활적으로 보호한 것은 시라토리 구라키치(白鳥庫吉)였다. 그는 쓰다에게 책을 빌려 주고 직업을 찾아 주었다(그의 부인은 쓰다의 가정생활까지 돌보곤 했다). 시라토리 구라키치는 1908년 남만주철도주식회사에 설치된 만선지리역사조사실(滿鮮地理歷史調查室)의 주임이 되자, 개인 비서로 그리고

---

101 "도쿠가와의 역사에 관한 원고를 쓰기 시작해서 앞으로 한 달, 두 달은 주로 이 일에 전념하여 붓을 맡기고자 한다"는 마음이 왕성했을 때에는 일기에 "호들갑스러울지도 모르나"라며 얼마간은 수줍어하면서도 '史海余波'(1920)라는 이름을 붙이고 있다.

102 「풀 베개, 파도 베개(草枕浪枕)」, 1897.

103 「혼혼록(惛々錄)」, 1897.

나중에는 정규 연구원으로 쓰다 소우키치를 불러들였다. 이것이 쓰다 소우치키가 맞이한 최초의 학문적 설비와 분위기를 갖춘 환경이었다. 1905~1906년까지 청나라 유학생부 예과의 일본어 강사를 지낸 시절을 제외하면 와세다대학에 전임으로 적을 두게 된 것은 1918년이었다.

시라토리 구라키치에 대한 경모의 마음이 깊어 「고목한아록」의 1905년 12월 27일의 일기에는 "시종일관 나를 지도하고 보호해 주는 것은 시라토리 씨뿐이다"라고 적고 있으며, 그리고 후년에 "나는 세상에서 말하는 사학 출신도 아니고 관학에 몸담고 있는 자도 아니고 나는 오로지 나일 뿐이다"는 말도 남겼다.[104] 이 말은 시라토리에 대한 감사의 마음을 담고 있는데, 대학에 취직할 때까지 모교와 제대로 된 관계를 한 번도 맺지 않고 지내 왔으며 사학과 관학 사이에서 파벌을 형성하려 하지 않았음을 뜻한다는 점에서 수긍이 가는 내용이다. 그렇지만 재야에만 머물러 온 사람으로서의 비애감을 느끼지 않는 것은 결코 아니었다.

일찍이 1896년 중학교 교사가 된 지 얼마 되지 않은 무렵 동료와 대화를 나누던 중 대학, 대학이라고 떠들어대는 사람이 있었는데, 그 사람이 아니나 다를까 도쿄대 출신임을 알았을 때 혼자 피식 웃고 말았다는 말을 했다고 한다.[105] 역사 에세이를 잡지에 게재할 때도 먼저 머리말에 "역사가라고 불리는 학자가 아니기에 고문자를

104 「학구생활 50년」, 1951.

105 「팔중률(八重葎)」 9월 17일자.

만진 적이 없으며, 전기가(傳記家)라는 문사도 아니기에 옛사람을 '그는'이라는 식으로 따진 적도 없다. 가난해서 장서도 적고 떠돌이 신세이기에 관고(官庫)에 있는 귀중한 도서를 본 적도 없다. 이처럼 지금 세상에 붓을 들 자격이라고는 하나도 갖추지 못한 몸이지만 평생 이어 온 사서를 읽는 버릇을 그만둘 수가 없어서"(『독사잡고讀史雜攷』, 1902)라고 썼던 것이다. 그래서 "많은 선학"이 아니라 "약간의 동호인들에게 보이기 위한 부질없는 소일거리"[106]라는 말을 그 뒤에 잇곤 했던 것이다.

『신대사의 새로운 연구』(1913)는 쓰다 소우키치 최초의 학문적 저서임과 동시에(그전에는 중등 교과서를 냈다) 일본 고대사 연구에 한 획을 그은 역작으로, 책머리에 쓴 다음과 같은 기술이 눈에 들어온다.

"나는 신화 연구자도 아니고 또한 고대사를 전공하는 사람도 아니지만 평생을 두고 나 나름대로 연구하려고 뜻을 두고 있는 국민사상사의 한 제목으로서 신대사에 대해 다소 의견이 있어서…."

이 글에서 그는 자신의 주장을 개진하고 자부심을 보이면서도 '나 나름대로'라는 말로, 전문가로서 당당하게 임한다는 말을 공언할 입장에 있지 않아 이 연구를 사회적 권리 또는 의무로서, 즉 본연의 업무로서 수행하는 것이 아니라 어디까지나 여가를 이용하는 식으로 일개 아마추어로서 임할 수밖에 없는 한 인간으로서의 자신과 사회를 향한 강한 감정을 잘 드러내고 있다.

106 「독사잡고」, 1902.

그렇기 때문에 쓰다 소우키치는 1942년 시라토리 구라키치의 장례식에서 슬픔에 목이 메어 흐느끼면서도 유족에게 "선생님께서는 평생 동안 화려한 길을 걸어오셨고, 저는 언제나 그늘을 걸어왔습니다. 이것이 선생님하고 저의 가장 큰 차이점입니다"라고 말하지 않을 수 없었던 것이다.[107]

『신대사의 새로운 연구』

이처럼 스스로 공인된 학자의 틀 밖에 있다는 의식으로 쌓아 올린 학문이 이른바 쓰다사학, 특히 초창기의 쓰다사학이었다. 그럼 과연 이 시기의 쓰다사학은 어떤 것이었는가? 저명한 저서인 『신대사의 새로운 연구』를 통해 간략하게나마 그 특징을 살펴보고자 한다.

『신대사의 새로운 연구』는 두말할 나위 없이 『고사기』와 『일본서기』를 소재로 하고 있다. 그 구체적인 내용은 진무천황(神武天皇) 이후와 이른바 신대 사이에 뚜렷한 차이가 있다며, 후자의 성격을 논하면서 그것이 '역사적 전설'이 아니라 '만들어진 이야기'라고 논증한 저작이다. 『신대사의 새로운 연구』는 「신대사의 분해」, 「신대사의 구성」, 「신대사의 변화와 발달」, 「신대사에 나타나 있는 상대사상(上代思想)」, 「신대사의 성질과 그것이 만들어진 시대」라는 다섯 장으로 구성되어 있다.

먼저 제1장에서 쓰다는 『고사기』와 『일본서기』의 본문과 『일본서

107 시라토리 요시로(白鳥芳郎)의 「시라토리 구라키치」, 일본민속문화대계 9 『시라토리 구라키치 · 도리이 류조』(1978, 講談社)에 수록.

기』에 보이는 '한 책에 말하기를(一書曰)'[108]이라는 이설을 대상으로 삼아 많은 이설에 공통되는 점만 취하고 다른 분자는 제거하는, 즉 그것들을 후대에 의한 변형으로 보아 '이야기의 원형 혹은 원형에 존재한 요소'를 확인하려고 했다. 쓰다 소우치키는, 그처럼 '유리 분자'를 제거한 결과 '신대사의 골격'이 '국토가 태어난 이야기', '일월이신(日月二神)[109]과 스사노오(素戔嗚)[110]가 태어난 이야기', '스사노오의 다카아마가하라 오름 및 태양신의 이와토(岩戸) 숨기 이야기', '오호나무치(オホナムチ)[111]와 일손강림(日孫降臨) 이야기'만 남게 된다고 지적하며 각각에 대해 고찰했다.

쓰다가 어떤 식으로 고찰했는가를 '국토가 태어난 이야기'를 통해 예시하면 다음과 같다. '국토가 태어난 이야기'는 이자나기 · 이자나미의 두 신이 국토를 낳았다는 이야기인데, 국토를 낳는다는 사상은 매우 부자연스럽고 무리한 생각이며 고대인의 자연스러운 상상에서 유래한 것이 아니라 특별한 의도에 의해 꾸며진 이야기로 판단된다고 했다. "그러나 이러한 설명은 아무리 고대인의 이야기로

108 〔역자주〕『일본서기』 본문은 문장마다 '한 책에 말하기를'이라는 말로 시작한다.

109 〔역자주〕 태양신인 아마테라스오미카미(天照大御神)와 달의 신 쓰쿠요미노미코토(月讀尊).

110 〔역자주〕 원래는 스사노오노미코토(素戔嗚尊)이다. 아마테라스오미카미의 동생으로, 난폭한 행동으로 신들이 사는 천상의 세계인 다카아마가하라(高天原)에서 추방되어 이즈모(出雲)로 내려갔다. 이즈모에서 그는 해마다 처녀를 잡아먹는 야마타노오로치(八岐大蛇)를 퇴치했다.

111 〔역자주〕 오호쿠니누시(大國主)의 별칭. 오호쿠니누시는 대지를 상징하는 신격으로 다양한 신격이 복합된 신이다.

몰아도 무리가 있다고 생각했는지, 『고사기』에 각 나라와 섬 이름에 사람처럼 이름을 붙이고 있는 것도[112] 이러한 억지를 깨달아서 국토를 낳는다는 사상과 조화를 이루게 하기 위한 것이라고 생각된다"라는 설명을 덧붙였다. 게다가 이 국토는 오야시마(大八島)[113]를 비롯해서 완전히 일본의 영토에 한정되어 있는데, "이것은 이 이야기가 널리 토지의 기원을 설명하기 위한 것이 아니라 단지 황실 아래 정치적으로 통일된 국가의 본원을 주장하기 위한 것이라는 증거일 것이다"라고 주장했다. 이어서 그는 "『고사기』와 『일본서기』 어디에도 두 신이 사람을 낳았다는 이야기도 국민을 낳았다는 이야기도 전혀 존재하지 않는데, 이 역시 하나는 이 이야기가 국가의 정치적 권력의 기원을 설명하는 것이 목적이었기 때문에 널리 인류의 창조라는 문제는 처음부터 언급하지 않고 있는 것이다"라고 단언했다.

이어서 쓰다 소우키치는 일단 해체한 이야기를 다시 짜 맞추어 신대사의 정치적 의의를 규명하려고 했으며, 이 부분이 제2장을 이룬다. 여기서 쓰다는 신대사의 중심점이 맨 처음의 (ㄱ) 이자나기, 이

---

112 예를 들어 지금의 시코쿠(四国)에 해당하는 섬을 낳았다는 대목에서 "이 섬은 몸은 하나고 면이 네 개 있으며, 면마다 이름이 있다"고 이야기하고 이요(伊豫)를 "愛比賣", 사누키(讚岐)를 "飯依比古", 아와(阿波)를 "大宜都比賣", 토사(土佐)를 "建依別"로 이름 붙이고 있는 점 등을 말한다.

113 〔역자주〕『고사기』에서는 일본을 구성하는 커다란 섬 8개를 이르는데 혼슈, 규슈, 시코쿠, 아와지(淡路), 이키(壹岐), 쓰시마(対馬), 오키(隱岐), 사도(佐渡)를 말한다. 일본 신화에서 '8'은 성스러운 숫자로 여겨지고 있으며, '많다'는 의미를 지니기도 한다.

자나미의 두 신이 국토를 지배하는 태양신을 낳았다는 이야기와 마지막에 있는 (ㄷ) 태양신의 자손(日孫)이 다카아마가하라에서 이 땅으로 강림하면서 그전부터 이 땅의 주인이던 오호나무치에게 국토를 양보케 했다는 이야기, 그리고 그 중간에 자리하는 (ㄴ) 스사노오가 다카아마가하라에서 난폭하게 굴어서 내쫓겼다는 세 이야기로 구성되어 있으며, (ㄴ)은 스사노오가 태양신의 형제인 동시에 그 자손이 오호나무치라는 점에서 (ㄱ)과 (ㄷ)을 이어 주는 관계에 있다고 지적하면서 하나씩 고찰했다.

문제의 (ㄱ)을 통해 고찰의 구체적인 내용을 훑어보면 이런 식이다. 쓰다는 제1장에 이어 나라를 낳는다는 서술의 부자연스러움을 문제 삼고, 신대사가 이러한 무리를 감행한 이유는 낳는다는 것에 특히 무게를 두었기 때문이라고 분석했다. 그 까닭은 "바로 부모자식, 혈연관계를 모든 인간사의 중심으로 보고 사회 조직의 기강으로 삼고 있는 조상 숭배, 족제제도(族制制度)의 반영이다"라고 했다. 그렇기 때문에 최고의 신, 즉 태양신마저 이 땅에서 국토와 함께이고, 같은 국토의 신에게서 태어났으며, 그 사이에는 혈연관계가 존재한다는 것이 신대사를 서술하는 이 이야기가 갖는 정신이다. 그래서 최고의 태양신에게도 부모가 존재하게 된 것이다.

게다가 이자나기 · 이자나미의 두 신이 태양신의 부모이면서도 황조신(皇祖神)이 아니라 어디까지나 태양신이 황조신으로 설정되어 있는 까닭은, 태양신이 황조신이라는 관념이 먼저 존재하고 있었고 이 태양신의 근본을 설명하기 위해 두 신이 만들어졌기 때문이지, 결코 그 반대가 아니다. 이렇듯 태양신이 지상에서 태어났다는 무리를 굳이 감행한 것은 태양 숭배와 조상 숭배, 즉 혈족주의와는 다른 두 사상을 결합시킨 결과이며, 지상에서 태어났다는 이야기 자체가 태양 숭배가 조상 숭배의 배후에 가려지거나 그에 따르는 것이 되어 있음을 지적하고 있다.

상당히 대략적인 요약이기는 하지만 쓰다 소우키치의 논술이 얼마나 명쾌한가 일단을 엿볼 수는 있을 것이다. 실제로 『고사기』와 『일본서기』의 신대사 부분을 읽은 후 다시 한 번 그의 저서를 대하면, 그 탁월한 추출 능력에 탄성을 자아내지 않을 수 없다. 그리고 쓰다의 명쾌함은 신대사를 서술하면서 아마테라스오미카미의 이름을 한 번도 거명하지 않고 '태양신'이라는 객관화된 호칭(쓰다는 태양신을 애당초 남성으로 보았다)으로 일관하고, 경어를 전혀 사용하지 않는 서술 태도(진무천황 이후의 기술에는 경어를 사용했다)에 대한 지적으로 한층 증폭된다. 니니기노미코토(瓊瓊杵尊)[114]의 천손강림과 관련해서, "태양신의 자손이 다카아마가하라에서 이 땅으로 내려오면서 전 주인인 오호나무치를 압박하여 국토를 포기케 했다"라는 지적 등은 바로 이 명쾌함의 좋은 예이다.

일체의 꾸밈을 배제하고 사실과 그렇지 않은 부분을 정확하게 가려내려는 이러한 태도는 '이성의 출입 금지 구역'에 대한 대담한 진

114 〔역자주〕 일본 신화에 등장하는 신으로, 아마테라스오미카미의 손자. 아마테라스오미카미의 명으로 아시하라노나카쓰쿠니(葦原中國)를 통치하기 위해 다카아마가하라에서 휴가(日向)의 다카치호노미네(高千穗峰)에 내려왔는데, 이를 천손강림이라고 한다.

입이었다고 할 수 있다.[115] 이러한 쓰다 소우키치의 업적을 문헌 연구로 일본의 고대사 연구에 과학의 불빛을 비춘 획기적인 사건이었다고 평가하는 데에 오늘날 누구도 이의를 제기하지 않는다.

역사 의식의 유래

『신대사의 새로운 연구』에 보이는 탁월한 추출 능력은 처음부터 쓰다 자신의 자질에 바탕을 두고 있다. 아울러 이러한 추출 능력은 역사를 대할 때 얼마나 강렬한 문제의식을 지니고 있느냐에 따라 규정되기도 길러지기도 한다. 그런 의미에서 사회적 존재로서의 사색을 통해, 말하자면 후천적으로 배양된다. 이러한 점은 바로 역사를 좋아하고 문학을 좋아하는 한 청년이 어떤 과정을 거쳐 역사를 대하는 태도를 지니게 되었는가 하는 문제로 볼 수도 있다.

이 문제에 대해서는 쓰다 소우키치 초기의 글을 모은 『쓰다 소우키치 전집』 제22권과 같은 시기의 일기를 수록한 제25~26권이 매우 중요한 자료를 제공해 주기는 하나, 자료의 부족을 한탄하지 않을 수 없다. 지금 우리가 확인할 수 있는 글 중 초기에 쓴 평론 「사론(史論)의 유행」(1892)은 이미 쓰다 소우키치 역사관의 골격을 보이고 있지만, 그 근원까지 거슬러 올라갈 방법이 없기 때문이다. 시게노 야

115 그 후로 쓰다의 일본고대사 연구는 『고사기 및 일본서기의 새 연구』(1919), 『신대사의 새로운 연구』(1924), 『고사기 및 일본서기 연구』(1924)로 이어진다. 각각의 논에서 걸출한 그의 과학적 명쾌함 때문에 파시즘 체제하에서 그는 불경죄로 고발되어 고대사 관련 저서에 관해서 발매금지처분을 당하고 출판법위반으로 기소되어 유죄판결을 받게 된다.

스쓰구(重野安繹)의 갖가지 '말살론'과 구메 구니타케(久米邦武)의 「신도는 하늘을 모시는 옛 풍속」이 일으킨 파문을 배경으로 하여 쓰인 것으로 보이는 이 글에서 쓰다 소우키치는 역사를 생각하는 세 가지 기본 관점을 제시했다.

첫 번째는 사학의 근저는 정확한 사실에 있다는 관점이다. 이는 시게노 야스쓰구의 연구 등 실증사학에 자극을 받아 나온 발언으로, "더욱이 재래의 전설과 사서, 잘못된 설이 세상을 어지럽히고 와전이 진실을 은폐하고 형안의 문사는 사실의 변별에 고통스러워하고 있다"라는 말에서 우리는 이러한 발언이 『신대사의 새로운 연구』의 탄탄하고 날카로운 분석으로 직결되어 있음을 쉽게 확인할 수 있다.

두 번째는 "국사를 논한단 말인가. 이는 실로 재래의 국사 사이에 연연하고 있는 곳을 개선하는 일일 것이다. 열국에 산이 몇십 개가 가로놓여 있고 바다가 가로막고 있더라도 결국은 지구상의 일, 부디 발길이 통하지 않는 일이 없기를 바란다"라는 관점이다. 한 나라의 역사만 보는 관점을 배제하고 "이쪽과 저쪽을 서로 비교하고 갑을을 서로 대조"하는 것을 중히 여기는 이러한 세계사적 · 비교사적 관점은 그의 일기를 보더라도 단순히 독서의 폭을 크게 넓힌 데에서 그치지 않고 후에 그를 동양사상 연구로 이끌었다.

그리고 세 번째는 "국사라는 학문은 국민이 과거에 경험해 온 사적(事蹟)의 실상을 규명하는 것을 뜻한다"라는 관점이었다. 이미 앞에서 언급한 것처럼 다케코시 산사(竹越三叉)가 『2500년사』를 펴내고 그 서문에서 "국민은 어떤 생활을 하고 있는가. 어떤 사상을 품고 있는가.…이것이 역사가가 최대의 목적으로 삼아야 하는 것이리라.

고금을 통해 이 나라에 많은 역사가가 있었으나 이 목적을 이루어 낸 이는 과연 얼마나 되는가"라고 큰소리를 친 것이 1896년의 일인데, 이에 앞서 쓰다 소우키치는 역사를 바라보는 축이 국민에 의한 사적의 실상에 있다고 이미 갈파하고 있었던 것이다.[116] 이른바 민간 사학과 쓰다사학의 차이를 여기서 볼 수 있다.

'국민'이라고 할 때 역사가 위정자 또는 영웅에 대한 서술로 구성되어 있음에 대한 반조정(反措定)[117]을 뜻한다. "방대한 사서보다 천인의 사기(私記)가 오히려 역사학상의 가치가 있는 경우가 적지 않다"라는 견해가 나오게 된다. 그리고 국민을 축으로 한다는 것은 국가, 국체를 축으로 역사를 바라보는 시점에 대한 반조정인 것이다. 국가를 방패로 삼고 국체론 뒤에 숨어 버리는 것 따위는 일고의 가치도 없다는 것이다. 때때로 쓰다 소우키치의 대표적 저서로 일컬어지는 『문학에 나타난 우리 국민사상의 연구』[118]에 대한 싹이 벌써 여기에 트고 있었던 것이다.

이렇듯 「사론의 유행」에 드러난 그의 역사관은 첫째 정확한 사실(事實)에 대한 탐구(즉 와전에서 사실을 분리), 둘째 비교사적이고 세계

116 쓰다는 이 저서를 1897년 1월 15일에 읽었는데 '필재(筆才)'에는 감동하였으나, "처음부터 하나의 독단을 품고 사실(史實)을 여기에 부회"하고 있다고 하면서 내용에 대해서는 냉담했다.(「うき雲」의 1897년 1월 15일자). 이른바 민간사학하고 쓰다사학의 차이를 여기서 볼 수 있다.

117 〔역자주〕 어떤 관념이나 언명(言明)에 대립하는 반대의 관념이나 언명을 의미하는 철학 용어. 예를 들어 칸트 철학에서 '세계는 유한하다'라는 명제에 대하여 설정된 '세계는 무한하다'라는 명제 따위이다.

118 4권에서 중단. 1916~1921.

사적인 인식의 도입(즉 일국주의적 국사 파악에 대한 비판), 셋째 축으로서의 국민의 수립(즉 영웅사관이나 국체론 곧 명분론 우선에 대한 부정)이라는 세 기둥으로 구성되어 있었다. 그리고 그중에서 첫 번째의 사실 고증은 단순히 시간과 노고뿐 아니라 인간사에 대한 깊이와 섬세함, 널리 세간의 정세를 아는 견식 없이는 감당하기 어려운 일이다. 다시 말해 시대의 움직임, 즉 '국민'이 이떤 의식을 가지고 있는가에 대한 통찰력에 뿌리를 두어야 한다고 생각하고 있었던 것이다. 그리고 두 번째는 자신이 목적이 아니라 이민족, 이문화와 비교함으로써 진실된 국민의 특질이라든지 문명의 진상을 밝혀내는 것이다. 이렇게 보면 세 가지로 나누어 제시된 쓰다 소우키치의 역사관은 결국 국민을 축으로 바라보는 세 번째로 수렴된다고 볼 수 있다.

기반으로서의 국민에 관한 의식

이로부터 20여 년에 걸쳐 번뇌와 방황을 반복하는 사이 역사와 시대, 즉 과거와 현재를 대할 때 국민을 축으로 바라보는 의식은 때로는 약해졌다가 때로는 강해졌지만, 결국 쓰다 소우치키의 내부에서 계속 성장하고 있었다.

이러한 의식은 먼저 권리 주체인 공민 의식으로 나타났다. 이런 종류의 주장은 "자신이 공민임을 망각하고 있으며, 공민으로서의 권리를 버리고 되돌아보지 않는 그런 교육자가 어찌해서 훌륭한 공민을 키울 수 있을까!", "권리를 중시하지 않는 것은 국민이자 공민으로서의 본분을 잊은 것이다", "오늘날의 현모양처 혹은 미래에 현모양처가 되어야 하는 이들은 단순히 가족의 한 사람으로서 훌륭한 자격을 갖출 뿐만 아니라 국민의 한 사람으로서 충분한 각오를 가지고 있어야 하며…시사문제에 판단을 내리고 세상에서 일어난 일에 찬성 또는 반성을 표현할 수 있을 만큼의 준비는 해두기 바란다"라는 말에 가장 잘 나타나 있다.[119] 그리고 중등교육에서 헌법 교육의 필요성을 주장한 것도 여기에 해당한다.[120]

그만큼 쓰다 소우키치에게는 관헌의 횡포에 대한 참기 힘든 울분이 있었던 것이다. 쓰다의 일기에는 가끔 이러한 감정의 작은 폭발이 보인다. "경시청 순사는 인민을 보호한다는 명목으로 불필요하게 양민에게 폭언을 일삼으면서 소리치곤 한다"[121] "오늘 아침에도 사쿠라다몬(桜田門)에서 순사가 나에게 폭언을 했다. 길을 걸을 때조차 일일이 순사에게 위협을 당해야만 하는 일본은 얼마나 이상한 나라인가!"[122] 등이다.

노년에 접어든 후에도 청년기에 보고 들은 이런 종류의 관존민비에 대한 기억을 쉽게 지울 수가 없었다. 예를 들면 "조손제(町村制)가 시행되어…마을 사무소라는 곳이 만들어졌고 촌장을 비롯해서 관리 몇 명이 출근해서 사무를 보게 되었다.…그 마을 사무소에 가보았더니 정면 현관 옆에 작은 입구가 있고 거기에 '인민 입구'라는 나무로 된 작은 안내판이 붙어 있었다. 그리고 관리들은 의자에 앉아서

119 「메이지유신의 원동력—도쿠가와 시대의 존왕론의 유래」(1902). 이 글은 잡지 『여자(をんな)』에 수록된 글로서 여성을 대상으로 쓴 것이다.

120 「풍진록(風塵録)」, 1897년 2월 12일자.

121 「쥐일기(鼠日記)」, 1912년 4월 9일자.

122 「쥐일기(鼠日記)」, 1912년 5월 10일자.

일하고 있는데 '인민'은 그 앞 바닥에 앉아 무언가 말하고 있었다. 이른바 관존민비의 작은 관청이 이 마을에 생겨난 것이다"[123] 등이다.

국민을 축으로 바라보는 이러한 의식은 교사 생활을 하는 한편 게을리하지 않은 역사 공부 속에서 다양한 전개를 보이기에 이르렀다. 말년의 쓰다 입장에서 보면 습작이라고 할 초기의 사론과 사화(史話)에 나타나 있다. 인심의 추이를 자연스러운 일, 필연적인 일, 그리고 당연한 일이라고 할 때 명분론은 빈 껍데기나 그림자에 불과하다. "도쿠가와 정권은 역사상의 사정으로 자연스럽게 그들 손에 들어간 것이지 새로이 조정으로부터 위임을 받은 것이 물론 아니다", "도쿠가와 씨가 정권을 차지한 것은 그 시대의 자연스러운 흐름이다"[124] 같은 말에서 자칫하면 명분론으로 재단되기 쉬운 영역을 인심의 '자연'이라는 관점으로 바라보고 있는 자세를 엿볼 수 있다.

이러한 자세는 인위적으로 만들어진 도덕의 무력함에 대한 지적으로 나타났다. 무사의 계급적 도덕이 메이지유신과 함께 갑작스럽게 사라졌다고 논한 부분에서 "사회제도에 의해 보호받은 도덕은 그 사회제도가 멸망을 맞이할 때 도저히 살아남을 수 없는 것이기 때문이다"라고 말하고 있는 대목은 바로 하나의 예이다.[125] 국민에 뿌리를 내린 것만이 생명력을 갖는다는 사상이 여기에 나타나 있는

---

123 「어린 시절의 추억」, 1949.

124 「메이지유신의 원동력」, 1902.

125 「섭사잡화」, 1903.

것이다.

따라서 이러한 의식은 동양사를 편찬할 때도 "조공, 반역, 그 밖에 이와 비슷한 허명과 같은 단어를 실제적인 관계를 나타내는 말로 바꿀 것"이라는 방침으로 드러나고 있으며,[126] 도덕을 논하면서 단순한 형식주의에서 벗어나서 정(情)의 힘을 기본으로 두려는 생각으로 발전했다. 이러한 의식 속에서 기년(紀年)[127]에 관한 문제를 생각하거나[128] 일본의 신화가 갖는 성질을 논하면서 결국 이 나라에는 호메로스는 존재하지 않았다고[129] 말하고 있는 것은 『신대사의 새로운 연구』로 이어지는 것들이며, 그리고 시대사상(구체적으로 말하면 '국민적 시대사상' 또는 '시대적 국민사상'이라고 해야 할 것이다)이라는 관념을 사용하고 있는 것은 『문학에 나타난 우리 국민사상의 연구』의 각 편 서두에 있는 「문화의 대세」라는 장을 연상케 한다.

아울러 국민이라는 의식은 다른 여러 나라의 국민에 대한 일본 국민이라는 시점도 강화해 갔다. 이 점이 세계사에 대한 관심으로 발현하고 있다는 점에 대해서는 이미 앞에서 언급했다. "동일한 학생을 가르치는 역사 세 과목(동양사, 서양사, 일본사)은 모두 연차를 달리해서 동일한 교사에게 담당케 할 필요가 있다"고도 말하고 있다.[130]

---

126 「근심거리(おもい草)」, 1896년 10월 3일자.

127 〔역자주〕 일정한 기원으로부터 계산한 햇수.

128 「풍진록」, 1897년 3월 30일자.

129 「밤나팔꽃」, 1897년 10월 15일자.

130 「근심거리」, 1896년 10월 30일자.

즉 쓰다 소우키치는 세계를 향해 열린 일본을 만들려는 자세를 가지고 있었다. 『문계소어』(文界瑣語, 1896)에 수록된 글 「섬나라적(島國的)」에는 "섬나라는 결코 외래로부터의 감화를 거부하지 않는다. 또한 진취적 기상을 방해하지도 않는다. 한편으로는 국민적 결합을 공고히 하고 고유의 아름다움을 배양하기 편리한 사정이 있다. 그렇다면 사방을 둘러싼 바다에서 흘러들어 오는 문명의 원소를 하나도 놓치지 않고 흡수하고, 우리 고유의 정신으로 도야하여 대일본적 특질을 갖춘 문명을 대성시키는 일이야말로 우리 섬나라 제국의 본분인 것이다"라고 주장했다. 조금은 어색한 논리라는 느낌이 없지 않지만, 섬나라를 온통 에워싼 바다를 통해 문명이 흘러드는 땅으로 인식하고 있는 점이야말로 쓰다의 생각이었던 것이다.

그렇기 때문에 오히려 국민성을 결코 고정된 것으로 보지 않고,[131] 오히려 "국민이 살아 있는 한 생활 그 자체의 변화와 함께 끊임없이 변화해 가는 것"이며 "움직이지 않게 되면 국민은 죽은 것이다"라고까지 주장하기에 이르렀다.[132]

그러나 다른 국민과 대비하는 형태에서의 국민 의식은 한 나라의 틀 안에 있는 존재로서의 의식에 기초하고 있으며, 그러한 의식에서 일본의 역사적 개성에 대한 관심을 키웠다. 일본의 역사적 개성이라고 할 때, 가장 현저한 지표로서 황실과 황실관을 들 수 있다. 국민 의식을 정착시키고 있던 쓰다 소우키치는 깊은 존왕심(尊王心)을 가

131 「우언(偶言)」 一, 1914.

132 「예술과 국민성」, 1915.

지고 있었다. 황태후의 죽음에 "눈 내리는 하늘, 구름으로 덮여서 보이지 않는구나"라고 읊었으며, 장례식에 즈음해서는 "천황이 행차할 때 사용하는 어기(御旗)도 흠뻑 젖었다. 민중의 눈물이 비가 되어 내려서"라고 읊었다.[133] 이러한 마음이 역사관에 나타날 때 "우리 고래의 정체(政體)를 두고 전제 정치로 보는 것은 틀리지 않다. 그것을 유럽의 정치학에서 말하는 의미에서 압제 정치로 보는 것은 커다란 오류이다"라며, 일본은 전제 정치이기는 하나 어진 정치이며, 따라서 유럽에서 군권·민권이라고 하는 데에 반해 일본에서는 항상 군덕(君德)·충효라는 말이 일컬어져 왔다는 주장으로 발전했다.[134]

국민으로서의 이러한 존왕심의 자연스러운 발로를 가로막고 있는 것이 정부의 고루한 형식주의 때문이라는 논의가 여기에서 시작되는 것이다.

> 학생들을 인솔하여 학교를 출발해 고마쓰노미야(小松宮) 전하의 장의 봉송(奉送)을 위해 에도가와 강변에 가서 정렬했다. 어젯밤 늦게 학교에서 연락이 와서 지시에 따라 나왔으나, 이에 참석한 교사는 6~7명에 불과했으며 장의는 장엄한 광경이 아니고 길가에 모인 군중에게 애도의 마음은 없고 그저 형식적인 경례를 하는 자들뿐이었다. 정이란 친근해야 생기는 것이다. 황실에 대한 민심은 백성이 황실에 친근해야 하는 것이다. 나는 점점 더 이 형식적인 충효주의의 어리석음을 비웃지 않을 수 없었다.

133 「뜬구름(うき雲)」, 1897년 1월 12일자 및 2월 2일자.

134 「섭사잡화」, 1903.

이 말에서 쓰다 소우키치가 지니고 있는 관념의 전형 하나를 볼 수 있다.[135]

이윽고 이 같은 국민 의식은 신대사에 과학의 메스를 가했다고 평가받는 『신대사의 새로운 연구』에서도 단호하게 일관되고 있다. 신대사의 목적이 '황실의 유래를 이야기로서 구체적으로 설명'하는 데에 있다고 갈파한 다음 「제4장 신대사에 나타난 상대사상」 중 '1. 국체에 관한 사상'에서 쓰다는 신대사에서 황실을 종가로 보는 것은 "단순히 신대사 작자의 생각이었을 뿐 아니라 당시의 일반적인 생각"이기도 했다고 지적하고 다음과 같이 주장하고 있다.

> 그간의 관계는 혈연으로 맺어진 일가의 친근함이지 결코 힘의 위력으로 생겨나는 압복과 복종이 아니다.…황실이 만세일계(萬世一系)인 근본적인 이유는 여기에 있으며, 국민적 단결의 핵심이기에 국민과 함께, 국가와 함께 영원한 것이다.…이는 천자와 인민을 하늘과 땅으로 상대시하는 중국의 사상과는 전혀 다르다.

국민사관

이렇게 쓰다 소우키치 내면에서 국민이라는 의식이 모든 사물을 판단하는 불변의 기반을 형성하기에 이르렀다. 여기서 말하는 국민이란 지금까지 보아 온 것처럼 첫째 공민=권리 주체로서의 의식에

135 「무현무황록」, 1903년 2월 26일자.

차 있으며, 둘째 명분론 본위를 배척하고 사실(事實)에 충실한 성격을 가진다는 점에서 국체사관에 대립하며, 셋째 다른 여러 나라와의 교섭을 가지고 그와 변별되는 역사적 개성을 지니며, 넷째 한 나라의 틀 안에 있는 존재로서 황실에 깊은 친근감을 품는다는 등 다양한 의미의 복합체였다.

『신대사의 새로운 연구』의 결론에 해당하는 「제5장 신대사의 성실과 이들이 만들어진 시대」에서 신대사를 논하면서 "전체적으로 보면 이것은 결코 국민적 전설도 국민적 서사시도 아니다. 즉 국민적 감정, 국민적 정신의 결정체로서 존재하는 것이 아니다", "여러 신 중에서 국민적 영웅신으로서의 모습이 그려지고 담긴 신은 하나도 없다"라는 식으로 집요하다고 할 정도로 '국민적'이라는 말을 연발하고 있으며, 이러한 이유에서 신대사를 '의도적으로 만들어 낸 그림자의 세계'로 규정한 것은 그의 역사학이 얼마나 국민을 중요한 축으로 삼고 있는가를 선명하게 보여 주는 예라고 할 수 있다(「어린 시절의 추억」에서 쓰다는 소학교에서 한자를 배울 때 일단 음으로 읽은 다음 그에 해당하는 일본어 훈을 읽었다고 하며, "예를 들어 '國民'이라는 한자가 있으면 그것을 '고쿠민'이라 읽고 '구니타미'라고 뜻으로 읽었다.…그러나 '구니타미'가 무슨 뜻인지는 모르는 채 넘어갔다"라고 했다. 게다가 이런 방법은 혼자 알아서 했던 것으로, "당시 교과서 등에 '國民'이라는 단어가 사용되었는지는 잘 모르겠다"라고 술회했다. 쓰다 소우키치는 이러한 과정을 거쳐 국민이라는 말을 사용한 것이다. 그가 얼마나 국민에 집착했는가를 보여 주는 대목이다). 국체 신화의 파괴는 이러한 과정의 결과이며, 그와 동시에 쓰다의 국민사관은 그만큼 전투적이었다.

『문학에 나타난 우리 국민사상의 연구』에서 책 제목에도 들어가 있듯이 국민사관은 핵심적인 전개를 보였다. 제1권의 서문에서 그는 자신이 개척한 역사적 영역과 인식을 간결하고 대담하게 피력했다.

> 국민도 결국 개인과 미친가지로 항상 자신의 생활을 지키고 충실하게 이끌어 나가려고 노력한다. 그리고 끊임없이 새로운 자극을 받고 새로운 상황에 순응하면서 하나하나 배워 나가는 데에 국민의 생활 과정이 존재한다. 국민사상이란 이러한 국민 생활의 심적인 측면을 임의로 명명한 것에 불과하다.

'사상'이라고 하면 그것은 일부 엘리트 집단의 독점물로 여겨지던 시대에 쓰다 소우키치는 생활인인 국민을 사상에 접목시켰고, 아울러 사상의 의미를 형이상학적 차원에서 끌어내려 생활의 심적 측면을 규정하는 등 전대미문의 시도를 과감하게 감행했던 것이다. 그의 이러한 의식의 정밀하고 구체적인 전개라는 차원에서 『문학에 나타난 우리 국민사상의 연구』는 국민사관의 금자탑을 이루고 있는 저서이다.

4

생태계 보존에 대한 열정
미나카타 구마구스

다나베의 박물학자

미나카타 구마구스(南方熊楠, 1867~1941)는 학문적 생애의 대부분을 다나베(田辺)[136]에 살면서 그곳에서 자신의 주장을 편 생물학자이자 민속학자이다. 오히려 세계에 펼쳐지는 폭넓은 지식과 자연과학과 인문과학이 밀접하게 결합되어 있는 그 학문의 특성상, 고전적인 박물학 혹은 박물지라는 명칭이 가장 잘 어울리는 존재라고 말해야 할지도 모르겠다. 미나카타 구마구스의 생애는 때때로 기이한 세부 묘사까지 곁들여진 야부키 요시오(矢吹義夫)에게 보내는 장문의 서신 형식을 취한 자전인 『이력서』(1925)를 통해 알 수 있다.[137] 『이력

136 〔역자주〕 와카야마현(和歌山縣) 중남부에 있는 시. 메이지유신 무렵에는 다나베번이 성립되어 있었으며, 현재 미나카타박물관이 있다.

137 야부키(矢吹)는 당시 일본우선주식회사에 근무하고 있었다. 민속학에 관해서

서』는 일본인이 쓴 자전 중 대표적 걸작의 하나로 평가할 만하나, 자전이 서간이라는 것 자체가 이미 미나카타 구마구스의 비범함을 느끼기에 충분하다.

이 『이력서』를 비롯해서 미나카타가 자신에 대해 쓴 글을 종합해 보면 그의 학문 형성은 대략 다음과 같다. 와카야마의 부유한 상인 집안의 아들로 태어난 그는 소학교 시절 백과사전, 본초학, 지지(地誌)에 관심을 갖기 시작했다. 『와칸산사이즈에(和漢三才圖會)』[138] · 『본초강목(本草綱目)』 · 『야마토혼조(大和本草)』[139] · 『제국명소도회(諸國名所圖會)』 등을 필사했으며, 중학교를 졸업하던 해에 커티스(Moses Ashley Curtis)와 버클리(Miles Joseph Berkeley)의 6,000점의 균류 표본을 알게 되어 그보다 많은 '일본의 균류 7,000점 채집'이라는 뜻을 세웠다. 일단 대학교 예과에 입학하나 1년 만에 자퇴했고, 스무 살이 되던 1886년부터 약 15년간 해외에서 생활했다. 그사이 북미 · 중미 · 영국에서 파란 많은 나날을 보내면서 학문에 정진하는 한편, 여러 해 동안 대영박물관에서 일했고, 『네이처』, 『노츠 앤드 큐어리스』에 기고했다.

는 미나카타와 서신왕래가 있었으며, 창립 준비 중이던 미나카타식물연구소의 기금모금에 협력하기 위해서 약력을 가르쳐 줄 것을 요구한 편지에 대한 답신으로 받은 것이다.

138 〔역자주〕 1712년에 성립된 에도 시대 백과사전으로 전 105권. 중국의 『삼재도회』를 본뜬 것으로 데라지마 료안(寺島良安)이 저술했으며, 일본과 중국의 고금의 만물에 대해 한문으로 해설하고 도해한 것이다.

139 〔역자주〕 가이바라 에키겐(貝原益軒)이 편찬한 본초학 서적이며 1709년에 간행되었다. 『본초강목』의 분류방법을 참고로 독자적인 분류기준을 고안해서 적용하였다.

귀국 후 민꽃식물과 균류의 채집과 연구 생활을 하다 마침내 다나베에 정착하여 그곳을 터전으로 삼았는데, 그는 부모에게 상속받은 재산도 있고 해서 40년 가까운 세월에 걸쳐 관직에 오르지 않았다.

이러한 미나카타 구마구스의 이름이 일부 전문가와 숭배자들의 세계를 벗어나 국민 사이에 알려지게 된 것은 1960년대 후반에서 1970년대 들어서의 일이다. 그때까지는 미나카타 구마구스를 우상화하거나 전설화하려는 분위기에서 탈피하여 '역사적 인물'로 정착시키려고 시도한 가사이 기요시(笠井清)의 『미나카타 구마구스』가 선구에 섰으며, 두 번째는 이와무라 시노부(岩村忍) · 이리야 요시타카(入矢義高) · 오카모토 세이조(岡本清造)가 감수한 『미나카타 구마구스 전집』은 이러한 경향을 결정적으로 정착시켰다. 이러한 움직임은 그만큼 미나카타에 대한 관심이 높아졌음을 뜻한다.

그런데 이러한 움직임이 있었던 것은 마침 고도성장과 함께 그 모순이 드러나기 시작한 시기였다. 이러한 시대성이 와카야마의 다나베라는 시골에 사는 기인으로 여겨지던 생물학자이자 민속학자에게 사람들의 관심을 쏠리게 한 것이다. 그 결과 위대한 잡찬(雜纂)으로 일컬어지는 다양한 저술, 즉 미나카타의 학문을 '지구 지향의 비교학'이라고 정의한 쓰루미 가즈코(鶴見和子)의 『미나카타 구마구스』와 같은 역작이 탄생하기에 이르렀다.

현재도 미나카타에 대해 이야기하는 이들 중에는 야나기타 구니오를 비교 대상으로 삼아 그를 왜소화하여 거인으로서의 미나카타 구마구스의 모습을 더욱 강조하는 이가 있는 반면, '도대체 미나카타의 작업을 학문이라고 부를 수 있는가' 하는 질문을 하는 이도 있다. 이렇듯 평가가 일정하지 않은 것 자체가 기존의 학문의 틀에는 맞지 않는 미나카타 구마구스 작업의 성격을 말해 준다.

미나카타 구마구스

신사 정리에 대한 저항

미나카타 구마구스의 사회 활동으로는 1910년 전후의 신사정리 반대운동이 가장 잘 알려져 있다. 그는 1911년 8월 29일과 31일 두 번에 걸쳐 도쿄대 교수이자 식물학자인 마쓰무라 진조(松村任三) 앞으로 400자 원고지 총 120매에 달하는 편지를 보내 자신의 견해를 호소한 일을 비롯해서[140] 1911년에는 지사에게 의견서를 보냈으며, 「신사 합사에 관한 의견」과 이를 가필 · 정정한 「신사 합병 반대 의견」(이상 1912)이라는 글을 썼으며, 1910년에는 반대 운동 때문에 수감당한 적도 있다.

신사 정리란 1906년 칙령 「신사 · 사원 · 불당 합병 적지 양도에 관한 건」과 합사령에 의해 나온 정책으로서, 특별한 사정이나 유서가 있는 경우를 제외하고 신사를 조손(町村) 하나에 하나만 남기고 통합하고 신사에는 반드시 신관을 두며, 마을에 있는 촌사(村社)에는

140 마쓰무라에 대한 중개를 요청받은 야나기타 구니오는 이 원고를 『南方二書』라는 제목으로 자비로 간행했다.

1년에 120엔 이상, 무격사(無格社)[141]의 경우는 60엔 이상의 수입을 얻을 방법을 세우도록 하는 내용이다. 그 결과 1906년 약 19만에 이르던 신사의 총 수가 1909년에는 약 14만 7,000, 1919년에는 약 11만 6,000으로 격감한다. 그러나 실제로 없어진 신사는 주민들의 생활과 밀착해 있던 촌사와 무격사뿐이었으며, 국가와 관계되는 관폐사(官弊社)·국폐사(國弊社)를 비롯해서 부현사(府縣社)·향사(鄕社)는 오히려 늘었다.[142] 그중에서도 미에현·와카야마현 두 현에서 신사 합사가 가장 심각했으며, 와카야마현의 경우 1911년 중반까지 3,713사이던 신사 중 2,923사가 없어졌다고 한다.[143]

이 신사 정리가 지니는 의미는 두 가지이다. 첫째, 러일전쟁 후 국민 통합 정책의 일환으로 시행되었다는 점이다. 앞에서 언급한 것처럼 이 시기 정부는 과중한 전쟁 비용 부담 때문에 피폐한 국민을 새로운 국제적 경쟁이나 식민지 지배에 동원하기 위해 지방개량운동·청년단·재향군인회·삼교회동운동(三敎會同運動) 등 갖가지 방법으로 국민을 조직화하려는 대책을 내놓았는데, 신사 정리도 이러한 정책의 유력한 한 부분이었다. 이 신사 정리에 의해 사라진 신

141 〔역자주〕 관국폐사(官國弊社), 부현향촌사(府縣鄕村社) 등의 사격(社格)이 없는 신사. 즉 국가나 지방 행정 단위에서 지정하는 신사가 아닌 신사로 1946년에 폐지되었다.

142 이 문제에 관련해서는 무라카미 시게요시(村上重良)의 『國家神道』(1970, 岩波新書)가 있다.

143 1911년 8월 29일자 마쓰무라 진조(松村任三) 앞 서신. 인용은 『大阪每日新聞』 1911년 6월 25일자 기사.

사 가운데 와카야마현(和歌山縣) 히다카군(日高郡) 고보초(御坊町)의 에비스신사(夷子社)가 있었다. 원래 이 신사는 근방의 어부들이 고기잡이를 나갈 때나 고기잡이를 마친 후 반드시 이곳에 참배하여 안전을 빌고 감사를 표했으며, 누군가가 익사하면 그 사람의 죄를 용서받았으며, 무슨 일이 있을 때마다 자신의 죄를 참회하고 뉘우치는 등 믿음이 아주 깊은 신사였기 때문에 마을 사람들은 마치 병졸이 장수를 잃은 것처럼 슬퍼했다고 한다.[144]

이렇게 보면 신사 정리는 사람들의 생산이나 노동과 밀접한 관계가 있는 신앙을 파괴하고 마음의 안식처를 없애 국가의 영광에 직결되는 신앙을 도입하려고 한 정책이었다. 정부는 기독교와 사회주의 혹은 민주주의 등에 대해서는 외래성을 강조하며 전통문화에 대한 보호자로서의 역할을 자임하고 있었으나, 그 뒤에서는 사람들이 생활을 통해 키워 온 문화를 국가라는 이념 아래에 짓밟아 버린 꼴이 되었다.

조금은 기계적인 분류를 하자면, 이 정책은 이러한 점에서 천황제와 불가분의 관계이면서도 한 가지 점에서는 자본주의와 관계가 있었다. 자본주의 경제가 발전함에 따라 이 시기에 목재의 수요가 급속도로 증가하여[145] 산림의 남벌이 전국적으로 확산되고 있었다. 오가와 우센(小川芋錢)이 주간으로 있는 『평민신문』 제48호[146]에 「산림 남벌」

144 『신사 합사에 관한 의견』.

145 임업발달사조사회 편, 『일본임업발달사—메이지 이후의 전개과정』 상, 1960, 임야청.

146 1904년 10월 9일.

이라는 제목으로 자연 파괴를 안타까워하는 풍자화가 게재된 것을 보아도 이 문제의 심각성을 알 수 있다. 30~40개나 되는 신사를 하나로 합치고 합사된 신사 경내의 나무를 모두 벌목하여 공매에 붙이는 신사 정리는 산림의 남벌에 더욱 박차를 가했다. 주변에 있던 고목과 거목은 모조리 손상 입은 나무라는 딱지를 붙이고 잘라 버렸던 것이다.

미에와 와카야마 두 현은 구마노(熊野)라는 아름다운 삼림을 가지고 있었는데, 두 지역에서 신사 정리가 한층 철저하게 추진된 것은 아마도 이 사실과 무관하지 않을 것이다. 그런 의미에서 이 정책은 생활에 바탕을 둔 신앙 곧 문화를 파괴했을 뿐 아니라 자연 파괴까지 자행한 행위였다.

이 정책에 반대를 표명한 미나카타 구마구스의 표현은 매우 과격했으며 그는 이 정책의 본질과 전모를 정확하게 지적했다. 그는 「신사 합사에 관한 의견」에서 다음의 7개 항목을 들어 세세하게 문제점을 지적했다.

1. 합사를 통해 경신사상(敬神思想)을 높일 수 있다는 주장은 지방 관리들의 보고서에 의한 완전한 기만이다.
2. 합사는 인민의 융화를 방해하고 자치 기관의 운용을 저해한다.
3. 합사는 지방을 쇠락시킨다.
4. 합사는 서민의 위안을 빼앗고 박정하게 만들며 풍속을 어지럽힌다.
5. 합사는 애향심을 손상시킨다.
6. 합사는 지역의 치안과 이익에 커다란 해가 된다.

7. 합사는 명승사적과 예부터 전해 내려오는 전통과 전승을 인멸시킨다.

특히 자연 파괴에 대한 분노는 매우 컸다. 미나카타 구마구스는 마쓰무라 진조에게 보낸 편지에 나치(那智)의 구라가리 계곡은 울창한 나무들로 뒤덮이고 양치류를 포함한 진귀한 식물이 많이 사라고 있는 곳이기 때문에 보호림으로 지정하는 것이 긴급하다고 요청하며 이렇게 썼다.

"남벌이 끝나고 일꾼들이 철수하자 마치 전쟁이 휩쓸고 지나간 뒤처럼 마을에는 나무도 신성한 숲도 없고 아무것도 없었으며, 오로지 황폐만이 남아 있었다."[147]

또 『다나베 수필』의 「신사 합사」(1911)에서는 "울창한 숲에서만 살아갈 수 있는 양치류를 포함한 진귀한 생물이 많다. 그런데 이들이 모두 멸종되었다는 점은 참으로 슬퍼해야 할 일이다"라고 했다.

미나카타 구마구스는 신사 합사, 산림 남벌, 명승지 파괴, 사적 파괴, 민속을 뒤흔드는 것에 저항[148]했으며, 생태계 보존에 대한 열정이 그 근저에 있었던 것이다.

생물학과 민속학

그는 왜 신사 정리 정책의 반대편에 자신의 위치를 두었을까? 이

147 앞의 마쓰무라 앞 편지.

148 『다나베 통신』, 「조개치레에 관한 이야기」, 1913.

것은 바로 미나카타 학문의 질을 가늠하는 질문이 된다.

생물학과 민속학을 미나카타 학문의 두 기둥으로 볼 때, 먼저 생물학에 몰두하게 된 계기는 무엇이었을까? 소학교 시절의 관심사를 보건대 근세의 학문적 전통이 이 상인의 아들에게 영향을 미쳤다고 볼 수 있다. 그렇지만 그 많은 학문 중 왜 생물학에 눈을 떴을까?

이 점에 대해 미나카타는 스스로 힌트를 주고 있다.

> 다윈 이후 모든 학문은 생물학의 정신 · 과학적 사고가 필요한 세상이 되었으며, 과학적 정신이 없는 자는 아무리 자기주장을 잘 펴더라도 결국 자신의 토대 없이 남의 이야기를 되뇌는 것에 불과하다.[149]

문명개화기의 후쿠자와 유키치가 물리학을 여러 학문의 기본으로 생각했던 것처럼 미나카타는 생물학이 토대라고 생각했다. 가장 근본적인 것을 지향하고자 하는 의지가 그로 하여금 생물학에 빠지게 한 것이다.

이러한 이유 때문에 미나카타는 생물학 중에서도 점균에 대한 연구를 중심에 두었다. 점균이란 균의 한 종류로서 운동성이 있는 원형질 덩어리와 같은 것인데, 쓰루미 가즈코는 미나카타 구마구스의 점균 연구에 대한 뛰어난 고찰을 통해 그가 점균에 빠진 이유를 점균이 식물과 동물의 경계 영역에 있는 생물이라는 점, 점균을 연구하여 생명

149 1911년 10월 25일자 야나기타 구니오 앞 편지.

의 원초적 형태 · 유전 · 생사 현상에 대한 실마리를 얻을 수 있지 않을까 하고 생각한 점, 이 두 가지로 꼽았다.[150] 이에 전적으로 동의한다.

이처럼 미나카타 구마구스는 모호하고 막연한 생명의 원초적 형태에 거슬러 올라가려고 했던 것이다. 실제로 근원을 추적하고 밝히면 생물계 전체의 모습을 전망할 수 있으며, 그 결과 생명의 근원에 대한 문제점이 분명해질 수 있다.

이러한 자세는 그대로 민속에 대한 탐구로 이어졌다. 생물학이 자연의 생태에 대한 관찰과 보존을 목표로 하듯, 민속학[151]은 문화의 생태에 대한 관찰과 보존을 지향한다. 이렇게 해서 미나카타는 민속이라는 문화유산을 직접적인 대상으로 삼으면서 과거에서 현재로 관통하는 인간 정신의 생태에 시선을 밀착하게 된 것이다. 무엇이 진실이고 헛된 것이며, 무엇이 시작이고 끝인가가 그의 뇌리에서 변별되어 갔다. 1912년 5월 23일 소설가 다카기 도시오에게 보낸 편지에서 "오늘날 시골에 있는 이야기와 전설에, 실은 허구로 장식된 국사보다 더 오래되고 정확한 것이 많다는 사실을 안다"[152]라고 한 것은 미나카타 구마구스가 숨은 문화의 암반을 제대로 찾아냈음을 뜻한다.

바야흐로 미나카타는 문화의 암반을 검토하여 인간의 생태를 투시하기에 이른다. 이 같은 자세는 그의 문화관에 두 가지 특징을 부여했다.

---

150 『미나카타 구마구스』.

151 '민속학' 이라는 명칭이 아직 정착하지 않은 1910년대 초반에 미나카타는 '토속학(土俗學)', '이속학(俚俗學)', '고속학(古俗學)', '향토학' 혹은 folklore 등의 명칭들을 사용하고 있다.

152 1912년 5월 23일자 다카기 도시오(高木敏雄) 앞 편지.

성과 인륜

그 하나는 성의 영위를 문화의 근간에 둔 점이다. 미나카타 구마구스 스스로 쓴웃음을 지으면서 "어떤 문제든 그쪽과 관련지어 설명할 수 있다"[153]라고 말하고 있는 것처럼, 그는 문화에서 성의 문제를 빈번히 다룰 뿐 아니라 거의 모든 논의에 성적인 비유를 개재하고 있다. 이러한 자세에는 성의 영위를 은폐하여 고상함을 표방하려는 사회의 위선을 참지 못하는 그의 심정과 홀로 외롭게 싸워야 하는 데에서 오는 전략, 그리고 이러한 행동이 가져오는 효과에 대한 나름의 매우 치밀한 계산이 있었을 것이다.

성을 다루는 것을 풍속괴란이라며 억압하는 일본은 여성의 성을 가두어 두는 한편, 분방한 남성의 성에는 대단히 관대한 사회였다. 그런 의미에서 성의 영위에 대한 탐구와 그 실태에 대한 해명은 말 그대로 질서의 치부를 뒤흔들어 놓았다. 다나베 일대에서 '여우의 음경'[154]이라고 불리는 균에 대해 이야기하면서 "오늘날 위아래 할 것 없이 위선이 만연하여 그저 말을 아끼는 것만이 덕이라고 생각하는 나머지 '여우의 음경'이라는 이름을 입 밖에 냈다가는 균 자체에 아주 나쁜 것이라도 들어 있는 것처럼 생각하여 일고의 가치도 없는 균으로 무시하고 만다"[155]라는 말을 했다. 이러한 그의 발언에는 사회의 위선적인 풍토를 폭로하려는 자세가 여실히 드러나 있다. 인육

---

153 1911년 9월 29일자 야나기타 구니오 앞 편지.

154 "서양에서도 학명은 치노팔루스 즉 개의 음경이라 한다"고 보충설명하고 있다.

155 『다나베 통신』 중의 「정사를 좋아하는 식물」, 1913.

을 먹는 식인 풍습이라든지 분변학(糞便學)에 대한 지적 호기심 역시 마찬가지 의미를 갖는다.

그는 당시 지방개량운동의 일환으로 풍속 교정을 위해 시행되던 제례에 대한 제한이나 금지 조치에 격렬하게 반발하거나 비웃었다.

그러나 성의 영위에 대한 관심은 전술적 선택에 그치지 않았다. 생태계 보존에 대한 열정 때문에 성의 영위를 인륜의 커다란 근본으로 보는 인식이 있었다는 사실을 알 수 있다. 그는 『이력서』에서 "인륜의 근본은 부부의 은애이며, 부부의 은애라는 것은 성관계를 맺는 사이에 남자는 여자가 마음을 주는 것을 보고, 여자는 남자가 마음을 주는 것을 보는 데"에서 유래하며, "그러한 마음을 깊이 느껴 잊으려야 잊을 수 없기 때문에 미녀도 추남도 정절을 지킬 수 있는 것이며, 잘생긴 남편이 추한 아내에게 싫증나지 않는 것이다. 그렇게 윤리가 확립해 가는 것"이라는 논의를 전개했다.[156] 여기에 미나카타 구마구스 사고의 틀을 볼 수 있다. 그의 성에 대한 자세는 생명의 원초적 형태를 향해 거슬러 올라가려는 동기의 전개였던 것이다.

처음에는 뜨거운 우정과 신뢰를 서로에게 보이던 야나기타 구니오와의 사이에 돌이키기 어려운 불화가 생긴 이유의 반은 성의 영위에 대한 태도의 차이에 있었다. 자신의 성격과 관리로서의 입장 그리고 민속학을 제대로 된 학문으로 인지시키고자 하는 사명감 때문에 성문화에 일부러 뚜껑을 닫아 버린 야나기타 구니오를 미나카타는 거듭해서 집요하게 물고 늘어졌다.

156 『이력서』.

금번 귀하의 편지를 보니 비속한 내용은 지면[157]에 게재하지 않겠다고 했는데, 그 또한 하나의 당연한 선택이라고 생각합니다. 그러나 여기서 말하고자 하는 것은 세태를 논하면서 비속한 것을 모두 제외해서는 전혀 핵심을 찌를 수 없다는 것입니다.[158]

쇼나이(庄内)의 한 노인에 의하면 유신 무렵까지 그곳에서는 도조신(道祖神)[159]을 모시는 제례 때 커다란 남근을 만들어 그 일대에서 가장 영향력이 있는 집안의 젊은 아내가 사람들이 보는 앞에서 남근 끝을 빠는 흉내를 냈다고 합니다.…적어도 학자라는 소리를 듣는 자라면 이런 이야기를 듣고서 웃지 않을 정도의 소양은 가져야 한다고 생각합니다.…외설스러운 일이 많은 향토에 관한 연구를 하는 자가 말끝마다 외설, 비속이라고 헐뜯어서야 무슨 연구를 할 수 있겠습니까![160]

157 『향토 연구』의 지면이라는 뜻.

158 1914년 5월 14일자 편지.

159 〔역자주〕 행신. 악령이나 질병을 예방하는 신으로, 고개나 마을의 경계 등에 세운다. 환석, 음양석 등을 신의 모양으로 만든다.

160 1914년 5월 16일자 편지. 실제로 다음과 같은 일도 있었다. "어느 나라에도 상객(商客)을 접대할 때 자기 처나 딸을 내놓는 일이 옛날에는 있었다. 일본에도 유사한 이야기가 전하는 곳이 적지 않다. 소생은 이런 이야기를 모아서 『鄕土研究』에 발표하려고 했으나, 야나기타 씨는 관(官)에 몸을 두는 사람이라 이러한 내용을 발표하는 것을 좋아하지 않아서 발표를 보류하고 있다. 향토라든지 이전(里傳, 마을에 전하는 이야기)과 같은 용어를 사용하고 다루는 이상, 이러한 내용의 발표를 싫어해서는 안 된다고 생각한다(1916년 4월 7일자 구루미자와 간나이 胡桃沢勘内 앞 편지).

인류를 향한 시야

나머지 하나는 민족이라는 틀을 벗어나서 인류 문화에 대한 시야를 가지고 있었다는 점이다. "내 경우 6년 전에 아내를 맞이해서 아내에게서 매일 듣는 이 다나베 일대의 옛날이야기만 보더라도 전에는 생각지 못하던 것을 새로 생각하게 되는 일이 많으며, 그중에는 바다를 사이에 두고 있는 저 먼 나라와 동일하거나 흡사한 이야기가 많다는 점에 크게 놀라는 일이 많다.…범위만 크게 다르지 않으면 사람들의 생각이나 소행은 대개 동서만리 떨어져 있어도 거의 비슷해서 형제와 같다"[161]라는 결론을 이끌어 내는 논의 등은 바로 그런 일례라고 할 수 있다.

일반적으로 문화를 문제로 삼을 때 고유성과 다양성을 옹호하는 것이 기조이다. 일본의 근대에 장을 설정하면 어떤 경우에는 세상을 풍미하는 문명의 보편성에 대해, 다른 경우에는 침입해 오는 국가적 가치의 획일성에 대해 '생활'과 '지역'을 내건 고유성과 다양성을 옹호하는 것이 바로 그랬다. 미나카타 구마구스에게도 고유성과 다양성을 옹호하려는 자세가 있었다. 그러나 그는 이러한 단계를 넘어 현상적으로는 다양한 모습을 보이는 문화의 영위 속에 실은 인류적 공통성이 숨어 있다는 인식에 도달했던 것이다.

이러한 그의 인식에서 다시금 세 가지 특징을 꼽을 수 있다. 먼저 인류적 공통성이라는 인식에 입각할 때, '앞선' 구미인도 '뒤처진'

161 1912년 5월 23일자 다카기 도시오(高木敏雄) 앞 편지.

원시 민족도 문명 혹은 야만이라는 아프리오리[162]의 가치 기준에서 벗어나 인류로서 공통된 심리와 행동을 나타낸다는 관점이 확립된다. 둘째, 당연히 이러한 학문은 비교 학문으로서 특색을 띤다. 이에 대해서는 일찍이 쓰루미 가즈코가 미나카타 구마구스의 학문은 '지구 지향의 비교학'이라고 규정한 바와 같다. 그리고 셋째, 이러한 인식은 안일한 문화전파설을 부정하고 각지에서 비슷한 문화가 자생한다는 논의를 낳는다. 그는 "사람의 범위라는 것이 전혀 다른 경우는… 비교적 적으며, 대개의 경우 유사한 경우가 많기 때문에 범위에 알맞은 유사한 옛이야기가 발생하는 것은 당연한 일이다"라는 말을 했다.[163]

야나기타 구니오에게 농정학과 민속학이 두 개이면서도 하나였듯이, 지금까지 지적한 내용을 종합하면 미나카타 구마구스에게 생물학과 민속학은 두 개이면서도 하나였으며, 이것들은 각각 자연과 문화의 생태계 보존에 대한 열정을 기조로 하고 있었다. 그만큼 그는 "오늘 처음으로 외출해서 균류를 채집하러 갔으나, 시기가 너무 늦어서 많이 채집하지 못했지만 마을에서 전해지는 옛이야기를 많이 들었다"[164]라는 말처럼 균류 채집과 옛이야기 채집을 병행하고 있었다.

---

162 〔역자주〕 a priori, 경험에 의존하지 않고 논리적으로 앞서는 인식이나 개념 또는 연역적 추리 등의 경험적 근거를 필요로 하지 않는 성질을 말한다.

163 앞에 든 다카기 앞으로 보낸 편지.

164 1912년 11월 25일자 야나기타 구니오 앞 편지.

방법으로서의 관찰

자연과 문화 모두 그 생태를 파악하기 위해서는 그것들이 서식하는 장소에서 관찰하고, 기록하고, 사례를 채집하는 작업이 당연히 기본적인 방법이 될 것이다. 실제로 미나카타의 왕성한 탐구심의 대부분은 이런 종류의 작업에 의하고 있었다.

자연의 생태를 관찰하기 위해서 기슈(紀州)[165] 각지에 빈번하게 채집 여행을 다닌 사실은 잘 알려져 있다. 그는 그 생물이 자라는 매 계절마다 그곳에 쫓아가고 때로는 배를 타고 가기도 해서 살아 있는 것을 산 채로 많이 포착하여 현장에서 연구하는 것을 철칙으로 삼고 있었다.[166] 쓰루미 가즈코는 이를 생체를 살아 있는 상태로 살고 있는 환경에서 상세히 관찰해야 한다고 주장하는 '야외관찰법'이라고 불렀다.[167]

그렇다면 문화의 생태는 어떻게 관찰했는가? 여인숙이라든지 이발소 특히 목욕탕 등 사람이 많이 모이고 편하게 이야기하는 곳이 사례 수집의 장으로 설정되었다. 그는 "나는 메기에 대해서는 전혀 알지 못하기 때문에 근처에 있는 우에사카 이발소와 이마후쿠 목욕

165 〔역자주〕 지금의 와카야마현과 미에현 남부 일대.

166 「미나카타 구마구스 옹의 서한」(1930). 이 편지는 교토대학(京都大學)으로부터 식물연구소를 설치하기 위해서 다나베초에 "1만 평을 무상기부하라는 엄명인지 교섭인지"가 있었는데 미나카타가 반대의사를 표명한 편지이며, "천연 있는 그대로 (중략) 관찰"해야만 "진정한 연구를 할 수 있다"는 내용이었으며, "식물을 보살피고 반 재배하면" 생태계가 바뀌기 때문에 연구가 되지 않는다는 것이 그 골자였다.

167 『미나카타 구마구스』.

탕에 가서 거기에 드나드는 사람들에게 물어보았다"[168]라거나 "시골에 있는 싸구려 여관에 묵으며 화로 옆에 누워서 이야기를 듣고, 조금 큰 동네라면 목욕탕에서 장시간 지내면서 사람들과 접촉하여 이야기를 듣는데, 이것이 이야기를 가장 많이 들을 수 있는 방법이다"[169]라는 말을 했다. 미나카타는 매일 밤 목욕탕에서 두세 시간을 보냈고 그만큼 목욕탕 주인에게는 사례를 했다고 하는데, 그는 그토록 철저한 사람이었다.

그리고 목욕탕에는 대개의 경우 일정한 시간대에 일정한 종류의 사람들이 온다고 했다. 먼저 저녁때는 아이들이, 다음에 학생, 다음에 장사꾼들, 다음에 기술자나 장인들과 농부들, 다음은 마부들, 다음에 안마사, 다음에 기생집 주인, 맨 마지막에 기생이 왔다. 매번 그들이 해주는 이야기를 듣고 있노라면 대개는 이야기의 진위와 근거의 유무를 알 수 있게 된다고 했다. 여기까지 이야기한 미나카타 구마구스는 「미나카타 구마구스 옹의 서한」 마지막에 이 말을 덧붙였다.

"교육 받은 자들은 책에서 읽은 이야기를 덧붙이기 때문에 그 고장의 이야기를 알고 싶을 때는 도움이 되지 않는다."[170]

이러한 그였기에 그는 관찰과 답사를 기본적인 방법으로 장려했다. 근대 생물학을 중흥시켰다고 일컬어지는 스위스의 게스너(Konrad von Gessner)가 생물의 계보를 대성하기까지 고생을 하고 거

168 「미나카타 선생 백화」 중 「메기 이야기」, 1919.
169 1914년 6월 2일자 야나기타 구니오 앞 편지.
170 이상 앞에 나온 편지.

지 같은 모습으로 여러 나라를 돌아다니면서 들은 목동의 이야기, 어부(漁婦)의 말들을 가볍게 여기지 않고 열심히 기록하여 그 말이 사실인지 아닌지를 확인한 것을 바람직한 조사 방법의 전형으로 여겼다. 자연현상 · 동식물 관찰, 나아가서는 고전 · 속신 · 마을에 전하는 속담 · 동요까지 빠뜨리지 않고 모두 녹취하여 이를 종합해서 발견 또는 발명의 중요한 재료로 삼아야 하며, 그러기 위해서는 비록 어린이 한 명 할머니 한 명 그냥 넘어가지 말고 이야기를 성실하게 들어 긍정적으로 생각하는 일의 중요성을 설명했다.[171] 그리고 이러한 방법론에 대한 견해를 스스로 밝히고 있다. 아무리 보잘것없는 책일지라도 주의 깊게 읽는 사람은 반드시 뭔가를 느끼고 얻는다, 이 점이야말로 연구에 제대로 임할 수 있느냐 없느냐의 갈림길이 된다, 이런 자세 없이는 책을 만 권을 읽고 만 리를 여행하더라도 돈과 시간을 무의미하게 낭비할 뿐이며 살아 있는 제분기(製糞機)와 같다고 비유한 것이다. 미나카타 구마구스다운 독설을 곁들인 말이다.[172]

그가 이토록 관찰의 중요성을 강조하고 있는 까닭은 일반적으로 학문이라고 하면 서적을 중심으로 생각하는 통념이나 학문의 실제 방법에 대한 비판을 담고 있었기 때문이다. 애당초 미나카타는 서적을 경시하지는 않았다. 오히려 반대로 방대한 서적에서 박식한 인용을 많이 하고 있는 것이 미나카타 저작물의 특징일 정도이다. 그러나 책이라는 것은 두말할 것도 없이 형이상학, 형이하학 양쪽에 걸

171 「조개치레에 관한 이야기」, 1913.

172 「정사를 좋아하는 식물」, 1913.

친 다양한 사상(事象)을 저자의 일정한 가치 기준에 따라 정리한 작품이다. 그런 의미에서 그 과정에서 추출 작업이 이루어지며, 그 결과 하나의 추상체로 변형된다. 이러한 성질을 필연적으로 지니는 책이라는 틀을 시종일관 무조건적으로 따르는 것이 연구라고 믿는 태도와 통념을 통렬하게 공격한 것이다.

실태에 대한 관찰이야말로 그 바탕에 있어야 하며, 문헌은 그 다음이라는 생각이 흐르고 있었다. 한 글에서 그는 "학문은 살아 있는 것이며, 서적은 새로운 것이 없다. 책에는 없는 것도 잘못된 것도 많으며, 대가나 석학의 저술에는 지독한 억설도 있다"[173]라고 했다.

일본의 학문이 이렇듯 시종일관 서적에만 의존하게 된 것은 근대에 들어서의 일은 아니다. 경서의 뜻풀이를 하는 훈고학은 당나라 때 대성했으나, 일본의 학문은 이를 수용하면서 기본 골격을 형성했다. 이 훈고학은 스콜라적인 고증의 끝없는 번거로움에 빠지기도 하고 실증적인 정신을 불러일으키기도 하고, 때로는 대의명분론의 불씨가 되기도 하는 등 상황에 따라 다양한 변화를 보였으나, 경서를 절대시한다는 점에서 결국은 경서라는 틀을 완전히 깨지는 못했다. 근대화가 시작되면서 이러한 자세가 서구에서 수입한 학문에도 적용된 결과 그러한 내용을 기술한 서적을 절대시하는 경향이 현저해진 것이다. 그리고 아마도 현재까지 이 서적 물신화에서 완전히 벗어나지 못하고 있다. 미나카타가 주장하는 관찰은 이런 점을 지적하

173 「조개치레에 관한 이야기」, 1913.

고 있는 것이다.

"15~16세기까지는 서양에서도 고서를 읽는 것을 유일한 학문으로 여기고 책에 쓰여 있지 않은 내용은 알 필요가 없다고 여겼는데, 이때쯤부터 학자들이 고서에 의심을 품기 시작하여 책에서 벗어나 스스로 실험하고 책으로 확인되지 않는 속전이나 구전에 의한 다양한 연구가 시작되었다."

미나카타는 이것이 서양의 학문이 약진하는 원동력이 되었다고 이야기했다. 이렇게 쓴 「조개치레 이야기(平家蟹の話)」는 다양한 화제를 망라하는 미나카타 구마구스 글의 유형을 그대로 지니고 있는데, 엄청난 양의 조개치레를 수집한 재야 연구가인 시마자키 세이타로(島崎静太郎)나 이마가와 린키치(今川林吉)의 관찰담을 주로 소개하고 있다.

그리고 미나카타는 같은 글에서 이렇게 호언했다.

"과학의 학리(學理)라고 대단한 것처럼 이야기들 하지만, 결국은 먼 옛날부터 무학자들이 쌓아 온 경험의 결과일 따름이다.…학문 지식이란 서구인의 전유물이 아니라 그 소재는 일본에도 충만하며, 외국보다 우리나라에 연구하기에 좋은 것들이 많다."[174]

또 1911년 10월 17일 야나기타 구니오에게 보낸 편지에는 이렇게 썼다.

"과학, 과학 하며 마치 유럽인의 독점물처럼 말하는 것은 커다란 잘못이다.…미신도 그렇고 마을에 전해 내려오는 이야기도 그렇고, 옛날

174 「조개치레에 관한 이야기」, 1913.

이야기도 그렇고, 속담도…대부분 조금씩 다른 동시에 얼마간은 근거와 경험이 뒷받침된 과학 이야기이고 이상담(理想談)인 것이다."[175]

여기서 말하는 방법론으로서의 관찰은 일본의 학문을 탈바꿈시키는 이념으로 이어진다.

학문의 탈바꿈

일본의 학문사에서 미나카타 구마구스는 아카데미즘에 대해 솔직하게 발언하는 비판자로 잘 알려져 있다. 1894년 런던에 머물던 그는 파리에 체재 중인 친구 도기 호류(土宜法竜) 앞으로 보낸 편지에서 다음과 같이 말하고 있다.

"지금까지 첫째도 둘째도 관 혹은 정부라며 매사 관에 의지하고, 도쿄에만 서고나 박물관이 있고 지방에는 아무것도 없을 뿐 아니라 중앙에 모든 권력이 집중해 있어 지방 사람들을 위협하며, 모든 정책이 지방을 메마르게 하고 도시만 살찌우는 바람이 학문에까지 부는 것을 보니 이 얼마나 한탄스럽습니까!"

그리고 힘들게 모든 식물 표본 300개 정도를 운임을 확보하지 못해 태워 버린 일이 있었다고 고백하면서 "고집이 센 나로서는 알랑쇠, 아첨꾼같이 물렁물렁한 놈들한테 주느니 태워 없애 버리는 것이 낫다"라고 단언했다.

이 일을 시작으로 미나카타가 독설을 퍼붓다시피 한 아카데미즘 비

---

175 1911년 10월 17일자 야나기타 구니오 앞 편지.

판은 계속되었으며, 학회에 가입하는 것과 학위를 받는 것이 싫다[176] 거나 이 나라의 관리·박사 또는 학사 같은 칭호가 붙은 자들이 매우 싫다[177]는 발언으로 이어진다. 그리고 일본을 떠나 외국을 유랑하다 죽을 생각[178]이라고 말할 정도로 일본의 학계에 대한 절망감은 심각했다. 이러한 통렬한 발언을 한 그였기에 때로는 '새 없는 마을의 박쥐'라는 쓴소리를 들으면서도[179] 대학 등과는 관계를 맺지 않고 독학하는 등 자신의 태도를 꺾지 않았으며, 영국의 사례를 예로 들면서 아마추어 학문임을 스스로 인정하는 동시에 전문가인 학자보다 뛰어난 자도 많다는 자부심을 표명하는 것을 주저하지 않았다.[180]

이러한 언설에서 학계에 받아들여지지 못한 그의 울분을 엿보는 것은 그다지 어려운 일이 아니다. 그러나 미나카타 구마구스의 이러한 자세는 학계에 소외감을 품고 있는 아마추어 학문을 하는 사람들을 강하게 끌어당기는 구석이 있어서 그를 중심으로 하는 동지적인 결속이 형성되기에 이르렀다. 「이력서」를 받은 야부키 요시오를 필두로 전집에 편지가 수록된 사람들, 예를 들어 남색과 시마(志摩) 민속 연구가인 이와타 준이치(岩田準一), 중학교 교사를 하면서 고고학·민속학·역사학을 연구하며 도사사담회(土佐史談會) 회장이 되기도 한 데라이시 마사미치(寺石正路), 오사카상선에 근무하며 민속

176 1911년 6월 25일자 야나기타 구니오 앞 편지.
177 1916년 5월 8일자 도기 호류(土宜法竜) 앞 편지.
178 위와 같음.
179 1911년 10월 17일 야나기타 구니오 앞 편지.
180 「이력서」.

조사를 열심히 한 미야타케 쇼조(宮武省三), 소학교 교장을 지내면서 야규 씨(柳生氏)를 연구한 스기타 데이이치(杉田定一), 승려이며 고야판(高野版)[181]과 다치카와류(立川流)[182]를 연구한 미즈하라 교에이(水原尭栄), 해운회사 임원으로 점균 연구의 첫 제자이자 애제자인 고아제 시로(小畔四郎), 사업가이면서 역시 점균 연구에 관여한 우에마쓰 시게루(上松蓊) 등이며 이들은 때때로 생활 면에서 원조자이기도 했다.

미나카타의 아카데미즘 비판은 네 가지 주장으로 되어 있다. 첫째는 어용학으로서 존재한다는 성격에 대한 비판이다. 앞에서 인용한 '알랑쇠, 아첨꾼같이 물렁물렁한 놈들'이라는 표현에 정부의 눈치를 보면서 그에 따라 자기의 주장을 바꾸고 또 바꾸는 학자에 대한 억누를 수 없는 분개를 엿볼 수 있다. 신사 정리 반대에 진력해 주기를 부탁한 마쓰무라 진조에 대해서도 "그럼에도 진력의 정도가 미미한 점에 놀라지 않을 수 없다"[183]라는 서운함을 지울 수 없었다.

둘째는 특권 의식에 대한 비판이다. "사람을 내려다보고 제국대학에 출입하지 않는 자는 학자가 아니라는 것처럼"이라는 말을 제시하면 무슨 뜻인지 충분히 이해가 될 것이다.[184]

---

181 〔역자주〕 고야산에서 출판된 불전, 좁은 의미로는 가마쿠라 시대 이후 진언종에서 일정한 판형으로 출판한 것을 가리킨다.

182 〔역자주〕 진언밀교의 한 파와 음양도의 혼합으로 성립한 유파. 성적인 결합을 주장하는 사교로 헤이안 시대 후기에 크게 유행했다.

183 1911년 10월 13일자 야나기타 구니오 앞 편지.

184 앞에서 인용한 도기 호류(土宜法竜) 앞 편지.

셋째는 생활과의 관계를 인정하려 하지 않는 고답성, 자기목적성에 대한 비판이다. 1912년 12월 8일 야나기타 구니오에게 보낸 편지에서 그는 "우리나라 학자들은 매사에 서구인이 밟은 순서를 따라 하지 않으면 개화되지 않고 학문이 되지 않는다고 생각"한다면서 직수입성을 비판했다.[185] 또 야나기타 구니오에게 보낸 다른 편지에서는 "일본인이 발명했다고 착각하고 있는 사이에 구미인이 번서 선수를 친 경우가 허다하다"라며 제 분수도 모르고 우쭐대는 것을 비판[186]했다.

이렇게 볼 때 미나카타 구마구스의 이러한 비판은 일본의 학문에 대한 종합적인 비판이었다고 볼 수 있다. 동시에 앞에서 살펴본 것처럼 그가 서양의 학문에 대한 절대주의를 타파할 것을 주창한 것과 함께 생각하면, 그의 학문론은 이른바 학문이라고 일컬어지는 것 전부에 대한 총체적 비판임과 동시에 일본의 학문의 탈바꿈을 지향하고 있었다고 할 수 있다.

그러나 우리는 여기서 일단 멈추어 서서 이러한 비판을 마음대로 가한 미나카타 스스로의 성과는 어떠했는가를 검토하지 않을 수 없다. 그의 박식함은 자타가 인정하는 가운데 그가 생전에 간행한 저서는 세 권이다. 그러나 1926년 출판된 『미나카타 한화(南方閑話)』, 『미나카타 수필』, 『속 미나카타 수필』[187] 세 권 모두의 제목에서 알

185 1912년 12월 8일자 야나기타 구니오 앞 편지.

186 1911년 10월 17일자 야나기타 구니오 앞 편지.

187 방점은 인용자에 의한 것이다. 모두 1926년에 간행.

수 있듯이 이른바 학문적 체재와는 거리가 멀다. 게다가 이와무라 시노부가 「미나카타 구마구스 전집 간행에 즈음하여」[188]에서 지적하고 있듯이 체계적인 저술이 없는 데다 너무 많은 예와 증거를 끌어대고 있으며, 친구에게 보내는 편지 형식의 것이 많아 이것들은 모두 학문적 통념과는 거리가 먼 표현 형태를 취하고 있다. 과연 학문이라고 볼 수 있는가 하는 의문이 끊이지 않는 이유이다.

아마도 미나카타는 이런 식으로밖에 자기를 표명할 수 없었다는 것이 진상일 것이다. 그러나 라이프니츠(Leibniz Gottfried Wilhelmvon)를 인용하면서 1911년 10월 25일 야나기타 구니오에게 보낸 편지에 이렇게 썼다.

> 항상 편지를 지식의 저장고로 여기고 그러한 마음으로 진지하게 썼고 지금까지 남아 있습니다. 다른 학자들도 모두 깊고 심오한 학문의 깊은 곳은 공개하지 않고 대부분 마음이 통하는 친구 한두 명에게 써서 보낸 것들이 후대에 전하는 것입니다(다윈조차 그러했다).[189]

또한 미국의 인류민속학자가 근래에 "억설만 내놓는 것을 그만두고 오로지 학문의 재료가 될 사물과 고전을 하나하나 파헤쳐서…수집하기로 마음먹은 결과 후일에 종합적이고 귀납적인 큰 이론의 기초를 확립하고자 하는 것은 정말로 훌륭한 일이다"[190]라고 말하

188 1971년. 『全集』1에 수록. 「南方熊楠全集の刊行にあたって」.
189 이상 1911년 10월 25일자 야나기타 구니오 앞 편지.
190 1912년 5월 23일자 다카기 도시오 앞 편지.

고 있는 것을 보면, 일부러 이러한 표현 형태를 택한 데는 나름대로 생각하는 바가 있었던 것이 아닐까 한다.

어쨌든 이 모두를 포함해 미나카타 구마구스의 생애는 기존 학문에 대한 안티테제로서 그 의미를 지니고 있었다고 봄이 타당할 것이다.

5

미의 전환

야나기 무네요시

민예운동의 창시자

야나기 무네요시(柳宗悅, 1889~1961)를 논한다는 것은 솔직히 말해 약간 내키지 않고 꺼려지는 부분이 있다. 나의 미에 대한, 즉 아름다움에 대한 감수성 그러니까 야나기 무네요시가 말하는 '직관'이라는 것이 제대로 기능하는가에 대해 근본적으로 자신이 없기 때문이다. 게다가 요사이 몇 년 동안 쓰루미 슌스케(鶴見俊輔)의 『야나기 무네요시』,[191] 미즈오 히로시(水尾比呂志)의 『야나기 무네요시』,[192] 구마쿠라 이사오(熊倉功夫)의 『민예의 발견』[193] 등 특색 있는

191 1976년, 平凡社.

192 일본민속문화대계 6, 1978, 講談社.

193 『계간논총 일본문화』 10, 1978, 角川書店, 「민예(民藝)의 발견」.

연구서들이 간행되었다. 또 1980년 이후 계속 간행 중인 주가쿠 분쇼(寿岳文章), 쓰루미 슌스케 · 미즈오 히로시 · 야나기 무네미치(柳宗理)가 엮은 『야나기 무네요시 전집 저작편』[194]의 각 권 말미에는 매우 알찬 해설이 수록되어 있어서 자꾸 자신이 없어진다.

야나기 무네요시

그러나 새로운 미학의 수립자, 제창자, 아니 더 정확하게는 예고자로서 야나기의 존재는 민간학의 역사를 논하면서 빼놓을 수 없다. 마음에 와 닿아 울리는 그의 문체에 대한 존경의 마음과 함께 이 점이 나를 민예 운동의 창시자에게 이끈다.

야나기 무네요시가 가와이 간지로(河井寬次郎), 하마다 쇼지(浜田庄司)와 함께 '민예(民藝)'라는 말을 만들어 낸 것은 1925년 말의 일이다. '민중적 공예'를 줄인 말인 이 용어는 야나기가 이 당시 사용하던 '게테모노(下手もの)'[195] '잡기(雜器)'와 함께 공존한 시기를 거친 후 이 '민예'라는 말을 만들어 낸 이들에 의한 운동을 통해 일반성을 획득했다.

194 전20권. 筑摩書房. 이 책에서 야나기의 문장의 인용은 이 전집에 의한다.

195 〔역자주〕 보통의 물건, 조잡하고 값싼 공예품을 의미한다. 즉 고가이거나 정교한 명품이 아니라 일상에서 사용하는 대중적이고 향토적이며 소박한 잡기를 말한다. 반대어는 조테모노(上手もの)이다.

민예운동은 형식적으로는 야나기 무네요시의 전 생애를 거쳐 전개되지만, 사상의 전개 과정에 따라 그의 생애를 세 시기로 나눌 때 중기에 해당한다고 볼 수 있다. 쓰루미 슌스케의 저서는 야나기의 종교사상의 파악에 역점을 두고, 구마쿠라 이사오의 저서는 주로 야나기와 민예의 관계 추구를 주제로 삼고 있다. 이에 반해 야나기 무네요시의 세계를 공예미론과 불교미학[196]의 통일체로 인식하려고 한 미즈오 히로시가 야나기 무네요시의 생애를 '종교철학의 탐구—초기의 야나기 무네요시', '공예와 미에 대한 추구—중기의 야나기 무네요시', '미의 법문 건립—만년의 야나기 무네요시'[197]라는 내용으로 구성하고 있는 것은 바로 그러한 시각에 의한 것이다.

미즈오 히로시 역시 놓치지 않고 있듯이 초기에도 중기 이후의 싹은 이미 존재하고 있으며, 말기의 활동은 중기의 사상에 깊게 규정되어 있다고는 하지만, 이것은 야나기의 생애를 개관하는 데에도 가장 명쾌한 정리라고 할 수 있다. 내 입장에서 도식화하자면 종교(信) → 민예(美) → 미의 법문(信=美)이 된다.

조선의 미에 대한 개안

초기부터 중기, 즉 민예의 발견으로 가는 길이 조선의 미에 눈을 뜬 데서 시작되었다는 사실은 오늘날 이미 정설로 자리 잡고 있다.

---

196 이상 앞에 게재한 저서의 제1장.

197 이상 제2장.

이 조선 미술과의 만남은 1914년 가을의 일이었다.[198] 그때의 기쁨을 야나기 무네요시는 문예지 『시라카바』[199]에 수록된 「아비코(我孫子)에서 통신 1」에 "이전에는 아무 주의도 기울이지 않고 하찮은 것이라고 여겼으며, 아니 경시하고 있던 도자기의 모양에서 자연을 바라보는 커다란 단서를 찾아낼 줄은 미처 생각지 못했다"라면서 "조선의 도자기에서 암시를 얻은 새로운 경악"이라고까지 말하고 있다. 나는 이 사건을 야나기 무네요시의 하나의 전환이라고 생각한다. 그때까지는 서양의 신비철학과 윌리엄 블레이크(William Blake), 월트 휘트먼(Walt Whitman)에 몰두하고 있었다. 그런 의미에서 보면 기독교 사회의 가치 기준의 이단에 빠져 있던 야나기였기에 이 조선 도자기 사건을 돌연변이라고 할 수는 없다. 과거와의 연속성을 유지하면서 나타난 사상(事象)으로서의 면은 분명히 있다. 그러나 그와 동시에 시라카바파(白樺派)[200] 동인의 한 사람다운 서양에 대한 심취라는 점에서 보면 전향이었다는 점도 부정할 수는 없다.

「옛 조선인」, 「지나인」, 「미개한 거의 모든 백성」, 그리고 혼아미 고에쓰(本阿弥光悅) 등에 의한 「옛 일본의 예술가」야말로 풍요로운

198 다카사키 소지(高崎宗司), 「『도자기의 미』에 이르기까지」, 『전집』 월보 13(제12권), 1982.

199 제5권 제12호, 1914년 12월.

200 〔역자주〕 일본 근대 문학의 한 파. 인도주의, 이상주의, 개성 존중 등을 주장했고 다이쇼 시기 문단의 중심적 존재였다. 서양 미술에 관심을 보여 후기인상파를 일본에 소개했다. 무샤노코지 사네아쓰(武者小路實篤), 시가 나오야(志賀直哉), 아리시마 다케오(有島武郎) 등이 동인으로 참여했다.

상징적 형상미를 조형할 수 있는 사람들이라는 인상이 야나기 무네요시의 내부에서 결정적으로 굳어 간다. "이들의 제작에서 많은 암시를 얻은 나는 자연을 더욱 즐길 수 있는 마음을 얻었다"[201]라고 말하고 있다.

이러한 생각은 시간의 흐름과 함께 점점 강해져서 1916년에는 회화, 건축, 조각, 도자기 등을 가능한 한 많이 보고 싶다는 마음으로 조선과 중국을 여행했다. 1916년 8월 「편집실에서」라는 글에 "오랫동안 서양 예술에 경탄하고 애착을 느껴 온 나는 요 근래에 들어 고향으로 돌아온 듯한 감정을 느끼고 있다. 그래서 새롭고 보통이 아닌 찬탄의 마음이 가득하여 동양 고유의 예술 또는 사상을 사랑하기 시작했다"라고 썼다. 그리고 이와 동시에 종교철학 분야에서도 동양의 종교철학에 대한 관심에 깊이를 더해 갔다.

왜 이러한 변화가 일어난 것일까? 본연의 모습으로 돌아왔다고 보기에는 너무 일찍 동양으로 회귀하게 된 이유 중 하나를, 아직 억측에 불과하지만 1914년 7월에 발발한 제1차 세계대전으로 들고자 한다.

> 지금으로서는 전쟁이 언제 끝날지 알 수 없다. 비참한 이야기를 접할 때마다 새삼 무서워진다. 자유의 나라였던 영국조차 명예로운 의용제도에서 미개한 징병제도로 바꾸려 하고 있다.…유럽의 기독교 신자들은 도

201 이상 「아비코에서 통신 1」.

대체 무엇을 하고 있는 걸까?[202]

문명의 필연적 전개로서의 전쟁은 야나기 무네요시에게 전쟁을 야만시하는 관점을 강하게 심어 주었다.

조선의 미와 만남으로써 얻은 '자연을 더욱 즐길 수 있는 마음'이란 바로 평화와 평안을 사랑하는 마음이다. 아직 초복이 푸른 1914년 9월 지바현(千葉縣) 아비코로 이사 간 일은 그러한 마음을 깊게 했을 것이다. 「아비코에서 통신 1」에서 그는 "자연에 둘러싸인 자신에게 무한한 행복을 느낀다", "모든 자연은 평화를 희구하고 있다. 다툼은 본의가 아니다", "그래 좋다. 모든 생물학자가 생존을 위한 경쟁이 자연을 관철하는 법칙이라고 증명할 수 있더라도 그것은 적어도 인간에게는 적용할 수 없는 이론이다"[203]라고 말하고 있다. 이렇게 해서 야나기는 증오를 초월한 사랑의 세계를 희망하고 기대하게 되었다.[204] 그리고 이처럼 '자연', '평화', '사랑'을 축으로 하는 가치의식을 지니고 있었기에 일생을 통해 미에 대해 그토록 이야기하면서도 미술품의 중요한 분야로 다루어지는 무구(武具)에 대해서는 단 한 번도 언급한 적이 없었다.

미에 눈을 뜬 그는 제국주의 일본이라는 상황 속에서 조선을 이해하는 사람으로 발전하여 1919년에 일어난 3 · 1독립운동과 그에

202 「편집실에서」, 1916년 2월.

203 「아비코에서 통신 1」.

204 「아비코에서 통신 1」.

가해진 탄압에 관하여 오늘날 유명한 「조선인을 생각한다」, 「조선의 친구에게 보내는 글」 등의 논설을 썼다.

> 우리와 이웃 사이에 영원한 평화를 원한다면 우리의 마음을 사랑으로 정화하고 동정심을 되살리는 방법 외에는 길이 없다. 그러나 일본은 불행하게도 칼날을 세우고 욕설을 퍼붓고 말았다. 이런 행동이 과연 상호의 이해를 낳고 협력을 다하고 결합을 이룰까? 아니, 모든 조선 사람이 뼈저리게 느끼는 것은 끝없는 원한이다. 반항이다. 증오이다. 분리이다. 독립이 그들의 이상이 되는 것은 필연적인 결과일 것이다.
>
> —「조선인을 생각한다」에서

이 글은 분명 이미 그의 마음 깊은 곳에 정착한 자연, 평화, 사랑이라는 의식의 연장선상에 있다.

후에 야나기 무네요시가 '조선민족미술전람회'를 열고 '조선민족미술관'의 건립 운동을 벌이거나[205] 조선총독부 건축을 위해 광화문을 허무는 것에 반대 의사를 표명하고 『조선과 그 예술』(1922)을 간행한 일 등은 주지하는 바와 같다.[206]

---

205 1924년에 개설, 필자는 양쪽 모두에 '민족'이라는 말을 내걸고 있는 데에 하나의 의미를 느낀다.

206 물론 야나기의 조선미술관에 대해서 근래에 한국인 측에서 비판이 제기되고 있다. 최하림(崔夏林), 「야나기 무네요시의 한국미술관」(「展望」, 1976년 7월호) 참조.

민예의 발견

야나기 무네요시의 시선이 일본을 향할 때, 1924년 모쿠지키부쓰(木喰佛)[207]의 발견과 민예의 발견은 반쯤은 중복된다. 야나기가 모쿠지키를 논하면서 한 말들, 즉 "독창은 그가 고안한 것이 아니다. 그의 무심에서 태어난 것이다", "예전에는 불승과 불사(佛師)는 하나였다. 신념도 없이 부처에 칼을 내리치는 무례는 근대에서나 일어나는 일이다. 신앙과 기술은 분리되었다", "거기에 영탄은 없다. 약함은 없다. 그의 작품에는 감상적인 흔적이 전혀 없다"라고 한 말 등은[208] 그대로 민예에 대한 야나기의 미의 기준의 원형을 형성했다.

1926년 야나기 무네요시의 민예운동이 「게테모노의 미」라는 제목의 글로 첫 울음을 올린 사실의 의미는 결코 작지 않다. '민예'라는 이름은 그것이 지칭되는 기명(器皿)을 객관적으로 자리매김한다는 의미를 강하게 갖는 데에 반해, 자구(字句)로는 헤타(下手)[209]를 연상시키고 발음상으로는 저속함을 연상시키는 게테모노(下手もの)는 기명 그 자체를 가리키며 훨씬 즉물적이라고 할 수 있다. 야나기 무네요시는 이 점을 알고 '일반 민중이 사용하는 잡다한 도구라는 말'이라고 설명하고 "下는 '보통'이라는 의미 手는 '질'이라는 의미"라

---

207 〔역자주〕 모쿠지키 쇼닌(木喰上人, 1718~1810)이 나무를 파서 만든 불상. 모쿠지키 쇼닌은 에도 시대의 승려로, 61세 때부터 나무를 조각하여 불상을 만들기 시작했는데, 일본 전국을 돌아다니며 남긴 불상이 1,000여 개에 이른다. 모쿠지키부쓰의 특징은 눈썹이 두껍고 통통하고 온화한 생김새이다.

208 『모쿠지키 고교 쇼닌의 연구』, 1925.

209 〔역자주〕 '서툴다'는 의미의 단어로 게테와 같은 한자를 쓴다.

고 풀이했다. 아마도 이 말의 탄생 과정에서 조테모노(上手もの)와 구별하기 위한 것이었을 이 호칭을 일부러 당당하게 사용함으로써 야나기는 미의 전환에 대한 확고한 결의를 다진 것이다. "나는 새로운 미의 한 장이 오늘부터 역사에 증보되지 않을 수 없음을 믿는다"라며 확신에 차 있었다.

이렇게 해서 야나기 무네요시는 이른바 잡기, 즉 '극히 평범한 것, 누구나 살 수 있고 누구나 만지며 매일 사용하는 도구'= "'가까이에 두는 물건', '평소에 늘 사용하는 물건', '부엌 세간'이라고 불리는 것들"= '마루에 장식해서 방을 꾸미기 위한 것이 아니라 부엌에 두기도 하고 거실 여기저기에 있는 여러 도구들'의 미를 이야기하기 시작했다. 일상에서 누구나 사용하며, 그러하기 때문에 무시당하고 아무렇지 않게 버려지고 있던 잡기가 처음으로 미적 존재로서 인식되기에 이른 것이다.

"그러나 신기하다. 평생 가장 많이 눈에 접하는 것인데도 그 존재를 주목하지 않고 살아왔다", "제대로 설명해야 할 역사가조차 이것들을 이야기하려고 하지 않는다"면서 비로소 "먼지에 뒤덮여 있는 어두운 곳에서 새로운 미의 세계가 열렸고, 이 세계는 모든 이가 알고 있는 세계이면서도 아무도 보지 못하는 세계이다"라고 설명했다.

무엇이 그로 하여금 이러한 미의 전환을 단행케 한 것일까? 그가 걸어온 과정을 보면, 조선의 도기 → 모쿠지키부쓰로 걸어온 미의 발견 과정의 필연적인 귀결이었다. 그리고 그와 동시에 시대가 그를 움직이고 있었던 점 또한 부정할 수 없는 사실이다. '개조'가 유행어가 된 사조계의 상황은 야나기 무네요시에게도 다가와 있었던 것 같다.

"시대는 격변했다. 모든 것이 오늘날처럼 이렇게 바쁘게 흘러 없어지는 일은 다시는 없을지도 모른다.… 우리 앞에는 모든 사물이 새롭게 전개되고 있다. 미래도 새롭고 과거도 새롭다. 낯익던 세상도 신기한 세계가 되어 버렸다."

이런 식으로 격변하는 사조의 흐름이라는 '새 거울'에 비추었더니 낯익은 세계도 모든 것이 새롭고 선명하게 보인 것이다. 그런 의미에서 그의 민예의 발견은 일본의 개조사상기의 한 형태를 대표한다고 할 수 있다.

잡기를 논한다는 것은 그것이 갖는 아름다움을 논하는 것에 그치지 않고, 제작 과정과 사용에 대해서도 논한다는 것이다. 이는 제작자인 이름 없는 장인이라든지 구매자인 동시에 사용자인 민중을 논하는 것이 된다. 이 점에서 야나기의 새로운 미학은 잡기 자체와 장인 그리고 민중의 삼자를 시야에 넣으면서 형성되고 있다. 그리고 그는 새로운 미의 표준에 관한 이야기를 이어 갔다.

먼저 이런 말을 했다.

"매일 만지는 기구이기 때문에 잡기는 실제 사용에 견딜 수 있어야 한다.… 두꺼운 것, 튼튼한 것, 건전한 것, 이것이 일상생활에 사용할 수 있는 그릇이다."

이렇게 주장하면서 그전까지 아름다움의 표준으로 여겨지던 '약한 것, 화려한 것, 정교한 것'에 대해 이들이 갖는 성질은 일상생활이라는 장에서는 통용되지 않는다고 부정했다. 그 다음으로는 '특별히 꾸미지 않은 더없이 순수한 형태, 두세 개 정도의 무늬, 매우 소박한 기법'을 논했다. 그러고 나서 "대부분이 이름 없는 사람들이 만든 것들이다. 아무 욕심 없는 마음이 얼마나 이 그릇들의 아름다움을 정화하고 있는지 모른다"라고 말했다. 자신의 이름을 새겨 넣는 저명한 예술가들이 보이는 아집에 대한 분명한 비판이 여기에 엿보인다.

더욱이 이 비판은 다음과 같은 시대 비판으로 이어진다.

"지금은 개인만이 살아남고 시대는 가라앉아서 보이지 않는다. 그러나 예전에는 시대가 살아 있었고 개인은 자신을 숨겼다. 소수의 작가에 의해 아름다움이 나오는 것이 아니라 아름다움 속에 작가가 살아 있었다."

이어서 민예에는 반드시 향토라는 것이 있고 자연에서 받은 재료가 그 모태이며, 풍토와 소재와 제작은 하나이어야 한다고 주장했다. 이 주장은 특별한 재료를 찾는 이른바 명장이라는 사람들에 대한 비판 의식을 바탕에 깔고 있다.

"그릇이 재료를 선별하는 것이 아니라 재료가 그릇을 만들어 낸다고 보아야 한다."

그는 또 이런 말도 했다.

> 반복은 숙련의 어머니이다. 많은 수요는 많은 공급을 이끌어 내며, 많은 제작은 끊임없는 반복을 요구한다.
>
> 저 '게테'라고 불리는 그릇의 배경에는 오랜 세월과 많은 땀과 끊임없고 단조로운 반복이 만들어 낸 기교의 완성이 있다.… 자유의 획득이 있다.

'반복'이라는 것이 평이, 상투 등으로 '창의'라는 말과는 반대에 있는 것으로 여겨지던 속에서 야나기 무네요시는 놀랄 만한 미의 전환을 보인 것이다.

그리고 마지막에 직접 손으로 만든다는 것에 대한 가치 부여가 이루어진다.

"민예는 수공예이다. 손으로 직접 만든다는 것이 아름다움을 구현하는 데 얼마나 중요한 일인가. 신을 제외하면 손보다 더 놀랄 만한 창조자가 따로 있을까?"

이 언급은 말할 나위 없이 기계 제작에 대한 비판이다. 그는 이렇게 새로운 미에 대한 기준을 열거한 후 다음과 같이 종합하고 있다.

"이 세계에 올 때, 만드는 사람의 마음도 만들어지는 물건도 사용하는 방법도 모두 더없이 순수하다. 이 단순함이야말로 그릇에 요구되는 성질이다. 사람들이 이 말을 조야하다는 말로 바꾸어서는 아니 된다."

민중적인 것, 대량으로 제작된 것, 일상에 사용되는 것, 이것만으로도 조야의 영역으로 분류되기에 충분하지만, 야나기 무네요시는 오히려 거기에서 궁극적인 아름다움을 발견하고 그 자리를 차지하고 있던 세련과 맞바꾸어 버렸다.

그뿐만 아니라 야나기는 이러한 게테모노가 갖는 아름다움이야말로 일본 고유의 아름다움이라는 말을 이렇게 덧붙였다.

> "위대한 중국 앞에, 우아한 조선 앞에 우리는 우리의 예술을 무람없이 꺼내 들 수 없다…그러나 게테모노의 영역으로 내려올 때 거기에는 아주

드문 예외의 한 경우를 만난다. 이 게테모노에는 일본 특유의 것이 있다."

「공예의 길」

여기에 우리는 야나기 무네요시의 미학의 원형이 형성되었음을 보게 된다. 그 의미에서 그의 과거는 이 논설에 응집되며, 그의 미래는 이 논설을 출발점으로 확산되어 간다. 이어지는 「공인명」은 공인, 즉 장인의 마음가짐이라는 형식을 취하며 항목별로 야나기 자신의 미의 이념을 제시한 것이고, 『공예의 길』은 야나기의 미학을 가장 정치하고 체계적으로 전개한 것이다.

전자는 아포리즘에 가까운 사상 표현으로 가득하다. 내용이 반복되기 때문에 여기서는 두세 가지만 초고와 보완한 원고 양쪽에서 적절히 인용하겠다.

> 만들면서 아름다운 것을 만들어야 한다.
>
> 그러나 아름다움을 만들려 해서는 안 된다. 작위(作爲)는 아름다움의 살육이다. 아름다움은 자연스러움에 있다.

> 정숙을 작품에 불어넣어야 한다.
>
> 당신이 무언가를 만들어 세계 평화를 위한 하나의 보장이 되도록 해야 한다.

> 사용되기 위하여 만들어야 한다.

용도와 거리가 먼 것을 만드는 것은 죄이다.…쓰임과 아름다움이 상반된다는 생각은 잘못된 것이다. 예부터 아름다운 것들은 모두 실제로 사용된 일품임을 알아야 한다. 쓰임에서 멀어진 공예의 길은 존재하지 않는다.

야나기 무네요시의 미학원론의 핵을 이루는 후자는 아름다움의 표준이 완전히 잘못 이해되고 있는 오늘날, 미에 대해 올바르게 고찰하려 한 저서이다. 「게테모노의 미」에서 거론된 논점의 반복을 피하면, 특히 다음 네 가지가 주의를 끈다. 첫째 미술 속 공예의 위치를 논한 점, 둘째 판단 기준으로서의 직관을 논한 점, 셋째 공예가 갖는 미의 파탄에 대한 이유를 논한 점, 그리고 넷째는 다가올 공예 제작의 모습을 논한 점이다.

첫 번째의 미술 속 공예의 위치를 논한 점은 전체 미술 안에서 낮은 자리가 주어지던 공예의 복권론으로서 전개되고 있다. 머리말에서 "공예에 관한 제반 문제는 아직 처녀지의 상태이다. 두텁게 축적된 미술론에 비하면 아직 초보 단계에 불과하다"라고 논한 데에 이 문제에 대한 논의는 이미 시작되고 있는 것이다. 회화 · 조각 · 서예로 확대되는 미술의 여러 분야가 있는데, 굳이 공예에 조명을 비추려는 점 자체가 미술계의 암묵의 질서에 대한 일종의 반기였다. 오늘날 접할 수 있는 많은 종류의 미술 전집 중에 회화는 얼마나 압도적인 비중을 차지하고 있는가. 이런 상황에서 야나기 무네요시는 공예에 대한 탐닉을 적극적으로 주장하려고 했다.

"공예, 나는 이 세계를 얼마나 오랫동안 사랑해 왔는가. 언제나 하루가 공예품에 파묻힌 채 저문다."

이렇게 보면 야나기의 민예론은 미술에 대한 공예의 옹호였고, 공예 안에서도 게테모노에 대한 옹호라는 식으로 이중으로 소외된 가치의 복권론, 즉 미의 표준을 재구성하려는 제창이었다고 할 수 있다.

"미학 서적을 보시오. 그 대부분은 완전히 미술 위에 전개된 미학이 아닌가."

이렇게 해서 야나기 무네요시는 미학에서의 미의 통념을 맹렬하게 공격하기 시작했다.

"미의 도읍에 이르는 길이 두 갈래 있는데, 미술(fine art)이라고 불리는 길만이 유일한 길인 것처럼 선전되고 다른 하나의 길인 공예(craft)는 die Unfreie Kunst라고 명명되고 또는 the practical art 혹은 the applied art라고 불렸다. 여기서 말하는 '부자유'라든지 '실제'라든지 '응용'이라는 형용이 이중, 삼중으로 비하된 의미라는 점은 두말할 필요 없다. 미는 실제에서 유리된 것이기에 찬미되었던 것이다."

마침 이 무렵인 1924년 교토대학의 미학 교수인 후카다 야스카즈(深田康算)는 교토교육회의 의뢰로 여성을 대상으로 한 강연회에서 다음과 같은 말을 했다.[210]

> 예술에는 자유예술과 응용예술이 있는데, 먼저 이 두 가지를 구분해야 한다. 그리고 자유예술에는 지금 이야기한 문학이라든지 미술, 음악과

210 『후카다 야스카즈 전집』제3권 「예술일반」. 후에 『예술에 관해서』로 제목을 바꾸어 다시 간행하였다. 양쪽 모두 岩波書店.

같은 세 가지 커다란 분류가 있다고 본다. 이에 반하여 의식주와 같은 생활에 필요한 것을 가리켜 응용예술이라 한다. 예전에 식사할 때 쓰던 그릇들도 지금은 골동품으로서 응접실에 소중히 장식하고 있으면 그것은 자유예술품이 된다.

자유예술과 응용예술의 가치의 상하관계는 분명하다. 다시 말해 아카데미즘에 입각한 미술관임이 여실히 드러나 있다. 후카다 야스카즈의 이 같은 주장에 야나기 무네요시는 "그러나 오늘날 우리가 접하고 있는 미학은 과연 미를 정말로 진지하게 바라본 소산인가?"라고 반박했다.

이 물음에 스스로 답하는 형식으로 야나기는 이러한 편견이 르네상스의 개성의 자유 주장과 함께 시작되었다고 지적하고, 그 이전의 고딕 시대에는 모든 분야에서 개성의 발호는 없었으며, 그 의미에서 보면 회화든 조각이든 미술이라기보다 공예였다고 할 수 있다고 주장했다. 이 주장을 통해 야나기는 미술이 갖는 인간 중심에 반해 공예는 자연 중심의 소산임을 찬양하려 한 것이다.

두 번째 판단 기준으로서의 직관을 논한 점은 야나기 무네요시 미학론의 뿌리를 형성함과 동시에 자신의 종교철학과도 깊이 연관되어 있다. '미와 추를 판단하는 절대적 입장이란 무엇인가'를 논하면서 야나기는 직관을 하나의 경지로 생각했다. 이 생각은 언뜻 보기에 매우 직관적이어서 객관적인 타당성과는 거리가 먼 독단처럼 보인다. 그러나 그의 입장에서 말하면(나는 그렇게 이해하고 있다), 모든 잡념에서 벗어나 대상 자체에 자신을 몰입시킬 때 비로소 그 사물을 제대로 바라볼 수 있으며, 이 경우 바라보는 사람은 자신을 개입시킬 여지도 없는 직관의 지배를 받는다. 그런 점에서 볼 때 직관이란 무아의 입장을 가장 잘 나타내며, 그런 의미에서 직관보다 더 확실한 객관은 없는 것이다.

이 논의는 신비주의적 색채를 강하게 띠고 있다. 그러나 대단히 통속적으로 미술품을 감상할 때 모든 선입관을 버리고 보려는 대상과 진지하게 마주 보아야 한다는 의견으로 해석할 수는 없을까? 그렇게 본다면 가끔은 작품을 바라보는 것과 마찬가지로 설명 안내판을 서둘러서 열심히 읽고 있는 자신의 모습이 우습게 느껴진다. 야나기 무네요시는 이름 때문에 눈이 흐려져서는 안 된다고 주장하는 것이다.

"(그릇을) 사는 사람들은 그 물건이 아니라 이름에 돈을 지불하는 것처럼 보인다. 누구누구의 작품이라는 점이 미의 근거가 되기까지 한다."

공인들을 위해 쓴 「공인명」과 함께 공인이 만든 작품을 사랑하는 사람들의 길잡이로서 펴낸 『기물 7칙』(器物七則, 1927)에서 그는 다음과 같이 말하고 있다.

> 직관 없이 바라보는 사람에게 그 대상의 실재는 보이지 않는다.…진정으로 미를 바라보는 자는 미를 창조한다.…스스로 만족해 하면서 저명한 이름이 있는 그릇을 찾는 사람들이 있다. 이 또한 불쌍한 질병이니라.

세 번째로 공예가 갖는 미의 파탄에 대한 이유를 논한 점은 정면에서 근대를 비판했다. 이와 관련한 논점은 크게 두 방면에서 접근하고 있다. 먼저 야나기는 "공예에는 종합이라는 것이 있어야 한다"라고 했다. 왜냐하면 공예품은 방 한구석을 차지하는 책상, 그 위에 놓이는 문방구, 책상에 딸려 있는 의자 혹은 방석처럼 단독으로 사용되는 것이 아니기 때문이다. 그런데 이러한 조화가 무너진 것은 근대 이후의 일이며 현대에 나타나는 공예의 추는 바로 이 무질서가 만들어 내는 것이라고 설명했다.

그리고 또 하나는 미의 구도자라고 할 야나기는 추한 그릇이 '고통스러워하는 절규의 소리를 들으려고' 했다. 그러고는 '무엇이 이 그릇을 그토록 추하게 만들었는가'를 생각했다. 그의 답은 더 이상의 답을 기대할 수 없을 정도로 명쾌하다. 조금 길지만 해당 부분을 인용하겠다.

> 그릇은 나를 향해서 네 가지 악을 든다. 그중 두 가지는 그들을 둘러싸고 있는 사회의 죄에 의한 것이고, 나머지 두 가지는 그들을 만드는 사람 개인의 죄에 의한 것이라고 한다. 전자는 제도에 나타나며, 후자는 사상과 관계있다. 즉 그릇이 꼽을 수 있는 악은 자본주의와 기계주의, 그리고 주아주의(主我主義)와 주지주의이다. 앞의 두 가지는 임금 · 품삯 · 관련 제도에 수반되는 악이고, 뒤의 두 가지는 작가 개인에 수반되는 죄이다. 그리고 하나는 외적인 병이고 또 하나는 내적인 번뇌이다. 이상의 네 가지 현저한 악이 지금의 공예를 오염시키고 있는 것이다.

이상의 네 가지 악을 부정하면서 야나기 무네요시는 사회사상가인 존 러스킨(John Ruskin)과 윌리엄 모리스(William Morris)가 주창한 미를 축으로 하는 새로운 사회의 건설, 일종의 길드사회주의 이념에 친근감을 보이고 있다. 그리고 이 점은 바로 네 번째 논점으로 이어진다.

네 번째의 다가올 공예 제작의 모습을 논한 점은 협업의 강조라는 형태로 구체화되고 있다. 공예가 이름 없는 민중의 역작이라는 점은 '어느 시대의 어느 촌구석에서 이름을 들어 본 적도 없는 사람이 만든 것임'을 뜻한다. 이런 작업에는 마을의 노인과 젊은이 또는 남녀노소 할 것 없이 모든 사람이 종사하는 법이다. 게다가 가족이 입에 풀칠을 하기 위한 노동인 것이다. 즉 한 사람에 의한 작품이 아니라 한 가족이 모두 동원되어 땀을 흘린 일인 것이다. 그들 중에는 하고 싶지 않았지만 참으면서 작업에 종사한 사람들도 있을 것이다. 그렇기 때문에 그야말로 분노한 자, 슬퍼하는 자, 고통스러운 자, 어리석은 자, 웃는 자 등 모든 중생이 이 세계에 모인 것이라고 할 수 있는 것이다. 만든 이들은 이러한 협업을 통해 '미의 정토(淨土)'에 종사했던 것이다.

"여기에서는 민중이 살아서 전면에 나오고 개인은 그 뒤에 숨어 있었다."

이렇게 사람 위에 군림하는 것이 아니라 사람에 봉사하고 사람과 친해지려는 그릇이 만들어졌으며, 그릇은 사람과 날마다 함께 살아가는 가족의 일원이 된 것이다. 이것이 야나기 무네요시의 견해이다.

이런 생각에 입각한 그는 공예품 제작에서 "공유한다는 목적을 향해 서로가 서로를 보완"하는 협업 방식을 주장했다. 협업에 기대하는 야나기의 열의가 얼마나 컸느냐 하는 점은 1927년 발표한 「공예의 협단(協團)에 관한 하나의 제안」이라는 글과 비록 실패로 끝나기는 했지만 그가 고생해서 제작 집단으로서 발족한 가미카모민예협단(上加茂民藝協團)을 통해 엿볼 수 있다.

이상과 같은 골격을 지닌 야나기 무네요시의 미학이 기존의 미에 대한 가치관에 얼마나 커다란 변화를 가져왔는지는 둘을 대비해 보면 쉽게 확인할 수 있다. 미술에 대해 공예를, 골동품으로서의 가치에 대해 일용성을, 귀족성에 대해 민중성을, 개인에 대해 협업을, 서양에 대해 동양을, 타국의 영향에 대해 일본의 독창력을, 천재에 대해 무명의 공인을, 기교에 대해 자연을, 그리고 지식 · 개성 · 희유 · 고가 · 이상에 대해 무심 · 실용 · 다량 · 염가 · 통상을 주장했던 것이다. 그리고 이러한 주장의 바탕에는 가치관이 서로 충돌하는 시대 한가운데 위대한 조화에 대한 열망과 기대를 품고 있었다고 덧붙여도 지나치지 않을 것이다.

그러고 보면 야나기 무네요시의 글은 공예품의 외부에서 그것을 바라보며 해설하고 있는 것이 아니라 내부에서 그 공예품을 대신하여 발언하고 있는 것처럼 느껴지는 강한 열정을 품고 있다. 이 점이 그가 미의 전환에 얼마나 몰입하고 있었는가를 말해 준다.

야나기 무네요시와 현대

이렇듯 미에 대한 새로운 기준을 확립한 야나기는 자신의 주장에 자극을 받은 사람들과 민예운동을 일으켜 민예의 메카로서 일본민예관을 세우고, 제전(帝展)[211]에 출품된 작품을 신랄하게 비판하고 '손으로 만드는 일본'을 찾아다니는 여행을 거듭하여 일본 문화 지도를 그렸으며, 그중에서도 특히 오키나와의 문화적 전통에 매료되어 1940년 오키나와현 당국이 지도한 방언 교정에 강력하게 반발, 이른바 언어문제 논쟁을 불러일으켰다. 이 같은 일련의 일들은 그가 이념을 확대해 가는 과정이 되었다.

야나기 무네요시와 그 동료들이 '민예'라는 말을 만들어 낸 지 반세기 정도가 지난 지금, 그 두 글자는 오히려 범람하는 경향을 보이고 있다. 여기서 말하는 범람에는 두 가지 의미가 있다.

먼저 첫 번째 것은 유사 민예 또는 사이비 민예를 낳음과 동시에 민예를 민중으로부터도 그리고 실용으로부터도 먼 존재로 만들고 말았다. 그 의미에서 보면 민예는 '손때가 많이 묻어 더이상 깨끗하지 못한 것'이라는 인상으로 받아들여지고 있다. 생각해 보면 이것은 민예운동 자체가 지니는 모순이었다. 민예의 미가 선전되어 그 가격이 올랐고, 새로이 민예의 길에 들어선 자들이 명장으로 인정받게 됨에 따라 무명성은 저명성으로 대체되었다. 말하자면 민예는 당시 권위주의에 빠져 있던 미에 대한 우상 파괴였으나, 이제 민예 자체가 하나의 우상이 되어 버린 것이다. 여기에는 모든 것을 상품화하려는 자본주의 사회의 법칙이 작용하고 있으며, 이러한 상황에서 진정한 의미의 민예를 붕괴의 길로 이끈 데는 민예운동도 한몫을 했

211 〔역자주〕 제국미술원전람회를 줄인 말로, 지금의 일본미술전람회. 일본을 대표하는 미술전람회의 하나이며, 시대에 따라 문부성미술전람회 · 제국미술원전람회 · 일본미술전람회 등 그 이름이 다르다.

다는 비판을 틀렸다고만은 할 수 없는 것이 사실이다.

두 번째로 민예의 범람은 상품의 홍수 속에서 허덕이는 사람들의 목소리를 반영하고 있다. 생활을 이루고 있는 모든 부품이 기계에 의해 만들어지고 있으며, 기성품 외에는 선택의 여지가 거의 없는 오늘날의 상황이 그러한 소외감에서 벗어나고자 하는 사람들(우리)을 수공예의 호사스러움 내지는 그것에 대한 환상으로 유혹하고 있는 것이다. 그런 의미에서도 야나기에 대한 관심이 야나기타 구니오에 대한 관심보다 약 10년 늦게 1970년 이후 폭발적으로 일어났다는 사실에 주목하게 된다. 고도 성장기를 사이에 두고 '관습'이라는 무형의 문화에 대한 관심은 '물건'이라는 유형의 문화로 이행했다. 즉 민예의 범람에는 물건의 노예가 되어 있는 상태에서 자신을 해방시키고, 사람과 물건 즉 사람과 도구의 본래의 관계를 되찾고자 하는 갈망이 담겨 있다.

첫 번째 경우가 야나기 무네요시의 뜻과 가장 거리가 먼 전개였다면, 두 번째 경우는 그의 예견이 얼마나 정확했는지를 말해 준다.

그가 제창한 미의 전환은 학문 영역에서는 얼마나 실현되고 있을까? 세상에서 전개되는 민예의 범람에도 불구하고 미학 및 미술사의 세계는 거의 아무런 변화가 없는 무풍지대인 채 있는 것 같다. 우리가 가까이할 수 있는 성과로서 미술 전집이나 미술사 저작들은 변함없이 공예에 대립하는 의미로서의 미술 중심의 작가 개인사를 서술하는 형태를 보이고 있으며,[212] 야나기 무네요시와 민예운동에 대

212 『공예의 길』, 1928.

해서는 겨우 몇 줄만 할애하고 있을 뿐 작품 자체에 대한 평가는, 예를 들어 아직 '소모품적인 잡기'로서의 영역을 벗어나지 않는 것이 일반적이다.[213] 그리고 역사 교과서에서 미술과 공예를 포함한 문화사 영역은 가장 빈번하게 인명을 암기해야 하는 분야로 머물고 있다. 그 같은 의미에서 미학의 전환은 아직도 미완성인 상태로 남아 있다.

213 다니 신이치(谷信一), 『미술사』, 체계일본사총서 20, 1968, 山川出版社.

6

차별에 대한 조명

기다 사다키치

야인적 학자의 자화상

기다의 학력이나 관료 경력을 보면 역사가인 기다 사다키치(喜田貞吉, 1871~1939)를 민간학자에 포함시키는 것은 적절하지 않다고 생각할 수도 있다. 기다는 제국대학 문과대학 국사학과를 졸업하고 대학원에 진학한 화려한 학력을 지녔으며, 관리로서의 경력은 문부성 도서심사관을 거쳐 국정교과서제도가 시행되자 문부편수로 임명되어 교과서 편찬에 종사했다. 이 직책은 1910년에 발생한 이른바 남북조 정윤문제(正閏問題)[214] 때문에 집중 공격을 받아 사임할 때까

214 〔역자주〕 1336~1392년 사이의 남북조 시대에서 남조와 북조 중 어느 쪽을 정통으로 삼느냐를 둘러싼 논쟁. 1911년 남북조를 대등하게 다룬 국정 교과서의 기술이 문제가 되어 집필자인 문부편수관 기다 사다키치가 휴직 처분을 받았다. 이후 남조를 정통으로 하는 생각이 제2차 세계대전 때까지 지배적이 되었다.

지 계속되었다. 그리고 1906년부터 시작된 대학 강단에서의 경력은 도쿄대학 · 교토대학 · 도호쿠대학의 강사로서 그가 세상을 떠날 때까지 계속되며(상당한 기간을 겸임했다), 1920~1924년에는 교토대학의 정식 교수로서 국사학 제1강좌를 담당하기도 했다.

이러한 경력에도 불구하고 기다는 야성미 넘치는 사람으로 알려져 있다. 구와바라 다케오(桑原武夫)[215]는 그를 '야생적 대사학자'라고 정의하며 다음과 같이 설명했다.

> 기다 사다키치가 들고 다니던 낡은 자루는 그의 경이로운 박식함뿐 아니라 깊은 토속성의 상징이었다. 교토제국대학, 도호쿠제국대학 등의 관직에 오른 적은 있지만 그의 본질은 어디까지나 반권위적 야인이었다.
>
> —『역사가 기다 사다키치』[216](1976)에서

환갑을 기념하는 축하 모임에 대한 감사의 마음을 표현하기 위해 간행한 자서전 『환갑 기념 60년의 회고』는 그의 생애를 이해하는 데 기초적 사료로서 가치가 있을 뿐 아니라 그의 됨됨이가 그대로 드러나 무척 재미있다. 이 자서전의 글머리에서 "대담하게 폭로해서 얼마간이라도 내 자신의 잘못을 갚을 수 있으면 한다", "있는 그대로의 나라는 사람을 이해해 주었으면 한다", "일부러 가장 노골적으로 기술했다", "내가 걸어온 길을 있는 그대로 솔직하게 보이겠다"라고 되

215 그의 부친 구와바라 지쓰조(桑原隲蔵)는 제3고등학교에서 기다와 동창이었다.
216 야마다 노리오(山田野理夫), 『역사가 기다 사다키치』, 1976, 寶文館出版.

풀이하고 있는 것처럼 상당한 격정가 라고 할 이 학자가 서술하는 자서전은 진솔함이 굵은 터치로 그려져 있다. 보통 자서전이라고 하면 뭔가 상당히 억제하고 있는 듯한 인상이 강한데, 그런 의미에서 보면 기다 사다키치의 자서전은 매우 파격적인 작품이라고 할 수 있다.[217]

기다 사다키치

『환갑 기념 60년의 회고』에서 기다 사다키치는 세 장면을 특히 강조하고 있는 것처럼 보인다.

첫 번째는 도쿠시마현(德島縣) 시골 소작민의 막내아들로서의 성장 과정이다. 지나온 시간에 대한 넘쳐흐르는 회고의 정이 바탕에 깔려 있는 것은 물론인데, 그와 함께 유소년기에 받은 굴욕에 대한 기억이 눈에 들어온다. 그는 신체적 특징 때문에 '납작코'라는 별명으로 불리고 '난쟁이'라고 놀림을 당했을 뿐 아니라 주변 친구들은 그의 태생을 문제 삼아 '시골뜨기 농민'이라는 욕설을 퍼붓고 경멸했다.

그 결과 "귀여운 구석이라고는 하나도 없는 구제 불능의 기죽은 아이가 되어 버렸다"라는 것이 기다가 스스로 한 표현이지만, 이러한 역경이 이 소년을 반항심 강하고 부당한 차별을 보고는 참지 못하

217 이토 노부오(伊東信雄) · 우에다 마사아키(上田正昭) · 고바야시 유키오(小林行雄) · 하야시야 다쓰사부로(林屋辰三郎) 편, 『기다 사다키치 저작집』 전14권, 1979~1982, 平凡社.

는 사람으로 키웠다. 놀림의 표적이 된 신체적 특징이나 태생은 "결코 내 책임이 아니고 또 내 자신이 어떻게 할 수 있는 일도 아니다. 그럼에도 이런 점을 이유로 경멸당해야 한다는 것은 나로서는 도저히 견딜 수 없는 굴욕"이라는 한 구절에서 그의 속마음을 알 수 있다.

두 번째는 남북조 정윤문제에 관한 내용이다. 두말할 필요 없이 남북조 정윤문제란 14세기에 갈라진 남조와 북조 어느 쪽을 정통 황통으로 볼 것인가에 관한 논쟁이다. 1910년 고토쿠 슈스이(幸德秋水) 등을 검거한 대역사건이 있은 후 이 논쟁은 국체를 옹호하려는 입장에서 남조를 정통으로 인정해야 한다는 주장이 정치의 장에 제기되자, 정부[218]는 이 주장을 수용했다. 그 후 출판된 교과서에서는 황통으로서의 북조는 완전히 말살되어 남북조라는 말 대신 요시노(吉野) 조정이라는 이름이 쓰이게 되었다. 진실이란 은폐하려고 해도 도저히 은폐할 수 없는 것이라는 역사가로서의 견해에 입각해서 남북 양조를 모두 인정해서 교과서를 집필한 기다 사다키치는 '국체 파괴자'라고 공격 받으면서도 결코 자기 주장을 굽히지 않다 마침내 혼자 모든 책임을 지고 휴직에 이어 사임하게 되었다.

어떤 의미에서 보면 기다 생애의 하이라이트라고 할 수 있는 이 사건은 그의 마음 깊은 곳에서 꺼지지 않는 울분의 불꽃이 되어 계속 타오르고 있었다. 그래서 자서전 집필을 시작하면서 새로운 자료를 찾아 가능한 한 상세하게 서술하고 있는데, 실질적으로 자서전의 가

218 제2차 가쓰라(桂) 내각. 제13대 내각총리대신 가쓰라 다로(桂太郎)를 수반으로 한 1908년 7월 14일부터 1911년 8월 30일까지가 제2차 가쓰라 내각.

장 흥미로운 부분인 「머리말 및 범례」에서 되풀이되는 '노골', '솔직' 등의 말의 반 이상은 이 문제를 향한 복선으로 생각될 정도이다. 여기에서 기다 사다키치는 교육자로서의 역사가의 비애를 고백하면서 "한순간을 호도하기 위한 모호한 태도로 글을 써서는 안 된다. 이 점이 바로 학문적 양심이 나에게 명령한 부분이다"라고 말하고 있다.

세 번째는 이러한 수난을 겪은 후의 연구 생활에 관한 내용이다. 그런데 이 부분에서 기다는 아카데미즘의 일원으로서의 색채는 미약하다. 그저 강의만 하면 그만인 책임이 적은 강사의 지위가 자신에게는 최선의 선택이었으며 만년 강사에 만족하고 있었다고 한다. 교수 우치다 긴조(内田銀蔵)가 세상을 떠난 후 어쩔 수 없이 교수가 되었으나, "나의 임용은 사실 후임 교수를 임명할 때까지의 중간 역할이었으며, 정말 미안한 일이지만 월급을 위한 선택이었다"라고 담담하게 고백하고 있다. 실제로 그로부터 4년 후 교수직을 내놓고 원래의 강사 자리로 되돌아가고 말았다.

이에 반해 그가 창간한 『민족과 역사』(1919), 『사회사 연구』(1923), 『동북문화 연구』(1928)라는 개인 잡지를 비롯한 연구 활동에는 매우 적극적이었다. 아카데미즘의 계단을 착실하게 올라가려는 생각에서 벗어나고 있었던 것이다.

이렇게 점철되는 기다 사다키치의 생애는, 일단 아카데미즘 안에 적을 두지만 거기서 크게 벗어나서 개인 잡지라든지 일찍이 1899년 동지들과 함께 간행한 『역사지리』 등을 무대로 한 종횡무진의 활약에 본령이 있다. 기다의 저작집은 1,158편에 이르는 그의 저작 중 4분의 1 가량에 해당하는 303편을 수록한 것에 불과하다.[219] 하지만 그 실제는 「석기 시대와 고고학」, 「고분묘 연대의 연구」, 「국사와 불교사」, 「역사지리 연구」, 「도성 연구」, 「나라 시대의 사원」, 「호류지(法隆寺) 재건론」, 「민족사 연구」, 「에조(蝦夷) 연구」, 「부락문제와 사회사」, 「신앙과 민속」, 「제동사화(齊東史話) · 기행문」, 「학창 일지」, 「60년의 회고 · 수필일록 · 학창 일지 기타 · 저작 목록」으로 구성되어 있으며, 그 광범위함과 역사의 변경에 대한 깊은 관심이라는 기다 사다키치의 진면목을 접할 수 있다.

그만큼 기다의 연구에서 여행은 빼놓을 수 없는 전제였고, 실제로 그는 둘도 없는 여행광이었으며, 『60년의 회고』 권말에는 상세한 「여행 연보」가 실려 있다.

부락사 연구의 개척자

이런 기다 사다키치에게 피차별부락 연구는 저작집 구성에서 볼 수 있듯이 하나의 기둥을 이루고 있었다. 이 점에 관해 기다는 다음과 같이 이야기하고 있다.

"다이쇼 8년부터 개인 잡지 『민족과 역사』를 발행하게 된 것도 실은 이런 민족 연구가 고조된 시대의 산물이었다. 그러는 사이 민족적 연구는 특수민[220]에 대한 연구로 발전하여 마침내 사회 조직의 역사적 연구라는 방면에까지 확대되어 결국 『민족과 역사』는 나중에

219 제14권에 대한 이토 노부오(伊東信雄)의 해설에 의함.

220 1920년대라는 시대배경 아래에서 기다는 "될 수 있으면 '특수부락'이라는 말을 사용하고 싶지는 않다"라고 하면서도 "설명하기 위해서 어떤 명칭을 사용해야 할 때는 이 말이 가장 무난하다"는 생각으로 관용적으로 사용했다. 또한

제호를 『사회사 연구』로 바꾸게 되었다.”

기다의 피차별부락 연구는 『민족과 역사』 제2권 제1호(1919)를 「특수부락 연구호」로 특집을 구성한 것을 비롯해 1918~1931년 사이에 쓴 100여 편의 길고 짧은 글을 통해 이루어졌다. 그의 연구 동향, 즉 관심의 추이를 보면 민족 연구를 이어받고 민속 연구와 병행하면서 동북 연구로 이어지는 위치에 있다고 볼 수 있다.

부락사 · 부락문제 연구는 근래에 겨우 제대로 연구되기 시작했다고는 하나,[221] 대학 교육에서의 강좌 또는 과목 수를 보면 아직은 아카데미즘으로부터 인정받지 못하고 있는 분야의 하나에 속한다. 이러한 사정 뒤에는 이 분야가 학문을 바라보는 시야에서 누락되어 있다는 점과 가능하면 언급하지 않고 넘어가려는 마음이 혼재되어 있다는 점이 있다. 그리고 이러한 태도가 차별문제를 그대로 두려는 결과를 초래하고 있는 것이다.

이 와중에서 1920년대 초 피차별부락의 역사적 연구에 온 힘을 쏟아 몰두한 기다 사다키치는 정말로 독보적인 선구자로서의 자리를 차지한다. 일반적으로 제2차 세계대전 전의 부락문제 연구를 대표하는 역작으로 드는 것은 앞에서 언급한 「특수부락 연구호」와 다카하시 사다키(高橋貞樹)의 『특수부락 천년사』(1924)인데, 후자가 기다의

“‘에타(穢多)’와 같은 일말의 동정도 없는 나쁜 말이 그들을 얼마나 괴롭혔던가”라는 생각에서 “대개의 경우는 ‘エタ’라고 가타카나로 표기하고 있다”(「學窓日誌」의 「특수부락해방운동」 중에서, 1921)

221 이 부분에 대한 윤곽을 파악하기 위해서는 교토부락사연구소 편, 「부락사연구문헌목록」(1962, 柏書房)을 보면 된다.

연구에서 많은 영향을 받고 있다는 사실은 정설로 되어 있다.

기다 사다키치의 연구에는 '특수부락'이라는 용어를 사용하고 있는 점을 위시하여 시대적 한계를 적잖게 지니고 있다. 그렇지만 「특수부락 연구호」가 이후의 모든 부락사 연구의 기초가 되었다는 점에서 부락사의 고전이며, 그의 연구가 "부락문제사에 관한 구체적 사실을 밝혔다는 점에서 질적·양적으로 전쟁 전 최고의 업적"이라는 평가는 확고부동하다.[222] 무엇이 기다로 하여금 피차별부락 연구로 향하게 한 것일까?

유소년기에 신체적 특징이나 태생 때문에 놀림을 당한 경험이 기다의 가장 깊은 곳에서 근본적인 기폭제가 되어 있다는 점은 그의 부락사 연구를 논할 정도의 사람이라면 누구나 지적하는 바이다. 기다 스스로도 자서전에서 "(그런 식으로) 때때로 모욕당했기 때문에 이른바 동병상련의 마음이 발동해서인지 부락민에게 친근감과 동정을 품게" 되었으며, "마침내는 가끔 부락에 출입하게 되었고 그러다 보니 그곳 사람들이 차별 때문에 정신적으로 그리고 물질적으로 얼마나 심한 고통을 받고 있는가를 직접 깨닫게" 되어 "세상의 몰이해에 유감을 금치 못하게 되었다"라고 적고 있다. 그는 소년 시절의 스승 히구치 안사이(樋口杏齋)를 평생 존경했는데, 그 이유로 의사이기도 했던 히구치가 "다른 의사들이 왕진과 투약을 꺼리는 환자들의 진료를 자신의 맡은바 책임으로 알고 그들을 진료했기 때문"이라는

222 「특수부락연구호」 복각판(1968, 세계문고)에 대한 나루사와 에이즈(成沢栄寿)의 해설 및 『일본의 역사가』에 수록된 나루사와의 「기다 사다키치」.

점을 드는 사실로 보아 우리는 소년 기다 사다키치가 지니고 있는 차별문제에 대한 예민한 감수성을 엿볼 수 있다.

이렇듯 피차별부락에 대한 학문적 관심은 일찍이 1910년 전후에 시작되었으나, 이 문제가 제1차 세계대전 후 분출하게 되는 데에는 당연히 당시의 시대적 배경이 있었다.

1918년 여름에 발생한 쌀소동[223]은 '벼락부자'와 '가난한 서민'이라는 구도로 나타난 일본식 자본주의의 모순이 폭발한 사건이었는데, 이 모순을 가장 단적으로 짊어져야 했던 계층의 하나인 피차별부락민 중에서 많은 사람이 봉기에 참여했다. 쌀소동을 계기로 새로 출발한 하라(原) 내각은 부락에 대한 융화 정책을 쓰기 시작했으나, 이 정책에 저항하면서 부락민은 자신의 힘으로 해방을 이루려는 열정이 '개조'라는 조류 속에서 점점 높아져 갔고 마침내 1922년 전국수평사(全國水平社)[224] 결성에 이른다. 이러한 흐름이 기다 사다키치를 움직였다는 지적은 이미 주지하는 바이다. 그리고 이러한 상황과

223 〔역자주〕 쌀값 폭등을 계기로 한 민중 폭동. 1918년 7월 하순부터 9월에 걸쳐 도야마현(富山縣) 우오즈마치(魚津町)에서 일어난 쌀소동은 전국으로 확대되어 100만여 명이 참여했다. 이에 군대가 출동하여 진압했으며, 이 사건으로 데라우치 내각은 총사퇴했다. 제1차 세계대전의 영향으로 호경기가 이어지자 도시 인구는 증가했고, 농촌에서는 쌀을 먹는 식생활로 변화하여 쌀 수요가 증가했으나, 전쟁 때문에 쌀의 수입이 감소하여 쌀값이 폭등하는 원인이 되었다.

224 〔역자주〕 1922년 일본에서 피차별부락의 지위 향상과 계발 활동을 목적으로 사이코 만키치(西光万吉), 사카모토 세이이치로(阪本清一郎) 등이 중심이 되어 교토에서 결성한 단체. 일본 최초의 인권 선언인 「수평사 선언」을 채택했다. 그러나 일본의 파시즘화와 내부 분열로 인해 자연스레 소멸되었다. 1955년 부락해방동맹으로 개칭했다.

전개가 기다로 하여금 피차별부락 연구의 성격을 규정케 했다고 보아야 한다.

민족사 연구에서 부락사 연구로

기다 사다키치가 부락 문제 연구에 매진하려는 움직임을 보인 것은 1919년 1월에 간행한 개인 잡지『민족과 역사』에 실은「『민족과 역사』의 발간 취의서」부터이다. 그는 이 글에서 일의 근본으로 거슬러 올라가서 그들이 무슨 이유로 차별을 받게 되었는지 그 전말을 밝힐 필요가 있다고 주장하면서 그 책임은 "첫째로 역사가들의 어깨에 걸려 있다"라고 주장했다. 기다는 무슨 의도로 제목에 '민족'이라는 단어가 들어간 잡지의 권두에서 이런 선언을 한 것일까?

"우리는 야마토 민족의 일원으로서 조상의 유래를 밝히고 또한 일본 신민의 일원으로서 제국을 건국하게 된 전말과 그 후의 변천을 상세히 밝히려는 생각이 매우 간절하다."

이렇게 시작하는「『민족과 역사』의 발간 취의서」에서 그는 잡지 이름이 상징하듯이 '민족'이라는 관점에서 일본사 연구에 대한 필요성을 열렬히 주장하고 있는 것이다. 그리고 그의 논점은 하나가 아니었다.

먼저 기다는 민족의 유래를 탐구하기 위해서는 "허심탄회하게, 그저 사실의 진상만을 쫓아야 한다"라는 태도를 중요시했다. "허위 위에 쌓아 올린 신념은 예를 들자면 사상누각과도 같다"라는 것이다. 그만큼 경세가나 교육자가 포부와 임무를 실행하면서 기초를 확고한 사실에 둘 것을 절실히 바랐다. 이 사실은 아무 때나 국체 신화를 들먹이면서 국민을 교화하려는 방침에 대한 강력한 경종으로서 의미를 갖는다.

그 다음 기다 사다키치는 민족이라는 관점이 필요한 이유를 논하고 기존의 역사는 황실 중심이고 정부 중심이었다고 지적하며, "국가를 조직하는 일대 요소로서 우리가 절실하게 알고 싶어 하는 국민의 사실(史實)은 대부분이 손이 가해지고 생략되고 있다"라고 주장했다. 여기에는 황실의 존귀함을 강조하는 것만으로는 더 이상 국민으로서의 일체감을 지키기 어렵다는 상황 인식이 있는 것이다. 게다가 기다의 경우 '국민의 사실'을 분명히 밝힌다는 것은, 단순히 국가의 구성원으로서의 이야기가 아니라 대부분 인멸되고 만 패배자와 낙오자의 이야기도 역사 위에 제대로 자리 잡도록 해야 한다는 방향으로 전개되고 있었다.

이러한 논의를 전개한 후 기다는 일본 민족은 하나의 완전한 복합 민족임을 단언했다. 이는 일본인을 황실을 종가로 하는 천손민족의 자손으로 보고, 그렇기 때문에 단일 민족이자 순수 민족이며, 만방무비(萬邦無比) 즉 어느 나라와도 비교할 수 없는 순혈성을 찾고자 하는 이른바 국체론에 대한 중대한 수정 발언이었다. 그리고 이 발언에는 민족자결운동의 앙양이라는 세계사의 동향을 지켜보면서 새로이 식민지로 편입된 민족을 궁극적으로는 완전히 동화시키고 융화시키기 위한 방책으로서의 의미도 담겨 있었다. 한반도에서 3·1 독립운동이 발발한 것은 이로부터 2개월 후의 일이다. 피차별부락 연구의 필요성도 이러한 주장과 함께 언급되고 있다.

그리고 마지막으로 기다는 민족 연구를 위해서는 고문서만 바라보는 역사학만으로는 불가능하며, 인류학 · 언어학 · 토속학 · 사회학 그리고 그 밖의 여러 학문까지 더한 종합적인 연구가 필요하다고 주장하면서 역사가들의 분기를 촉구했다.

이 취의서에 뒤이은 『민족과 역사』 창간호 권두에 게재한 첫 논문이 「'야마토 민족(日本民族)'이란 무엇인가—일본 민족의 개념을 논하다」이다. 이 논문은 "일본 민족은 바로 천손 민족"이라고 "실질적으로 대다수의 제국 신민들이 하나같이 믿고 있는" 사상에 대해 "계통을 달리하는 다양한 민족의 혼합 공존"이야말로 사실(事實)이라고 주장하고 있으며, 그 근거로서 "우리 일본 민족은 아마쓰카미(天津神)[225]와 구니쓰카미(國津神)[226]를 각각 조상신으로 모시는 두 민족이 완전히 융화 · 동화해서 생긴 복합 민족"이라고 주장한 논문이다. 즉 발간 취의서에서 주장한 이념을 구체적인 예를 들면서 논증한 글이라고 할 수 있다.

이렇게 보면 기다 사다키치의 사상적 입장은 취의서의 표현을 빌리면, 국민사상이 동요해서 돌아갈 곳을 잃고 있는 시기에 해당되며 국민 통합을 위한 새로운 원리를 찾으려는 것이었다. 그리고 일본을 구성하는 요소들의 '동화와 융화'를 지향하려는 골격은 결국 마지막까지 소멸되는 일 없이 이어졌다. 기다가 부락 차별에는 민감했던 반면 식민지 조선의 독립은 전혀 이해하려 하지 않았다는 점을 지적하면서 모순이라고 보는 견해도 있다. 그러나 기다에게 이 두 문제

---

225 〔역자주〕 다카아마가하라(高天原)에 있거나 다카아마가하라에 강림한 신.

226 〔역자주〕 지상에 나타난 신.

는 이분자(異分子)로 분류되는 두 존재의 '동화와 융화'를 지향한다는 점에서 맞아떨어졌던 것이다.

그러나 피차별부락문제를 다루기 시작했다는 것은 실제로 그러한 차별을 계속해서 재생해 내고 있는 일본 사회의 모든 구조를 염두에 두어야 한다는 것이다. 다시 말해 차별에 대한 응시는 그 문제를 축으로 사회 전체에 대한 응시로 발전할 수밖에 없었다. 그가 개인적으로 간행한 잡지의 이름이 말하듯이 '민족과 역사'에 대한 연구는 '사회사 연구'로 전개될 수밖에 없었다. 기다 사다키치의 이러한 사회사 연구에 대해 당시의 대표적 경제사학자 혼조 에이지로(本庄栄治郎)는 사회사의 범위를 경제 문제의 역사로 한정해야 한다고 비판했으나, 기다는 사회 조직의 기원과 연혁 및 이에 수반되어 발생한 모든 현상을 연구하려는 것이야말로 사회사라는 입장을 고수하여[227] 부락사 연구의 중요한 한 부분으로 삼았다.

그런 의미에서 기다 사다키치의 부락사 연구는 그의 주관적인 의도와는 상관없이 융화운동이라든지 융화 정책에 이용될 요소(즉 자력에 의한 해방의 획득이 아니라)를 품고 있었다는 지적은 정확하지 않다. 오히려 반대로 동화와 융화에 대한 열정이 강할수록 그는 차별이라는 형태로 만연하는 사회 모순의 규명과 해결책 모색을 향해 돌진할 수밖에 없었다. 그만큼 기다 사다키치의 활동에는 자력에 의한 해방운동이라고 할 일면이 있었던 것이다. 기다로 하여금 이토록 맹

227 「일본사회사란 무엇인가」, 1924.

목적으로 달리게 한 배경에는 사실을 밝혀야만 한다는 역사가로서의 사명감이 있었다.

> 일개 학자에 불과한 소생은 그저 평소부터 품고 있는 일본 민족 성립에 관한 지식에 의거해서 피차별부락민이 왜 차별을 당하게 되었는지를 역사적으로 연구하여 그 결과를 피력하고, 오늘날에 이르기까지 이토록 차별하는 이유를 밝히며, 그 결과 세상 사람들이 부락민을 멀리하려는 생각을 바꾸게 하고 이들을 자각시켜 반성하도록 하기 위함이다.
>
> ―『민족과 역사』(1919)의 「특수부락 연구호 발간의 글」에서

良과 賤의 가변성

이렇게 기다 사다키치의 피차별부락 관련 업적은 쌓여 갔다. 주요 연구로는 이미 앞에서 언급한 「발간 취의서」·「에타 원류고」·「'에타' 명의고」·「에타에 대한 압박의 연혁」·「상대 육식고」·「아오야(青屋)고」[228]·「조리(長吏) 명칭고」[229](이상 1919), 「특수민 구성의 3대 요소―『고대사회 조직 연구』 서론」·「속법사고 서론」·「법사와 중」·「쇼몬지(聲聞師)고」[230]·「야마토 쇼몬지의 연구」·「산조(散所)

228 〔역자주〕 중세~근세에 걸친 교토 일대의 염색업자의 총칭, 천민으로 취급받았으며 근세에 감옥 청소, 처형자의 수습 등을 담당하였다.

229 〔역자주〕 ちょうり. 여러 가지 뜻이 있으나, 여기서는 에도 시대의 에타(穢多) 등의 천민 또는 그 지도자를 뜻한다.

230 〔역자주〕 唱文師. 중세 때 곤구(金鼓)를 치고 경문을 읊으며 점을 보거나 춤을 추어 구걸한 집단. 천민이나, 무로마치 시대에는 고후쿠지(興福寺)에서 좌(座)를 결성해서 활동했다.

법사고」[231](이상 1920), 「꼭두각시 명의고」·「찬다라고(旃陀羅考)—니치렌 쇼닌(日連聖人)은 에타의 자식」(이상 1922), 「란소(濫僧)고—가와라모노(河原者)·사카노모노(坂の者)·야도노모노(宿の者)·히진법사(非人法師)」[232], 「쓰루메소고(犬神人考)·「방면고(放免考)」(이상 1923), 「마히토고(間人考)」(1924), 「천민개설」(1929) 등 『저작집 10』에 수록된 것들과 『저작집 13』에 수록된 짧은 에세이인 「힉칭 일지」 중의 몇 편이 남아 있다.[233]

이 글들을 살펴보면 기다 사다키치의 부락사 연구에는 세 가지 특징이 있다는 사실을 알 수 있다.

첫 번째는 기다는 오늘날 '피차별부락', '미해방부락'이라고 불리는 존재에 한정하지 않고 차별을 받아 온 사람들 전반을 향하고 있다는 점이다. 이러한 경향은 이미 「발간취의서」에 분명하게 나타나 있다. 독자에게 투고를 의뢰한 대목에서 "왼쪽에 적은 사항에 대한 투고를 받고 싶다"라면서, 그는 "첫째, 과거의 에타·히진·그 외 여러 특수민에 관한 사료. 특히 이미 해방된 옛 특수민에 관한 보고. 둘째, 각지 특수부락의 현 상황에 대한 보고. 셋째, 산카(山窩)·미나

231 〔역자주〕 산조(散所)는 고대, 중세 때 귀족과 사원의 영지의 한 형태. 영주에 속하고 연공을 면제받는 대신 노역을 제공했는데, 여기에 유입한 부랑인들이 많았다. 후에는 천민 취급을 받았다.

232 〔역자주〕 란소(濫僧)도 조리(長吏)나 에타(穢多)와 동일한 뜻이며 천민을 지칭한다.

233 처음에 잡지에 게재되었을 때하고는 제목이 약간 다른 것도 있으나 내용을 알기 쉽게 표기하기 위해서 『著作集』 표제에 따랐다.

오시(箕直し)·간진(勸進)[234] 등으로 불리는 부랑민에 관한 보고, 넷째, 기타 일반 특수민에 관한 감상 및 해방에 관한 의견 등" 네 항목을 들고 있다.

이러한 방향이 후에 기다 사다키치의 연구에서 관철되고 있으며, 역사상 사회적으로 멸시받아 온 사람들을 총 점검하려는 기세로 현실화했다는 점은 앞에 나열한 논문 제목들이 잘 말해 주고 있다. 이들 중에서 백미인 「천민개설」[235]은 말 그대로 모든 피차별층에 대한 연구의 핵심 사항을 대단히 명쾌하게 논술한 역작이다. 기다는 여기서 천민을 정의하면서 "당연히 천(賤)은 양(良)에 대립되는 호칭"이며, "이른바 양민 외에는 모두 천민"이라고 설명하고, 그렇다면 과연 '양민'이란 무엇인가를 되묻고 나서 "원칙적으로 공민(公民), 즉 농민만이 양민 곧 오미타카라(オオミタカラ, 大御寶)"였을 것이라고 답한다. 그리고 얏코(ヤッコ)[236]를 비롯한 료코(陵戶)[237]·모우토(間人)[238]·

234 〔역자주〕 산카는 산속이나 강변을 떠돌아다니며 특수한 사회를 이루고 있는 사람들을 말하며, 미나오시는 떠돌아다니면서 죽세공으로 먹고사는 사람들을 가리킨다. 간진은 구걸하는 사람을 말한다. 산카는 대개 죽세공 등의 기술로 근근이 살아가는 경우가 많은데, 여기서는 이들을 통틀어 부랑민으로 분류하고 있다.

235 이 논문은 원래는 『日本風俗史講座』제5권(雄山閣)에 게재된 것이다. 참고로 이 강좌는 곤 와지로(今和次郎)의 「現代風俗」도 수록하고 있어서 일본 민간학 분야에서 빼놓을 수 없는 기획이다.

236 〔역자주〕 하인, 하복을 말하며 근세 무가의 노예를 말하기도 한다.

237 〔역자주〕 율령제하 천민의 하나. 치부성(治部省)에 예속되어 과역 대신 산릉의 경비 등을 담당했다.

238 〔역자주〕 중세에서 근세에 걸쳐 촌락의 정식 구성원으로 인정받지 못한 사람들.

잣코(雜戶)[239] 등 온갖 피차별층을 시대순으로 열거하고 후반부에서는 이른바 에타를 논한 후, 이러한 차별이 심해진 것은 에도 시대 후기 이후의 일이라고 지적하고 있다.

또한 「'에타' 명의고」에서는 '에타'라는 호칭이 고정되어 있었던 것은 아니라고 지적하고, 「에타 원류고」에서는 그 뿌리는 다양한 모습을 보인다고 논증하고 있다. 이처럼 피차별부락을 다양한 이름을 가진 피차별층 전체 안에 둔 점은 피차별부락에만 초점을 맞추어 멸시의 대상으로 삼는 통념에 대한 사실 확인을 수반한 반론이었다. 두 번째는 역사상 양과 천의 차이를 신분상의 문제만으로 보았다는 점이다. 이 주장은 두 가지 의미를 지닌다. 먼저 이 주장에는 그 차이를 민족적 문제로 보는 견해에 대한 반론이 담겨 있다. 그래서 기다 사다키치는 다음과 같이 강조했다.

"때로는 실제 민족적 차별로 이어진 것이 없다고는 말할 수 없지만, 원칙적으로 이러한 차별은 민족에 따른 것이 아니다. 같은 이민족일지라도 모든 사람이 천민으로 대우 받아야 했던 것은 아니다."

이 논의로 그는 당시 많은 사람이 믿고 있던 '부락민=이민족'이라는 주장에 종지부를 찍으려 했다.

따라서 두 번째 의미는 양과 천의 차이는 불변의 것이 아니라 가변의 것이라는 점이다. 이 점은 기다가 다양한 각도에서 가장 힘주어 강조한 부분이다.

239 〔역자주〕 율령제하에서 대장 일, 무기 제조, 말 사육 등의 기술로 봉사하는 대신 과역을 면제 받은 자들.

"이른바 얏코라고 불리며 그 인격이 전혀 인정받지 못한 자일지라도 사람 자체가 천한 것은 아니다. 양과 천의 구별은 완전히 경우에 따라 달라지는 것으로서, 경우가 바뀌면 천민도 곧바로 양민이 되기도 한다."

천민 가운데에는 요컨대 생존경쟁에서 패한 자, 사회의 낙오자가 되었거나 호적에 누락되어 각지에서 떠돌이 생활을 하는 부랑민=우카레비토(ウカレビト)가 있는가 하면, 과중한 과역을 피해 자기 수행만을 위해 불문에 들어가 호적에서 벗어난 재가 세속승도 많았다. 그러다 보니 양민도 천민도 아닌 모우토 같은 중간층이 존재하게 된 것이다. 반면에 본래 얏코, 즉 '하인 · 종'이라는 천민 같은 존재였으나 무사 계급이 대두할 때 덩달아서 양민인 농민 이상의 지위를 차지하는 자들이 생겼다. 이 논의에서 피차별부락은 역사적으로 영구히 각인된 것이 아니라고 주장하려는 열정이 느껴진다.

한편 피차별부락에 대한 뿌리 깊은 멸시의 근저에는 직업관에서 유래한 편견이 존재한다. 이 점을 통렬히 공격한 것이 기다 사다키치의 부락사 연구의 세 번째 특징이다.

이 점은 「'에타' 명의고」와 「상대 육식고」에서 가장 명쾌하게 설파하고 있다.

고기를 먹고 가죽을 다루는 것은 부정을 타는 일이기 때문에 우리가 모시는 신들이 이를 싫어한다는 생각 자체가 잘못이라는 점은 새삼 반복할 필요조차 없다. 태고의 많은 신이 손수 수렵과 어업에 종사했다는 전설이 존재하고 신사에서 치르는 제례에 제물을 바쳤다는 사실 자체가 적잖이 입증되고 있는 이상, 그리고 신을 모시는 하후리(祝)[240]라는 이름이 동물을 도축하는 호후리(屠), 즉 백정과 기원이 같은 것으로 생각되고 있는데, 신이 고기나 가죽을 만진 자들을 싫어할 리가 없다.

육식을 한다는 사실이 에타라고 차별하는 주된 이유라면 일본 민족은 모두가 에타였다.

기다는 그들은 "조상 대대로 내려오는 풍습을 그대로 지킨 것에 불과한 사람들"이라고 이야기했다. 이런 식으로 기다는 촉예(觸穢)[241]의 금기를 일본 고래 또는 고유의 습관으로 보는 견해를 부정했다.

그는 이상의 세 가지 특징적인 주장을 통해 피차별부락문제를 일본 역사상의 특수 문제가 아니라 기본적인 문제로 바라보았다고 할 수 있다. 이러한 문제 제기는 '국체의 정화(精華)'에 의해 은폐되고 위장된 경우가 많은 일본사의 모습을 180도 바꾸어 놓을 수 있는 불씨를 품고 있었다.

그만큼 기다는 피차별부락을 특별시하는 것을 역사적으로 매우 불합리한 일로 생각하고 있었으며, 혼신의 힘을 다해서 이를 풀려고 했다.

에타와 히진과 보통 사람은 서로 관계있는 존재이며, 본류와 지류처

240 〔역자주〕 신사에 속하며 신을 섬기는 것을 직업으로 하는 사람. 보통 신관(神官)이나 네기(禰宜)보다 낮다. 죄나 부정을 씻어 내고 깨끗이 한다는 의미이다.

241 〔역자주〕 사예(死穢), 조상(弔喪), 산예(産穢), 월경(月經) 등 부정한 것과 접촉하는 것.

럼 긴밀하게 엮여 있어 도저히 간단하게 도식화할 수 없을 정도이다.[242]

가키베(部曲),[243] 잣코, 히진, 노진(農人)[244]이라는 존재들도 대개 이 차별과 관련이 있다. 현대의 민중 대부분은 예전의 이 계급에서 나온 사람들이다.[245]

신분이 높은 귀족의 경우도 마찬가지로, 이들의 가계를 엄밀하게 따져서 정말로 몇 분의 일이나 자신이 칭하는 가계임을 입증할 수 있을까?…귀하든 천하든 모두 같은 일본 민족이며, 이런 모든 것은 우리 사회 조직의 일시적 현상에 불과한 것들이다.[246]

옛날 같으면 하인, 노비라고 불리며 천민 계급에 놓여 있을 사용인, 피고용인의 경우도 지금은 샐러리맨이라는 이름까지 새로 생겼다.[247]

편견과 그 편견에 뿌리를 두는 차별이 사람 마음에 얼마나 커다란 상처를 주는가를 생각하면, 차별문제를 역사를 바라보는 하나의 좌표축으로 삼은 이 야인 역사가의 모습이 새삼스럽게 떠오른다.

---

242 「에타 원류고」.

243 〔역자주〕 고대 호족의 사유민. 일정한 기술을 가지고 호적에 예속된 자들도 있었으나 대개 농경에 종사했다.

244 〔역자주〕 농민, 농경민.

245 「마히토고」.

246 「특수민 구성의 3대 요소—『고대사회 조직 연구』 서론」.

247 「천민개설」.

7

가부장제에 대한 도전
다카무레 이쓰에

여성에게 '집'이란

이치가와 후사에(市川房枝) 등이 편집하고 해설한 『일본 부인문제 자료집성』은 일본 여성이 역사적으로 얼마나 많은 문제를 안고 왔는지를 전망하기 위해서는 반드시 읽어야 하는 역작이다. 이 문제를 '자료'라는 형태로, 즉 여성의 생생한 목소리로 제시하고 있을 뿐 아니라 각 권마다 구성 자체가 여성이 놓여 온 환경과 지위 그리고 그러한 처지에서 직면해야 했던 모순들을 명확하게 제시하고 있다.

그 구성은 『1권 인권』, 『2권 정치』, 『3권 노동』, 『4권 교육』, 『5권 가족제도』, 『6권 보건 복지』, 『7권 생활』, 『8 · 9권 사조』, 『10권 근대 일본 부인문제 연표』로 되어 있다. 이 책이 나오기 전까지는 이

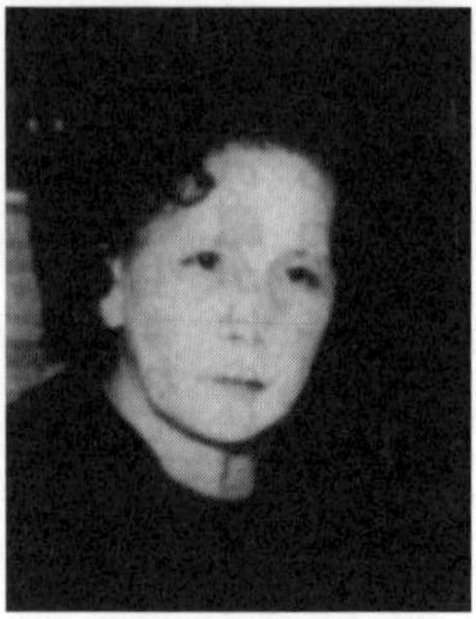

다카무레 이쓰에

런 형식으로 근대 일본의 문제점을 지적하려는 구상은 없었다. 게다가 이 책이 획기적인 이유는 각 권의 내용으로 들어가면 더욱 분명해진다. 성격이 다른 8~10권을 일단 제쳐 두면, 각 권은 다음과 같은 내용을 담고 있다.

인권을 다룬 1권의 주요 부분은 매춘문제에 관한 자료로 가득하다. 이는 매춘이 일부 불행한 여성에게 강요된 특수한 문제가 아니라 여성 전체의 존재 형태를 상징한다는 편자의 식견을 제시하고 있는 부분이라고 할 수 있다. 다카무레 이쓰에(高群逸枝, 1894~1964)는 '성의 상품화'를 축으로 하는 통사 『여성의 역사』 안에서 15세기의 무로마치 시대 이후 돈으로 사서 완전히 소유해 버리는 정부(貞婦)와 전매(轉賣)를 위한 창부(娼婦), 이 두 종류의 여성만이 존재하게 되었다고 갈파하고 있는데 지금 그 말이 생각난다.

뒤이어 『2권 정치』에서는 정치에서 배제되어 있던 여성의 정치참여운동, 즉 부선운동(婦選運動, 부인참정권운동)을 핵심 과제로 삼고 있으며, 『3권 노동』에서는 일본 자본주의를 저변에서 지탱한 여성 근로자와 이들이 성숙하면서 등장하기 시작한 직업여성을 조명하고 있으며, 『4권 교육』에서는 이른바 현모양처주의의 주입 과정을 폭로하고 있다. 그 다음 권인 가족제도에서는 가부장제 아래에서 여성의 지위를 실제로 경험해 보는 형식의 내용을 지니고 있으며, 보건 복지에서는 모성의 보호와 그 주변 문제를 다루고 있으며, 생활에서는 삶의 주체로서 여성의 영위를 확인하고 있다.

이런 문제들을 접한 나는 근대 일본에서 여성이 품어야 했던 다양한 문제에 눈뜨게 되었는데, 그와 동시에 이 모든 문제가 결국은 가족제도와 밀접한 관계가 있는 건 아닌가 하는 생각이 들었다.

정부와 창부는 「집(家)」[248]이라는 입장에서 부덕(婦德)과 효심의 발로로서 미화되었다. 여성의 정치적 발언권은 그녀들을 「집」 밖에서 활동하도록 이끌었으나, 그와 동시에 한 집안에 '두 주인'을 만들게 된다는 관점 때문에 강력하게 저지되었다. 여성 노동자는 물론이고 직업여성도 경제적 자립을 지향하기보다는 가계의 보조라는 필요에 의한 동기인 경우가 훨씬 많았다. 현모양처주의가 「집」을 지키기 위한 심리적 기반을 키우는 데에 있었다는 것은 말할 필요도 없다. 보건 복지의 경우도 모자보호법이라든지 근로 모성의 보호에서 볼 수 있는 것처럼 가장 중요한 목적은 「집」의 해체를 어떻게 막을 것인가에 있었으며, 그러한 입장에서 입안된 것이다. 이렇게 해서 생활이란 적어도 반 이상은 한 집안의 주부로서의 삶, 즉 가사라든지 가계를 뜻하고 있었던 것이다.[249]

이런 식으로 경제학자 가와다 시로(河田嗣郎)가 말한 것처럼 부인

248 〔역자주〕「집」으로 표기한다. 이유는 '집'이라는 단순한 뜻이 아니라, '가족제도'라는 개념까지 포함하는 경우가 많고, 그 경우 한국의 '집'과 일본의 '집'이 반드시 같지만은 않을 수도 있기 때문이다. 2장 1절의 '이에'와 근본적으로 같다고 할 수 있으나, 여기서는 여성문제에서의 '가정'이라는 비중이 크기 때문에 한국어 가독성을 위해서 「집」이라 표기한다.

249 이상에 대해서는 졸론 『전전 「집(家)」의 사상』(1983, 創文社)에서 자세하게 설명하고 있다.

문제는 반드시 가족제도 문제와 관련되어 있으며,[250] 민법학자 후쿠시마 마사오(福島正夫)가 적절하게 표현했듯이 일본인에게는 「집」이 없는 광장이란 존재하지 않았던 것이다.[251]

이 「집」이 1898년 시행된 이른바 메이지 민법 친족편에 의해 법적으로 확정된 사실은 이미 주지하는 바와 같다. 실제로 그 조문을 보면 "자녀는 아버지의 집에 들어간다. 아버지를 알지 못하는 자녀는 어머니의 집에 들어간다. 부모 공히 알지 못하는 자녀는 일가를 창립한다"(제733조), "아내는 혼인에 의해 남편의 집에 들어간다"(제788조)처럼 모든 사람은 어느 「집(家)」에 들어가야만 한다는 규정, 제732조와 제747조에 있는 호주가 가족을 통솔하고 부양의 의무를 진다는 규정, "호주 및 가족은 그 집의 씨(氏)를 칭한다"(제746조)는 일가가 한 덩어리임을 나타내는 상징을 표할 것을 의무로 정하는 규정, 제970조 등 가독(家督)의 직계 적출 장남의 단독 상속을 명확하게 한 규정, "남편은 아내의 재산을 관리한다"(제801조)처럼 말하자면 처의 무능력을 규정하고 이혼 조건 중 간통에는 아내만 지정한 규정(제813조), 남자 30세 · 여자 25세까지라는 단서를 달면서 "자녀가 혼인을 할 때는 그 「집」에 있는 부모의 동의를 얻을 필요가 있다"라는 규정을 비롯한 강한 친권에 대한 규정(제772조) 등 전편에 걸쳐 「집」을 기축으로 전면에 내세우고 있음을 쉽게 확인할 수 있다.

그뿐만이 아니라 가부장제는 국체의 정화로서 찬양되고 있으며,

250 『가족제도와 부인문제』, 1924, 改造社.

251 『「이에(家)」제도의 연구』 자료편 1, 1959, 도쿄대학출판부.

여성에게는 결혼이 "유일하게 살아가는 길"이며, "아내이고 어머니인 것만이 부인의 천직"이라고 보는 통념이 형성되어 있었다.[252]

이러한 상황이었기 때문에 헌신의 대상으로 여기든 반역의 불씨를 태우든, 남성에게 국가가 중심이었던 것처럼 여성에게 「집」은 꿈에서도 잊을 수 없는 존재였던 것이다. 그녀들의 사상 형성은 그 사상이 어떤 방향으로 향하든 대개 「집」 안에서 형성되었고, 「집」과 부딪히는 과정에서 형성되었다. 그런 의미에서 보면 여성사학의 수립자로서의 다카무레 이쓰에의 관심이 「집」의 문제로 향하고, 그녀의 연구 대부분이 본질적으로는 이 문제를 대상으로 삼은 것은 역사의 필연이라고 할 수 있다. 그녀는 여성의 모든 고통을 짊어지기 위해 선택받은 역사가 낳은 딸이었다는 느낌을 강하게 받지 않을 수 없다.

여성사 연구를 향한 결의

70년에 걸친 다카무레 이쓰에의 생애는 그녀가 만 37세가 되던 1931년을 기점으로 전후로 나뉜다. 그때까지 아나키스트 계열의 시인이자 평론가로서 화려한 존재이던 그녀는 1931년 주재하고 있던 잡지 『부인 전선(婦人戰線)』에서 손을 떼고, 당시 에바라군(荏原郡)이던 현재의 도쿄 세타가야(世田谷)의 '숲의 집(森の家)'로 이사한 후 생애를 마칠 때까지 면회 사절, 두문불출하며 하루에 평균 10시간

252 히라쓰카 라이초(平塚らいてう), 「이 세상 부인들에게」, 1913. 『靑鞜』에 수록된 이 글에서 그녀는 "한 생애에 걸친 권력복종의 관계"로서의 이러한 혼인제도를 통렬하게 비판하고 있다.

씩 공부한다는 '철칙'을 스스로 정해 놓고 여성사 연구에 전념했다. 1935~1936년경에 쓴 것으로 추정되는 편지 초고(단편, 수신인 미상)에 있는 "하여튼 여성사만큼은 반드시 완결시킬 것이며, 가능하다면 이 연구에 의해 다소나마 일본의 부인들이 유사 이래 쌓여 있는 울분을 풀어서"라는 구절을 보고는, 그녀의 지독할 정도로 굳은 결의 앞에 압도당하고 말았다. 무엇이 그녀로 하여금 이토록 여성사 연구로 매진하게 만든 것일까?

먼저 여성으로서의 고통이 그 기본에 깔려 있었다는 것은 말할 나위 없다. 그런데 이 여성으로서의 고통에는 크게 두 가지가 있었던 것 같다.

하나는 고전적인 가부장제에서 유래하는 고통이다. 이에 대해서는 이미 호리바 기요코(堀場清子)에 의해서 규명된 바 있다.[253] 여기서 요약하면 대략 다음과 같다.

다카무레 이쓰에의 자전 『불의 나라 여자의 일기』는 "나는 환영받으며 이 세상에 태어났다"라는 문장으로 시작한다. 이 강렬한 문장은 부모가 기요미즈관음(清水觀音)에 기원하여 그녀가 태어났다는 '유쾌한 옛날이야기'와 결합하여 그녀를 둘러싼 '관음의 딸' 설화가 생겨났다. 그러나 그보다 훨씬 전에 인생의 한가운데에 선 그녀는 자기의 출생담과 관련해 전혀 다른 이야기를 했다.

"나를 받은 산파가 처음에 두꺼비 같다고 해서 젊은 어머니의 심장에 비수를 꽂았다고 한다."

---

253 앞에서 게시한 『다카무레 이쓰에』 및 하시모토 겐조(橋本憲三)와의 공저인 『나의 다카무레 이쓰에』(상 · 하 2권, 1981, 朝日新聞社).

부모가 관음에게 기도한 자체에 대해서도 이런 말을 했다.

"딸을 낳으면 그 다음에 태어나는 아들은 건강하게 잘 자란다는 옛이야기도 있고 해서 결국 나는 덤으로 태어난 존재였다."[254]

여자로서 그것도 '추하게' 태어난 '불행'이 그녀 가슴 깊은 곳에 쌓여 간 것이다.

그렇다면 다카무레 이쓰에의 부모는 그녀에게 어떻게 비쳤을까? 그녀는 구마모토현에서 소학교 교장과 그 아내였던 부모를 존경했으며, 자서전에서는 '일체적 · 동지적 결합'이라고까지 기렸다. 실제로 아버지 가쓰타로(勝太郎)의 40년 남짓에 이르는 일기를 보면, 처 도요(登代)에게 학문을 가르치거나 시가를 지어 주기도 하고, 소풍을 함께 가기도 하는 등 신기할 정도로 심리적 공간을 공유하는 부부였다는 점을 알 수 있다. 그러나 이에 반대되는 면이 없었던 것은 아니다.

가족을 위해서 자신의 뜻을 펼치지 못한 가쓰타로의 불만은 끝없이 술로 향했다.

> 술을 마실 때마다 빠뜨리지 않고 이런 저런 변명을 늘어놓고 불평불만을 되풀이하곤 했다.…그럴 때 나는 자신이 여자임을 얼마나 한심스럽게 생각했는지 모른다. 그 이유인즉 당시에는 여자란 집을 위해 아무런 도움도 되지 않는다고 여겨지고 있었기 때문이다.[255]

---

254 『편로(遍路)와 인생』, 1939.

255 『편로와 인생』.

술에 취한 나머지 때로는 아버지가 어머니에게 성적으로 횡포를 일삼고 있었다는 것을 말해 주는 심각한 정경이 젊은 시절에 쓴 작품인 「다카무레 이쓰에—내 사랑의 기록」에 묘사되어 있다.

또 한 가지는 핵가족하에서 한때 맛보지 않을 수 없었던 아내로서의 고통이 있다.

다카무레 이쓰에와 하시모토 겐조의 연애담과 그들의 완전히 하나가 된 생활은 의심할 여지 없이 일본 연애사에 남을 대단한 것이었다. 그러나 두 사람의 생활에도 1920년대 중반, 나중에 그녀가 자서전에서 '뒷골목 시대'라고 부른 시절에 아내로서의 고난의 시기가 있었으며, 너무 힘겨운 나머지 가출까지 했다. 이는 간토대지진(関東大地震)[256]이 있은 뒤인 1924년 봄의 일이며, 비록 임대이긴 하나 처음으로 둘만의 주거를 가지게 된 때였다. 둘만의 공간이어야 할 주거 공간에 남편이 친구들을 식객으로 끌어들였는지 친구들이 쳐들어왔는지는 모르겠으나, 아무튼 결과적으로 집단 거주처가 되어 버렸다. 세상 사람들은 남편 겐조는 젊은 시인으로서의 이쓰에의 재능을 세상에 알리기 위해 모든 것을 바치고 있다고 보았으나,[257] 그런 겐조일지라도 이쓰에의 깊은 곳에 있는 고뇌를 이해하기에는 거리가 있었다.

그녀는 문필 활동과 끝없는 집안일 사이에서 매우 힘들어했다.

---

256 〔역자주〕 1923년 일본의 도쿄 일대 간토 지방에 발생하여 10만여 명의 사망자를 냈던 큰 지진. 재일 조선인이 폭동을 일으켜 약탈과 방화를 일삼는다는 유언비어가 돌아 수천 명의 조선인이 학살되었다.

257 시모나카 야자부로(下中彌三郎), 「다카무레 이쓰에 씨 가출의 유서—삶의 권태가 낳은 비극인가」, 1925.

"친구와 일자리도 없는 떠돌이들의 요구로 그때 나는 하루의 반인 12시간을 밥 짓는 일에만 매달렸다"[258]라고 적고 있다. 이러한 고뇌를 토해 내며 이렇게 휘갈겨 쓰고 있다.

> 고향에서는 모든 사람이 나를 귀여워했었다고 자랑하는 저녁 시간의 씁쓸함.

> 첫째도 히스테리, 둘째도 히스테리, 히스테리를 웃음거리로 삼고 있는 남편일지도.[259]

이러한 과정을 거쳐 마침내 그녀는 결혼제도를 부정하기에 이르렀다.

> 그러나 결혼이란 무엇인가? / 소유와 피소유의 다른 이름이 아닌가? / 자기 자유를 구속해 버리는 일이 아닌가? / 하물며 여자에게는.

> '남들처럼'이라는 이 말, 저주 받아라![260]

다카무레 이쓰에가 여성으로서 이 두 가지 고뇌를 철저하게 맛보고 인식한 1920년대는 일본의 근대사에서 여성문제가 일제히 분출

---

258 전집판 『뒷골목의 기록』(路次裏の記), 1925년 6월 2일자 기사에 대한 훗날의 추가.

259 이상 원본 『뒷골목의 기록』, 1924년 11월 31일, 1925년 5월 9일자(단 '31일'의 '1'은 사실과 다르나 그대로 둠).

260 「가출의 시」, 『도쿄는 열병에 걸려 있다』에 수록, 1925.

된 시기였다. 정치적 권리의 문제, 경제적 자립의 문제, 어머니로서의 보장문제, 아내로서의 남편과의 공생문제, 이러한 인간으로서의 여성해방을 요구하는 문제가 왕왕 체제문제를 문제 삼는 형태로 제기되어 운동화되었다. 선명한 윤곽을 역사에 각인하는 여성이 계속 나타나 마치 여성 해방의 영웅시대를 보는 것 같은 양상을 띠었다. 이러한 사회적 기압의 상승도 그녀가 여성사 연구로 향하게 한 요인의 하나로 생각할 수 있다.

그러나 이러한 여성으로서의 고뇌와 시대적 배경에 덧붙여서 여성문제가 생성된 원인을 근본부터 직시하고자 하는 의지가 다카무레 이쓰에를 여성사 연구로 몰고 갔다고 보아야 할 것이다. 그녀는 정신없이 바쁜 매필 활동과 논쟁의 생활화라는 불모성에 권태를 느끼기 시작했다. 1930년의 연하장에서 '부인론', '연애론', '일본 여성사'라는 3부작 계획을 발표하며 가까운 친구들에게 협조를 구하고 있다.

후에 다카무레 이쓰에는 저서 『지금과 옛적의 노래』에서 결심의 동기를 다음과 같이 밝혔다.

"부인운동이 일어나고 있으나, 그렇다면 여성들의 피압박사 즉 여성이 이러한 상황이 되기까지의 역사를 제대로 알고 있느냐 하면 그렇지 않다는 점에 나는 의문과 불만을 품고 있었다.… 일본은 일본의 여성사를 가져야 한다.… 나는 이러한 직관과 문제점에 의해 자신의 학문을 구축하려고 했다. 내가 맨 처음에 시작한 것은 일본의 모계제도였다.… 새 헌법 전까지 가족제도는 일본 역사의 시작과 함께 존재한 것이었으며,… 나라의 토대로 여겨지고 있었다.… 만약 가족제도가 옛날부터 존재한 것이며 고금불변의 것이라면, 일본 여성의 운명은 결정적이며 해방 따위는 도저히 바랄 수 없다.…(그러나 반대로) 만약 모계제도 나아가서는 씨족제도의 존재가 실증된다면, 가족제도 고유설은 근본부터 흔들리게 된다."

여성사 연구에 대한 다카무레의 결심은 필자가 보건대 이 세 가지 요인이 복합된 결과였다.

시작과 결의

제2차 세계대전 전의 일본에서 여성은 학문과는 얼마나 거리가 먼 존재였던가! 여성을 위한 고등교육 기관은 관립으로는 도쿄와 나라에 있는 두 여자고등사범학교뿐이었고, 나머지는 공립과 사립이었다. 또한 전문학교령에 의해 인가된 일본여자대학교와 쓰다에이학숙(津田英學塾)을 비롯한 전문학교가 대도시를 중심으로 몇 곳 있었으며, 대학은 1920년대 말부터 문호를 개방하기 시작한 정도에 불과했다. 세이토사(靑鞜社)[261]의 이와노 기요(岩野淸)가 말한 것처럼 여성은 "지식의 왕국으로 들어가는 것을 금지"당하고 있었으며, "오랫동안 가정에 잡혀"[262] 있었다. 다카무레 이쓰에의 경우, 두 남동생은 구마모토에 있는 명문 중학교 세이세이코(濟濟黌) 진학을 앞두고 있었으나, 그녀에게는 학비가 싼 사범학교에 진학해서 가계를 도와주기를 바랐다.

---

261 〔역자주〕 히라쓰카 라이초를 중심으로 결사한 여류 문학자, 페미니스트의 일파. 동인지 『세이토』를 발간하여 여성해방운동을 정력적으로 전개했다. 문학적 사상계몽운동 단체라고 할 수 있다.

262 「인류로서의 남성과 여성은 평등하다」, 1913.

이러한 시대였기에 정규 학력이 빈약한 사람, 그것도 여성이, 그리고 중년을 넘겨서 그저 남편의 조언과 조력(물론 그것은 아주 대단한 것이었으나)만으로 학문의 세계에 발을 들여놓는다는 것은 전대미문의 일이었다. 다카무레 스스로가 말하고 있는 것처럼 "절대절명의 급박한 상황으로 자기를 몰아야만" 비로소 "출발할 수 있었던"[263] 것이다. 그날에 대해서는 자서전에 「시작」이라는 제목으로 인상 깊게 서술되어 있다.

> 나는 힘들게 작업을 시작한 날에 대한 기억을 그 후 오랜 세월이 지나도 잊을 수가 없다. 작업할 공간은 마련했지만 5평짜리 서재 한가운데에 3척 길이 책상을 달랑 놓고 『고사기전(古事記傳)』을 한 권 올려 놓고 앉았을 때, 서가와 서고에는 아직 아무것도 없었으며 돈도 없어서 앞으로 다가올 고난의 앞날이 걱정되던 날의 기억이.

게다가 이 『고사기전』은 모토오리 노리나가(本居宣長)가 서른다섯 살 때부터 35년 동안 심혈을 기울여 완성한 작품이라는 사실은 "무지, 빈털터리에서 막 시작하려는" 비슷한 나이의 그녀는 전율을 느끼지 않을 수 없었다고 하면서 이렇게 쓰고 있다.

"그러나 이미 주사위는 던져졌다.… 결국 나는 시작했으며, 앞으로 전진할 수밖에 없었다."

263 『지금과 옛적의 노래』.

이 정도로 독한 광기의 불씨를 품고 학문에 도전했다는 사실에 경악하게 된다.

이렇게 해서 다카무레 이쓰에는 연구비도 부족한 상태에서 여성사학이라는 아무도 발을 들여놓지 않은 분야를 개척하기 시작한 것이다. 이는 전체 역사라는 커다란 광맥 속에 함몰되어 있는 여성사의 사실(史實)을 탐색하고 캐내어 전후 맥락을 설명하는 작업이었다.[264] 앞날이 잘 보이지 않는 상황에서 그녀는 스스로를 격려하기 위해서 좌우명을 자주 사용했다. 그중에서 그녀가 가장 좋아하던 노래를 한 수 들면 다음과 같다.

> 이루어야 할 높은 소망 후지산 봉우리도 한 발씩 걸어가듯이.
>
> — 다카바타케 시키부(高畠式部)

모계에 대한 논증

궁극적으로는 다카무레 이쓰에의 연구는 일본 고대에 모계가 존재했다는 논증과 고대의 혼인 형태로서의 데릴사위제도를 증명한 두 가지로 요약할 수 있다. 전자는 『모계제의 연구』로, 후자는 『초서혼 연구』로 간행되었는데 두 저서 모두 당시의 상식을 뒤집는 내용이었다.

모계의 발견에서 논증에 이르는 과정에 결정적인 단서가 된 것은

264 『대일본여성사』(후에 『모계제의 연구』로 됨), 1938.

'다조(多祖)의 발견'이었다. 이에 대해 다카무레는 자서전에서 「하늘의 계시—다조의 발견」이라는 제목을 붙여서 뉴턴의 만유인력법칙의 발견이나 퀴리 부인의 라듐 발견에 비유하면서 환희에 찬 모습으로 이야기하고 있다.

"어느 날 무심코 『고사기전』을 넘기고 있을 때 문득 고대의 계보 중에 다조 현상이 많은 것을 발견하고, 이것이 내 모계학설을 수립하게 되는 첫 번째 열쇠가 되었다. 다조 현상이란 동일 공동체에서 시작된 또는 시작되었다고 여겨지는 같은 씨(氏)를 칭하는 집단이 같은 조상에서 시작한 것이 아니라 각각 다른 조상에서 출발하고 있다는 것을 일컫는 말이다. 즉 일씨일조(一氏一祖)가 아닌 일씨다조(一氏多祖) 현상을 말하는 것인데, 내가 이 현상에 큰 충격을 받은 것은 다조 현상이 씨의 명칭에는 고유의 모계를 유지하면서 조상의 이름에는 초서혼에 의한 부계를 기록한 것은 아닌가 하는 생각이 들었기 때문이다."

『모계제의 연구』에 입각해 간단하게 설명하면 이렇다. 원래 조(祖)는 한 쌍의 남녀가 기원이 되므로 본디 남녀 두 사람을 시조로 삼아야 하나, 이런 저런 사회제도 때문에 조를 한 사람으로 한정하는 것이 통례가 되었다. 당연히 모계 시대의 씨족은 어느 한 사람의 모성(母性)을 조로 하며, 부계제도에서는 어느 한 사람의 부조(父祖)를 모신다. 우리가 흔히 보는 족보가 하나의 부조를 모시고 있는 것은 지금이 부계제도 시대이기 때문이다.

그렇다면 일본에서는 태곳적부터 부계제도였을까? 모토오리 노리나가의 『고사기전』에는 '미오야(御祖)'란 어머니를 뜻한다고 쓰여

있다. 또한 다키카와 마사지로(滝川政次郎)의 『일본 법제사』에서는 부모를 뜻하는 '오야'는 어머니의 고어인 '오모(オモ)'와 같은 어원을 가진 말이며, '오야'의 마쿠라고토바(枕詞)인 '다라치네(タラチネ, 垂乳根)'는 어머니와 관계가 있고 '하라카라(ハラカラ, 同胞)'도 어머니에서 파생된 것이라고 한다. 다카무레 이쓰에는 그렇다면 일본의 고대에는 모계적 풍습이 강했을 것이며 모계에서 부세로의 이행, 그 복잡한 과정은 아마도 사료상에 흔적을 남기고 있을 것이라고 생각했다.

이렇게 해서 다카무레는 『신찬성씨록(新撰姓氏錄)』 분석에 착수했다. 『신찬성씨록』은 성씨의 분란을 바로잡기 위해 칙명에 의해 814년 편찬된 서적이며, 국민이 하나의 성씨를 갖도록 함과 동시에 부계를 조종(祖宗)으로 하도록 결정했다. 태고의 일본이 모계였고 그 당시 모계적 유습을 남기고 있다면, 부계에 의한 계보를 결정한 이 책에 반드시 그 작위의 흔적이 남아 있을 것이다, 그것을 찾아내면 모계가 존재했음을 증명하게 된다는 것이 그녀가 노린 것이었다. 사료에 꾸준히 몰두하는 가운데 이 문제를 풀기 위한 열쇠로서 일씨일조가 그녀의 뇌리에 떠오른 것이다.

그녀의 작업은 다양한 방면으로 전개되었으나, 여기서는 대표적인 한두 가지를 예시하고자 한다. 예를 들어 고대 오미(近江)의 씨족인 오키나가(息長)씨의 경우, "부계 쪽으로는 아마쓰히코네노미코토(天津彦根命)[265] · 히코이마스노미코(彦坐王)[266] · 야마토타케루노미코

265 〔역자주〕 기기신화에 등장하는 신으로 아마테라스오미카미의 아들이다.

266 〔역자주〕 기기에 등장하는 고대 왕족.

토(日本武尊)[267] 그리고 오키나가노스쿠네(息長宿禰)[268] 등 각각 다른 계통의 조상을 두었으면서 똑같이 오키나가라는 성씨를 사용하고 있으며, 오우미의 야스(野洲) 또는 사카타(坂田) 지방에서 똑같이 구니노미야쓰코(國造)[269] 로서의 집안을 상속하고 있다"라고 설명하면서 "이런 연면한 혈통은 모계에 의한 것이며, 유명한 성씨를 가진 사위를 받아들여 그 자녀 또는 자손 일부가 이 사위를 시조로 삼은 것이다. 즉… 동족이면서도 각기 다른 다조(多祖)에서 파생되고 있으며, 어떤 경우에든 출신에 관해서는 부계 쪽 성씨를 칭하면서 씨족으로서는 모계 성씨를 상속하고 모계의 직명을 승계하고 있다"라고 설명했다.

이러한 특징은 모계 안에서 부계의 관념이 성장해 가는 과정의 한 단면을 보이고 있는 것이다. 그러나 다카무레 이쓰에는 이 과정의 전체 모습은 모노노베노유게(物部弓削)씨처럼 고대의 계보에서 많이 볼 수 있는 복식(複式) 성씨에 법칙적으로 나타나고 있다고 보았다. 이것은 씨를 부르는 규칙이 변한 결과 발생한 현상이며, 위로는 부계의 성씨를 아래로는 모계 성씨를 붙이는 것이 특징이었다. 가령 모노노베노유게노 모리야(物部弓削守屋)는 아버지 모노노베오코시(物部尾輿)와 어머니 유게노 아사히메(弓削阿佐姬) 사이의 자녀

---

267 〔역자주〕 일본 신화에서는 영웅으로 등장하며, 기기의 기술에 따르면 2세기에 존재했다고 하나 가공의 인물로 보는 견해도 있다.

268 〔역자주〕 오키나가노스쿠네노미코(息長宿禰王). 2세기 무렵의 왕족.

269 〔역자주〕 '고쿠조'라고도 읽는다. 율령제가 도입되기 전 야마토 왕권의 직종, 성씨의 하나. '미야쓰코(造)'는 원래는 도래 계통의 기술자 집단에 주어진 성씨의 하나이다.

라는 식이다. 다카무레는 이 복씨(複氏)가 변하는 모습을 자세히 검토하여 상관(上冠), 즉 기존 성씨 위에 다른 기존 성씨를 달던 복씨에서 하몰(下沒), 즉 아래의 성씨를 없애고 위의 성씨만 사용하는 단씨로 변하는 방향으로 흐르고 있음을 발견했다. 다시 말해 '유게→모노노베유게→모노노베'로 변화한 것이다. 이와 관련하여 그녀는 다음과 같은 말을 했다.

"한마디로 말해 '상관에서 하몰로'이며, 이것이 모계 성씨를 칭하는 단계에서 부모 양계의 성씨를 칭하는 단계를 거쳐 부계 성씨를 칭하는 단계로 귀착하는 씨의 변천의 정확한 과정이다."

통념의 파괴

이상에서처럼 모계의 존재를 논증한 다카무레 이쓰에는 휴식도 취하지 않고 곧바로 혼인 형태에 대한 탐구에 들어갔다. 그 성과는 15년 후 『초서혼 연구』라는 형태로 완성되었다. 이 저서는 일본 혼인의 역사를 바라볼 때 "초서혼은 태고부터 무로마치 시대까지 존재했으며, 취가혼(聚嫁婚)에게 그 자리를 양보할 때까지 지배적인 혼인 형태였다"라고 지적하면서, "그 본질 · 형태 · 경과(발생 · 추이 · 종언) 등의 전모를 밝히려" 한 역작이다. 일기와 문학 등 방대한 기록을 이용하고, 또한 예부터 전해지는 유제 · 유습에 대한 관찰을 통해 초서혼이 쓰마도이콘(妻問婚)[270]→ 전서취혼(前婿取婚)→순서취혼

270 남자가 여자 집을 찾아가 구애하여 여자가 받아들이면 혼인이 성립되며, 그 후 함께 살지 않고 남자가 여자 집을 방문하는 혼인 형태.

(純婿取婚)→경영소 서취혼(經營所婿取婚)→의제 서취혼(擬制婿取婚)의 경과를 거쳐 사라졌다고 논증하고 있다.

『초서혼 연구』의 특색 중 하나는 혼인 형태의 변화를 어휘의 변화를 통해 찾으려고 한 방법이다. 먼저 다카무레 이쓰에는 '쓰마도이'라는 말은 『고사기』·『일본서기』·『풍토기(風土記)』에서 『만요슈(萬葉集)』에 이르는 문헌에서 볼 수 있고 그 후에는 보이지 않는다고 지적했으며, 반면에 '서취(婿取)'라는 말은 『야마토모노가타리(大和物語)』 이후 『오치쿠보모노가타리(落窪物語)』·『우쓰보모노가타리(宇津保物語)』·『겐지모노가타리(源氏物語)』·『마쿠라노소시(枕草子)』에서 헤이안 시대 전반에 걸쳐 빈번하게 등장하다 가마쿠라 시대에 들어서면 급격히 감소하기는 하나 유사한 용어는 여전히 사용되고 있다고 한다. 이런 점을 통해 그녀는 "나라 시대까지 쓰마도이의 시대가 계속되었으며 헤이안 및 가마쿠라 시대 말까지 서취 즉 데릴사위가 유지되었다"라고 지적했다.

다카무레 이쓰에는 어휘에 대한 탐구를 계속해서 일찍이 『고사기』와 『일본서기』에서 '무코'(婿 : 사위)라는 말이 처의 일족이 처의 남편을 지칭하는 말로 사용되고 있는 데 반해, 남편의 일족이 남편의 처를 지칭하는 '요메'(嫁 : 며느리)라는 말은 한참 뒤인 헤이안 시대에 이르러 보이기 시작하는 점에 착안하여 쓰마도이의 시대에는 사위와 처갓집 식구만 왕래가 잦아 친근했기 때문일 것이라고 설명했다. 또한 '슈토'(舅 : 시아버지)라는 말은 중국에서는 원래가 남편의 아버지를 지칭하나 일본에서 처음에는 처의 아버지를 뜻하다 헤이안 시대 중엽부터 두 경우 모두에 사용되게 되었으며, 그래도 일본에서는 아직 처의 아버지를 지칭하는 경우가 훨씬 많았다고 지적했다. 또한 '데카케'(妾), '메카케'(妾), '소바메'(側妻 · 妾), '오헤야'(御部屋)[271] 등은 모두 무로마치 이후에 만들어진 조어에 불과하다고 한다.

『겐지모노가타리』는 때때로 일본을 대표하는 고전문학으로서 평가받는다. 그러나 부계제도를 당연시하는 관념 때문에 다카무레 이쓰에 이전에는 누구도 여러 번 나오는 표현임에도 "여식이 있으면 반드시 여식이 그 본댁을 승계한다"라는 표현이 갖는 '이상함'에 주목하지 않았다. 기존의 편견을 타파하려는 다카무레에 의해 비로소, "겐지의 정실인 아오이노우에(葵上)는 산조(三條)의 좌대신의 여식으로서 산조댁(三條宅)에 계신다. 유기리(夕霧)라는 아들도 태어났다. 그런데 좌대신에게는 도노추조(頭中將) 이하 많은 아들이 있으나, 이 아들들은 모두 산조댁에서 나가 다른 집에 사위로 들어가 다시는 산조댁에 돌아오는 일이 없다"라는 서술의 의미를 정확하게 파악할 수 있었던 것이다.

이렇게 해서 다카무레 이쓰에는 가부장적 가족제도를 일본의 태곳적부터 존재하는 고유한 제도로 보는 통념을 파괴해 버렸다. 사회적으로 약자의 위치에 놓여 있던 여성으로서 최초로 이룩한 영역의 개척이었다. 그리고 동시에 강인한 논리적 구성력으로 여성은 논리성에 취약하다는 속설까지 자신을 본보기로 삼아 타파했다.

다카무레 이쓰에는 이러한 존재로서 지금 우리 앞에 서 있다. 모

271 〔역자주〕 오헤야는 신분이 높은 귀족의 소실의 뜻이나, 이들 어휘는 모두 소실, 첩을 가리킨다.

든 학설의 숙명이 그렇듯 그녀의 학설도 앞으로 다양한 각도에서 재검토가 가해질 것이다. 그러나 그녀의 고난에 찬 정진(이 정진이 깊디깊은 기쁨을 가져다주기는 했다)에 힘입어 그 뒤를 잇는 사람들은 얼마나 편하고 유리한 곳에서 출발할 수 있게 되었는가를 잊어서는 여성사학의 초심을 계승했다고 할 수 없을 것이다. 그런 의미에서 그녀의 한결같은 정진과는 정반대의, 사료의 안일한 부분적 해석으로 그녀를 비판하고 자신만만한 표정을 짓고 있는 다카무레 이쓰에 비판의 횡행이 슬프고 안타까울 뿐이다.

제3장

민간학의 발상

1

주제, 담당자, 방법, 문체

다 쓰지 못한 분야

나 나름대로 민간학의 여러 양상을 되돌아보고 정리하는 장에 들어선 지금, 미처 다 쓰지 못한 것이 많음을 통감하고 있다.

먼저 다양한 학문 분야에 걸쳐서 넓게 다루려고 했으나 결과는 역사학, 기껏해야 인문과학의 한 부분을 다루는 정도에 그치고 말았다. 물론 인문과학 분야에서 민간학으로서 가장 눈부신 전개가 있었기 때문이기는 하나, 분명히 나 자신의 좁은 시야와 역량 부족에서 기인하고 있다.

두 번째로는 아카데미즘이라고 할 때, 대학 특히 제국대학의 강좌 제도에 기초한 학문을 언급했다. 그러나 오늘날 이것은 이미 일종의 고전적 개념으로 되어 가고 있다. 대학 안에서 교수들의 서열 의식은 연구소보다 학부가 더 높은 것 같으나, 대학 안팎에 많은 연구소 또는 연구 시설이 개설됨에 따라 학문의 '창조' 또는 '생산'의 장으로서의 학부(대학원 포함)의 위치는 현재 상대적으로 저하(절대적이라고는 하지 못할지언정)하고 있음을 무시할 수 없는 상황이다. 여기서 말하는 연구소, 연구 시설이란 대학 내에 설치된 다양한 연구소, 대학 바깥에 국가가 설립한 공동의 연구 시설 또는 그러한 기능을 겸하는 박물관, 자료관, 연구소 그리고 나아가서는 많은 기업이 힘을 쏟아 상품 개발을 위해 세운 연구소 등을 가리킨다. 이들 기관에서는 좋든 나쁘든 보다 기능적인 시스템 혹은 운영을 시도하고 있으며, 그런 의미에서 보면 대학의 학부와 비교했을 때 학문적으로 활력적인 경우가 적지 않다. 일반적인 학문의 구성에서 말하면 '영(令)이 아닌 관(官)'에 해당하는 부분이 점점 그 세력을 뻗치고 있다. 그러나 이러한 점에 대해서는 결국 언급하지 못했다.

그리고 특히 1920년대 이후 활발해진 사회운동은 민간학의 중요한 원천이 되었으나, 이 점 역시 언급하지 못했다. 일단 운동과 연구는 서로 상극이 되는 면과 보완하는 면을 가지고 있다고 설명할 수 있다. 그러나 실제로는 전자에 압도적인 무게가 실려 있는 것이 사실이다. 운동에 수반되는 박해, 다망, 궁핍은 모두 학문의 달성에 장애가 되는 것들이다. 이런 점을 고려하면 노로 에이타로(野呂栄太郎)의 『일본자본주의 발달사』(1930)는 희유의 업적이라는 생각이 든다.[1]

그만큼 사회운동에서의 학문적 달성은 대개 자기 위치를 동반자

1 여기서 말하는 '희유'란 사례로서 드물다는 뜻뿐 아니라, 이 사람에 의해서 처음으로 시도되었다는 의미까지 포함한다.

적 입장에 둔 사람들에 의해 달성된다. 수학의 오구라 긴노스케(小倉金之助), 의학의 마쓰다 미치오(松田道雄), 여성사학의 무라카미 노부히코(村上信彦), 농촌 여성 문제의 마루오카 히데코(丸岡秀子) 등은 그런 의미에서 대표적 존재라고 할 수 있다. 재야 사학자로서 일관한 하니 고로(羽仁五郎)도 여기에 넣을 수 있다. 또한 광범위하게 실천된 교육운동은 운동과 연구의 보완성이 눈에 띈 분야가 되었으며, 그 접점을 통해 적잖은 교육론 · 교육 연구가 탄생했다.[2]

근대 일본의 민간학을 개관한다는 본래의 의도를 생각할 때, 지금까지 서술한 내용은 생각나는 것만 적어도 이만큼 부족한 부분이 많다. 스스로 한심함을 느끼면서 독자에게 사과의 말을 전하는 바이다. 그렇지만 지금까지 거론한 분들에, 그 주변에 계셨던 분들, 그리고 언급하지 못한 분들 몇 분을 추가하면 근대 일본의 민간학의 특색에 대해 개연적 판단을 내릴 수 있을 정도의 것은 되리라고 믿는다. 그래서 근대 일본 민간학의 특색에 대해 주제 · 담당자 · 방법 · 문체라는 네 가지 관점에서 민간학이 기존의 학문에 어떤 식으로 지각 변동을 일으켰는가, 혹은 일으키려고 했는가, 지금의 우리가 학문을 대할 때 이 민간학이 우리에게 어떤 문제를 던져 주고 있는가를 생각해 보고자 한다.

2 개관을 알아보기 위해서는 민간교육사료연구회 · 오타 다카시(大田堯) · 나카우치 도시오(中内敏夫) 편 『민간교육사연구사전』(1975, 評論社)이 편리하다.

주제로서의 생활

민간학의 주제가 한마디로 '생활'에 있었다는 사실은 지금까지의 내용으로 쉽게 이해할 수 있을 것이다. 여기서 말하는 '생활' 본위라는 것은 아카데미즘의 주제가 모티프로서는 '국가' 본위로 기울고 있었던 점을 비판하고, 방법론적으로는 독일관념론으로 기울고 있었던 점을 비판한다는 뜻이다. 야나기타 구니오를 비롯한 민간학 창시자들은 국가=공(公) 앞에서 사(私)로 폄하되고 복종해야만 했던 생활, 또한 근대화에 의해 왕왕 파괴되어 가는 생활을 정면에서 직시하고 학문의 주제로 삼음으로써 생활의 복권을 꾀함과 동시에 사회에 문제를 제기하려 했던 것이다. 이러한 민간학의 대표자로서 야나기타 구니오가 이끈 잡지 『향토 연구』에서 포부를 논한 다음의 글을 보자.

> '평민은 어떻게 생활하는가?' 또는 '어떻게 생활해 왔는가?'에 대해 기술하여 여론의 전제를 확실하게 다진 것이 지금까지는 없었습니다. 이것을 『향토 연구』가 하는 것입니다. 가령 지금은 무슨무슨 학이라는 정의에 맞는 학문 영역이 없을지 모르나, 아마도 후세에 이것을 정의할 수 있는 새로운 학문이 일본에 만들어질 것입니다.[3]

여기에 생활의 대상화라는 자세와 그에 따른 새로운 학문 창시에 대한 예감이 가장 명확하게 의식화되어 있다.

---

3 『「향토 연구」 기자에게 주는 책 후기』, 1914.

반복을 피하고 동시에 다양한 전개를 제시하기 위해서 새로운 인물을 등장시키면 생활을 주제로 하는 태도는 다음과 같이도 전개된다는 것을 알 수 있다.

오락과 풍속에 대한 관심

민중오락을 처음으로 학문의 대상으로 삼은 곤다 야스노스케(權田保之助)의 경우, "사실로서의 민중오락"을 가장 기본으로 삼아야 한다는 태도를 굳건히 지켰다.[4] 바꾸어 말하면 이것은 "사회생활이 길거리에서 자연스럽게 만들어 낸 구체적인 사물의 산물"이었다.[5] 덧붙이면 "사회 경제 상황의 변화는 민중의 내용을 완전히 바꾸어 버렸고, 민중 생활의 기조를 변화시켰다. 이 새로운 민중의 사회생활의 사실이 여기에 우리 민중오락의 문제를 제기하기에 이르렀다"[6]라는 것이다. 그럼에도 '세상의 교육자'들은 '이상한 결백을 내세워' 이러한 '저급한' 것은 상대하려 하지 않았다. 이러한 상황이었기에 곤다 야스노스케는 민중의 생활과 끊으려야 끊을 수 없는 요소인 민중오락을 소재로 삼았으며, 그중에서도 특히 중심적 존재인 활동사진을 대상으로 철저하게 조사했다.[7]

고현학(考現學)을 일으킨 곤 와지로(今和次郎)의 경우, 1923년에 일

4 『민중오락의 기조』, 1922, 인용은 『곤다 야스노스케 저작집』 총4권(1974~1975, 文和書房)에 의한다.

5 『민중오락문제』, 1921.

6 『민중오락의 기조』, 1922.

7 『민중오락문제』, 1921.

어난 간토대지진으로 도쿄가 잿더미가 된 일이 그와 동지들을 고무시켰다.

“우리는 그때 도쿄의 땅 위에 서서 가만히 주시했다. 그리고 거기에는 우리가 눈길을 주고 바라보아야 할 대상이 많다는 사실을 깨달았다.”

“사람들의 행동, 모든 행동을 분석적으로 바라보는 일, 그리고 그것을 어떻게 기록할 것인가를 생각하는 일, 이런 일들이 아무것도 없던 황폐한 땅 위에 서 있던 우리에게 힘을 주었다.”

“원시적인 상태로 되돌아가 버린 당시의 도쿄에서는 기록하는 것이 용이했다.”

“우리는 새로운 모습으로 바뀌어 가는 도쿄를 보며 계속해서 기록 작업을 하고 싶어졌다.”

잡지 『부인공론』이 이들의 작업에 관심을 보였고, 결국 그들은 눈앞에 막 펼쳐지기 시작한 ‘현대 풍속 혹은 현대 세태 연구’에 착수하게 되었으며, ‘고고학에 대항하고 방법을 확립하기 위해서’ 이 학문에 고현학이라고 명명했다.[8]

인생생물학과 가계의 숫자

생물학자 야마모토 센지(山本宣治)에 대해서도 한마디 해두어야

---

8 이상 곤 와지로(今和次郎)의 「현대풍속」, 『일본풍속사강좌』 제3권(1929)에 수록. 후에 그 대부분이 「고현학이란 무엇인가」라고 이름이 바뀌어 요시다 겐키치(吉田謙吉)와의 공저 『모더놀로지(考現學)』(1930)에 수록되었다. 한편 ‘모더놀로지’는 ‘modernology’이며 일본에서 만들어진 말.

겠다는 유혹을 뿌리칠 수가 없다. '야마센'이라는 애칭으로 불린 이 인물을 마쓰오 다카요시(松尾尊兊)는 다음 글에서 이렇게 평가했다.

> 건전한 시민 정신을 지닌 한 자연과학자가 자신이 지닌 양식 때문에 천황제와 제국주의하에 억압받았으며, 왜곡된 민중의 생활 상황을 묵시할 수 없어 분수에 맞는 대사회활동(민중계몽운동)을 실천하는 과정에 민중에 의해서 어느덧 해방운동의 선두로 여겨지는 과정을 찾아볼 수 있다.[9]

이 평가에 우리는 진심으로 찬사를 보낸다. 그런데 야마센 본인에게 생물학이란 이윽고 확대되고 깊어지는 사회적 관심의 원점으로서 의미를 가지고 있었다.

오늘날 야마모토 센지를 생물학자로서 명성을 결정적으로 만든 것은 인생생물학의 제창인데, 이것은 자신의 전공인 생물학이 인생과는 무관한 사물학(死物學)에 불과하다고 인식하여 어떻게 하면 이를 진정한 의미의 생물학으로 바꿀 수 있을지 사색한 결과였다.

첫 성과물 『인생생물학 입문 · 성교육 사견(私見)』(1921)은 도시샤대학(同志社大學) 예과 강사로서 2학년 '자연과학 개론' 의 강의안으로서 작성된 것이다. 보통 아메바에서 시작해서 인류를 다루는 대부분의 학자와는 반대로 인류에 나타난 생물학적 현상을 주로 서술하려고 한 이 교재는, 생물학의 사명과 이를 배우는 데 필수 불가결한

9 「야마모토 센지(山本宣治)와 성교육」, 『중앙공론』, 1965년 6월호.

과학적 태도를 설명하는 서론을 둔 다음 인류 생식의 기구 및 과정으로 시작해서 생명관으로 끝맺는 구성으로 되어 있다. 절실한 관심사인 성적 현상을 과학적으로 조명하여 젊은 세대의 고민을 해소하려는 야마모토 센지의 연구는 곧 「일본인 남학생의 성생활의 통계적 조사」로 발전했다.

이러한 연구는 생활을 대상으로 하는 학문의 한 형태였는데, 인상적인 것은 이러한 연구를 수행하는 야마모토 자신의 입장에 관한 설명이다. 『인생생물학 입문 · 성교육 사견』의 부록인 「본 소책자의 유래」에서 다음과 같이 언급하고 있다.

"지금의 나는 처가 있어서 성욕이 포화 상태로 안정된 생활을 영위하며 전날의 초조함에서 벗어나 연구에 몰두하고 있는데, 때때로 실험실을 벗어나서 길거리로 나와서 방황하고 있는 친구를 보고서는 걱정이 되었기 때문에 이 연구를 하게 되었다."

오구라 긴노스케의 『가계의 수학』이라는 저서는 그의 수학관을 잘 보여 주고 있는데, 수학을 가계에 응용 가능한 학문으로 보려는 자세를 엿볼 수 있다. 그 결과 그는 무엇보다도 엄밀해야 하는 수학의 영역에 근사수학(近似數學), 개수(槪數)의 수학이라는 개념을 도입했다.

오락과 풍속 그리고 청춘의 고민과 가계, 이것들은 모두 생활과 유관한 학문이었다. 야나기타 구니오의 표현을 빌리자면 '인생의 어용학자'[10]가 되고자 하는 의지가 이들의 마음속에 관철되어 있었던

10 〔역자주〕 여기에서 어용(御用)은 '사용이 되는', '관계되는' 또는 '유익한' 정도의 뜻으로 이해하면 된다.

것이다. 그만큼 생활의 대상화 · 가치화는 사람들이 문화를 인식할 때, 바로 생활의 주체이자 생활자인 '민중'이 스스로의 생활을 영위하는 공간으로서의 '지역' 그리고 그 기조를 이루는 '일상성'의 복권을 가져왔다고 보아도 좋을 것이다. 지상에서 은폐되어 있던 문화에 대한 착안과 발굴이었던 셈이다.

담당자로서의 생활자

주제가 민중의 생활문화인 이상 민간학 창시자들은 학문의 재료의 주된 부분을 유럽의 서적에서 찾은 것이 아니라 사람들이 실제로 살고 있는 장소에서 찾았다. 미나카타 구마구스(南方熊楠)가 이발소라든지 여관, 목욕탕 등을 선호해서 자주 취재의 대상으로 삼은 점은 이런 특성을 매우 단적으로 보여 준다.

야나기타 구니오는 『석신 문답(石神問答)』을 서신 왕래라는 일본의 학술 저서로서는 드문 형태로 저술했는데, 이런 형태는 석신 신앙에 관한 사례나 그 의미에 대해 야나기타를 중심으로 많은 사람의 지식이나 사고를 결집시키는 결과를 가져왔다. 잡지 『향토 연구』가 뜻이 같은 사람들이 탐구 결과를 피력하는 장이었다는 사실은 이미 아는 바와 같다. 기다 사다키치(喜田貞吉)의 『민족과 역사』도 마찬가지 역할을 해냈다. 그와 동시에 그는 논문 「특수민 구성의 3대 요소」의 서언에서 "열성적 독자들이 이 문제에 대한 보고나 독촉을 해온 투서는 지금 내 책상 위에 쌓여 있다.… 유익한 자료를 많이 보내 준 각지의 유지 여러분, 본인의 진의를 믿어 주고 격의 없이 조사를 위한 편의를 제공해 준 부락 사람들에게 경의를 표하고…"

라고 했다.[11]

이하 후유(伊波普猷)의 경우, 야에야마(八重山) 문화에 대한 태도에서 나타나듯이 이 땅의 생활자가 부르는 가요의 한 구절, 그들 입에서 나오는 한마디가 옛 류큐의 문화를 해석하는 열쇠를 지니고 있는 천지신명의 계시라고 생각했다.

> 학자가 도서관에서 힘들게 겨우 얻을 수 있는 재료라든지 도저히 얻을 수 없는 재료를 산골짜기나 섬에서 쉽게 얻을 수 있는 경우가 있습니다.[12]

1942년에 『옛 류큐(古琉球)』의 개정 초판을 간행할 때 오래전부터 이하 후유의 옆을 지켜 온 히가 슌초(比嘉春潮)는 「후기」에서, 대학을 졸업하고 귀향한 이하가 "유서 깊은 고택을 찾아가 고문서를 필사하면서 옛 어른이 전하는 내용을 기록하고, 동지들과 함께 새로운 류큐사 연구에 종사했다"라고 밝히며 이하 후유 학문의 원천을 설명했다.

이 창시자들과 교류를 가진 사람들은 동지로부터 단순한 정보 제공자까지 다양했다. 후자로부터는 정보 획득의 수단으로 이용만 당하고 있다는 식의 불만이 불거져 나오는 것을 막아야 했다. 그러나 일반적으로 의지 또는 어떤 공통성을 전제로 하는 협업 관계를 구축하고 있는 경우가 많았다고 해야 할 것이다. 그런 와중에서 야나기

11 「에타 원류고」.

12 「류큐반도의 단언」, 1904.

타 구니오는 선구자답게 행동한 사람이었는데, 그런 야나기타조차 "이야기를 해주는 시골 사람들은 말하자면 한때의 스승이며 적어도 친구"[13]라고 했다. 아마도 이는 민간학 창시자 모두에게 공통된 생각이었을 것이다.

이러한 주제에 대한 관심은 실은 사람들 내면에 깊게 뿌리 내리고 있는 것들이었다. 생활자 개인에게는 잘 보이지 않는 힘 때문에 생활에 급격한 변화가 찾아오는 것에 대한 불안감은 근대화 과정에서 많은 사람들이 느낀 공통된 문제였다. 물론 이러한 변화를 기회로 받아들인 사람도 적지 않았겠지만, 대개의 경우는 잘 보이지 않는 힘에 좌우되는 운명을 받아들여야만 했다. 이러한 급격한 변화가 찾아온 이유를 밝히려 하고, 동시에 빠른 속도로 잃어 가고 있는 것에 자신을 맡기고, 이러한 변화를 통해 시대를 재조명하려는 생각이 증대되는 것은 살아가려는 의지의 필연적인 결과였다.

게다가 이러한 주제는 도태 직전의 상태였고, 그와 동시에 새롭게 일어난 대학의 학문 대부분은 이러한 주제를 인식 대상에서 제외했기에 학문으로서는 가치 없는 것으로 여겨졌으며, 이 때문에 깊어진 콤플렉스가 오히려 이 주제들을 탐구하지 않으려는 억제장치로서 작동했다. 이러한 상황에서 생활문화를 다시 보려는 민간학의 시작은 사람들 마음속에 꿈틀거리고 있던 것에 불을 붙였다.

그 결과 각 지역에 사는 생활자와 주변 사람들이 학문의 담당자

---

13 「여행 이야기」, 1916~1917.

로서 참여하게 되었다. 학문에 대한 뜻을 지니고 있으면서도 대개의 경우는 환경에서 빚어진 여러 사정으로 학문을 단념하고 살아온 사람들이었다. 학계에 발을 들여놓을 수 있느냐 없느냐에 가장 결정적인 요건이 되는 학력을 기준으로 보면, 비정규 학력밖에 가지고 있지 않은(또한 가질 수 없었던) 사람들의 학문으로의 진출이었다. 일본에서 근대화가 시작된 이후 정치, 경제와 더불어 중앙집권화되어 온 문화가 새로운 담당자를 받아들이게 된 것이다.

친절한 관찰자로서의 교사

문화가 지역 사회에 들어갈 때, 그것을 제일 먼저 수용하고 또 다른 생명을 부여하는 것은 대개의 경우 교사(특히 여기서는 초등학교 교사를 말한다)와 젊은이이다. 양자 모두 지역 사회 안에 살면서 지역 사회의 질서에서 약간 벗어난 지점에 자기 자리를 가지고 있으며, 전자인 교사는 관찰자로서 행동할 수도 있으며, 후자인 젊은이들은 100퍼센트 생활자가 아닐뿐더러 새로운 세대로서 기성이 갖는 권위에 대한 회의도 잃지 않고 있기 때문에 외부 세계와의 지적 접촉의 매체가 될 수 있는 자격을 지니고 있었다. 특히 한 마을에 학교가 하나밖에 없던 당시 소학교 교사는 사찰의 주지와 신사의 신관과 함께 지역의 지식 계급으로 분류되는 존재였다. 민간학이 지역에 뿌리를 내리기 시작했다는 사실은 단적으로 말하면 민간학의 창시자들과 교사들의 유대관계가 형성되고 있었음을 뜻한다.

야나기타 구니오는 「5월과 향토 연구」(1915)라는 글에서 "옛날에는 마을에 없던 친절한 관찰자, 미개(未開)라는 말이 포용하는 우아한 옛 생활에 대한 동정심이 있는 비판자인 소학교 교사 여러분"이라고 정의했다. 이러한 그였기에 그는 소학교를 방문하기 전에 교장 앞으로 의뢰서를 미리 제출했으며,[14] 교사가 가장 좋다[15]고도 했다.

미나카타 구마구스도 신사정리문제로 수감되었던 시절을 회상하면서 이렇게 쓰고 있다.

> 모든 소학교 교사와 교장들은 입 밖으로 내지는 않지만 속으로는 신사 합사를 혐오하고 있으며, 작년에 소생이 수감되었을 때도 공무원이나 마을 공무원에게 미움을 사서 교직을 잃는 것도 두려워하지 않고 많은 사람이 소생의 가족을 위문하였으며, 어떤 분들은 소생이 있던 미결수 감옥에 위문의 편지를 보내 주었다. 이들은 모두 어느 정도 오늘날의 학문을 알고 있으며, 또 일부는 마을의 향토지 편찬의 주임이 되어 신사의 신들을 모욕하고 파괴해서는 도저히 풍화(風化)도 덕화(德化)도 지육(智育)도 마을 사람들로 하여금 이 땅을 사랑하고 편안히 살게 할 수도 없음을 너무나 잘 알고 있다.[16]

또한 이하 후유는 교사들에게 끊임없이 말을 걸었다. 예를 들어 『류큐사의 추세』(1911)의 속표지에 "이 소책자를 오키나와의 교육자 여러분에게 바친다.…교사 여러분이 이러한 재료를 앞으로도 적극

14 1915년 7월 3일자 미나카타 구마구스 앞 서신.

15 1917년 10월 11일자 구루미자와 간나이(胡桃沢勘内) 앞 서신.

16 1911년 8월 21일자.

적으로 공급해 줄 것을 기대한다"라고 적고 있다.[17] 오구라 긴노스케에게 보내는 글에서는 "전국 소·중학교의 수학 및 물리 관련 교사나 독학한 청년들이 가끔 편지를 보내오고…말하자면 이름 없는 사람들이 보낸 질문이나 의견 또는 제안에는 일일이 성심껏 답장을 쓰고…"[18]라고 적었다.

소학교 교사라면 천황제 국가의 형성기에 어린이와 지역 사회 주민을 교화하기 위해 국가가 첨병으로서의 역할을 부여하고 활용한 존재였다. 그랬던 사람들이 생활의 의미를 자각하고, 지역문화의 옹호자로서 활동하기 시작한 것이다. 이런 움직임에는 물론 이런 저런 한계가 따랐지만, 문화적 자립성을 띠고 있었다는 점에서 국가에 대한 지적 반란을 의미했다.

이렇게 보면, 민간학은 적잖은 경우에 일종의 연구 공동체를 형성하면서 발전해 왔다고 할 수 있다. 아카데미즘이 '제도'로서 완성된 체제를 구축했다면, 민간학은 일차적으로는 '운동'으로서 존재했고, 바로 그것이 활력의 원천이기도 했다. 스스로 자기를 숲 속에 감금하고 운동과는 가장 먼 곳에 있었던 다카무레 이쓰에(高群逸枝) 역시 주변에서는 빈번하게 운동이 일어났으며, 그녀의 업적의 완성과 공표를 도왔다. 그녀는 『대일본 여성사』의 「발문」에 "한때 앞날이 캄캄한 암흑 상태에 이르렀을 때, 뜻밖에도 나를 위하여 저작후원회를

17 「전설 및 풍속에 의해서 설명된 류큐민족의 이동」, 1922.

18 히라타 유타카, 「오구라 긴노스케 선생의 추억」, 『일개 수학자의 회상』(筑摩叢書版, 1967)에 수록.

만들어 어려운 상황에 있던 나에게 도움을 준 것은 여러 친구들이었다"라고 쓴 다음 이치가와 후사에(市川房枝) 이하 발기인 65명(그중 여성이 53명)의 성명을 하나하나 적고 "이 책이 이렇게 세상 빛을 보게 된 것은 무엇보다도 이분들 및 후원회에 도움을 주신 200여 분의 덕택임을 밝히고 감사"한다고 적었다. 뜨거운 동지적 연대가 흐르고 있었음을 증명해 주고 있다.

그리고 동시에 민간학이 제도로서보다는 운동으로서 존재했다는 점은 때때로 창시자를 절대시 곧 교주로 보는 경향을 낳았다. 이것은 창시자의 언행 하나하나를 '말씀'으로 여기는 분위기가 만들어져 활발한 논쟁을 지속시키기보다 그들 스스로를 정통/이단이라고 비난하는 음습한 싸움을 불러일으킨 경우마저 없지 않았다.

발상으로서의 귀납법

생활문화를 탐구하는 민간학이 이처럼 운동, 다시 말해 많은 사람에 의한 공동 작업이 된 것은 어떠한 제도적 보장과도 무관하다는 소극적인 이유 때문만은 아니었다. 아직 그 실체가 분명하지 않은 대상(때때로 유습)의 전체적인 모습을 최대한 파악하기 위해 먼저 사례 수집부터 시작해야만 했던 이유도 있다. 그래서 일상적인 구상 세계에서 출발하여 그것을 축적해 가는 학문이 된 것이다. 이러한 과정이 방법론에 대한 자각으로 발전할 때, 이식적(移植的) 학문의 특징인 연역법에 대한 강한 비판으로 나타나곤 한다.

야나기타 구니오는 문하에서 제자로서 배우고 있던 마쓰모토시(松本市)의 구루미자와 간나이(胡桃沢勘内)가 군(郡)의 잡지 편집을 맡고 편집 방침에 대해 의견을 구했을 때, 그는 다음과 같이 지시하고 있다. "연구의 중심을 군민이 '어떤 식으로 생활해 왔는가' 하는 점에 두려는 생각"이 중요하다고 하면서, 그러기 위해서는 각 마을에 한 명씩 조사원을 두고 한 집씩 상세하게 조사하는 방법을 제의하며 연구자 양성의 필요성을 주장했다. 그리고 지도의 활용을 강조하고 문서 정리처럼 "학자가 한 사람 있으면 충분히 할 수 있는 작업은 뒤로 돌리고 많은 인력이 필요한 일에 먼저 노력과 경비를 집중해야 한다"라는 것이 조언의 큰 틀이었다. 그 결과 잡지를 둘로 나누어 갑과 을, 즉 역사편과 민속편으로 구성하고 을편을 맡으면 되겠다고 충고하면서 이렇게 덧붙이고 있다.

"처음부터 장과 절을 나누는 연역법적인 방법으로는 결국 을편을 편집할 수 없으며, 갑편의 제2권이 되고 만다."[19]

이처럼 야나기타 구니오는 개론을 적극적으로 피하고,[20] "가장 분명한 많은 사실을 통해 귀납할 수밖에 없다"[21]라고 믿었다. 때때로 민속학은 개론이 없다는 이유로 학문으로 인정받지 못했으나, 이러한 특성은 기존 학문에 대한 안티테제를 확립하려는 창시자들의 초심에 기초하고 있었다.

미나카타 구마구스의 경우, 그의 학문은 거대한 잡찬으로 오해될 정도로 사례의 수집과 제시가 특징적이었다. 야나기 무네요시의 끝

19 1917년 10월 11일, 17일자 서신.

20 「농업경제와 마을제」, 1909.

21 『일본의 마쓰리』, 1942.

없는 사례 탐구는 『물일의 일본(水仕事の日本)』이라는 저서로 집대성되었다.

풍속 조사와 성생활 조사

곤 와지로, 야마모토 센지도 예외는 아니었다.

주지하는 바와 같이 곤의 방법은 풍속 조사로 일관하고 있으나, 1927년 그 성과를 처음으로 전시하면서 한때는 '조사의 전람회'[22]라고 선전할 정도였다. 예를 들어 도시에 거주하는 다양한 사람의 다양한 경우에서의 걸음걸이 속도와 걷는 방법, 앉는 자세와 앉는 방법, 신체 세부의 버릇, 노상에서 통행인의 구성, 그에 수반되어 형성되는 노점 및 상점의 구성 등 사실에 대해 끈질기게 사례를 수집하고 모아 갔다. 고현학은 이처럼 각 지방의 생활상을 조목조목 구체적으로 밝혀 내어 지방지(地方誌) 연구에 새로운 방법을 제시했으며, 인문지리학의 그 주거와 의복의 장에 적절한 자료를 공급한다는 방법론적 자각에 기초하고 있었다.[23]

야마모토 센지의 경우 성학(性學)을 수립하기 위해 젊은 남성의 성생활에 관한 통계적 조사를 실시했다. 그런데 갑작스럽게 질문 용지를 돌리는 것이 아니라 미리 여러 시간에 걸쳐 강의를 하여 피조사자의 자발성을 자극한 후 조사에 착수하는 방법을 택했다. 최종적

22 요시다 겐키치(吉田謙吉)와의 공동 편집 『고현학 채집(modernology)』, 1931.

23 「현대풍속」, 1929.

으로는 1,182사례에 이른 이 조사는[24] 세계적으로도 선구적인 것으로 볼 수 있는데, 그 의의를 야마모토 센지는 다음과 같이 말했다.

"성학의 확립에서도 확고한 기초 사실의 수집이 선결 문제가 된다. 기존 성윤리의 내용이 어떻든 속임수가 통하지 않는 확실한 내용이 빨리 공개되어야 한다."

통계에 나타난 숫자는 '움직일 수 없는' 증거이므로 "작금의 대가와 관헌을 위협하게 된다"라고도 주장했다. 이렇게 해서 그는 이른바 '신성한 학문'을 하는 기관에서 '비속적인 부분'을 삭제하려는 부르주아 어용학의 퇴폐적 추상성에 과학의 유물성을 대치시킨 것이다.[25] 실제로 『생리학 연구』에 이 조사 결과가 연재된 것은 도쿄대학의 나가이 히소무(永井潛) 교수 등의 압력으로 중단되었다.[26]

부분에서 전체로

문헌 검토에 전념한 인상이 강한 쓰다 소우키치(津田左右吉)도 방법론으로서의 귀납법을 의식했다. 『신대사(神代史)의 새로운 연구』에서 방법에 대하여 논한 「서론(緒論)」에서 이렇게 말하고 있다(강조는 인용자에 의한 것이다).

"어떤 문제와 관련하여 서로 모순되는 설이 있는 경우, 이에 관한

---

24 『야마모토 센지(山本宣治) 전집』 제1권(1979년, 汐文社)에 수록된 「젊은 남자의 성생활」에 대한 편자 오다기리 아키노리(小田切明德)의 「編注」.

25 「젊은 남자의 성생활」.

26 앞에서 게시한 오다기리(小田切) 「編注」.

『고사기』와 『일본서기』에 공통되는 기사 또는 신대사의 다른 부분에서 움직일 수 없는 준칙을 귀납할 수 있다면 이에 따라 취사선택을 해야 함은 당연한 것이다.…상대인(上代人)의 사상이 나타나 있는 모노가타리(物語) 자체를 신대사의 골자로 볼 수 없지만, 그 안에 드러나는 사상을 추출해야만 한다. 이것은 마치 노리토(祝詞)[27]라든지 만요(萬葉) 혹은 기타 문학에서 상대인의 사상을 귀납해서 신대사 해석의 실마리로 삼는 것과 같다."

인식의 수순으로서 연역법이 끝없는 개념 분석에 의해 전체에서 부분으로 내려가는 데에 비하여, 실험과 관찰을 수단으로 하는 귀납법은 부분의 축적에 의해 종합 곧 전체를 지향한다. 귀납법을 취하는 민간학은 그런 의미에서 인간과 생활이 부분부분으로 단절되기 쉬운 근대에 단절에 의한 소외로부터의 회복을 지향하고 있다고 말할 수 있다. 물론 이러한 특성은 동시에 민간학에서의 개념 규정을 다소 모호하게 만들기는 했다.

"서양 학자들의 이야기를 주워들어서 우리 일본 사람은 무슨 일이 있을 때마다 '정의, 정의'하는 건 우스꽝스럽다. 항상 변화하고 일정하지 않은 이 세상 사물에 무슨 정의가 있으랴. 점점 교묘해지고 점점 졸렬해져서 정의를 내릴수록 정의할 수 없게 된다."[28]

---

27 〔역자주〕 신을 모시거나 신에게 빌 때 고하는 고체의 문장. 현존하는 가장 오래된 것은 『엔기시키(延喜式)』의 27편과 후지와라노 요리나가(藤賴賴長)의 일기인 『다이키(台記)』의 1편이다.

28 1911년 10월 25일자 야나기타 구니오 앞 서신.

이 말은 미나카타 구마구스가 1911년 10월 25일 야나기타 구니오에게 보낸 편지에서 한 것으로, 민간학이 갖는 방법적 특색의 양면성을 그대로 보여 준다.

관료적 문체의 변혁

민중의 생활문화를 주 대상으로 하는 민간학이 관료적 문체로 표현되었다면 자기 모순일 수밖에 없다. 실제로 민간학 창시자들은 많고 적음을 불문하고 문체를 의식하면서 표현하고 있으며, 문체의 분야에서도 개척자적 역할을 했다. 바꾸어 말하면 한자어가 많은 관료적 문체를 일상용어를 사용하는 문체로 바꾼 것이다. 기성의 권위에 알게 모르게 동화하려는 흐름을 끊었을 때 비로소 내디딜 수 있는 경지라고 할 수 있다.

야나기타 구니오는 『산도 민담집(山島民譚集) 1』의 재판(1942) 「서문」에서 이에 대하여 자각하고 있음을 언급하고 있다. 여기서 그는 지난 일을 회상하면서 고어 문어체에서 '~이다'체로 바꾸는 과도기적 시도였으며, "어떻게 해서든 쓰고 싶은 대로 마음껏 써보고 싶다는 바람"에 의한 시도였으나 실패작이었다고 술회했다. 한편으로 당시는 관공서에서 쓰는 문체가 한창 쇠퇴하는 시기였기에, 되도록 그날그날의 감정에 가까운 글을 쓰려고 노력했다고 한다. 서기관을 지낸 야나기타는 관공서 문서의 공적인 문체에 대한 의문에서 출발하여 가능한 한 일상적 문체로 바꾸려고 이리저리 모색하는 과정에서 자신의 문체를 확립해 간 것이다. 일반적으로 수필풍이라고 평가되며 아카데믹하지 못하다는 평을 받아 온 야나기타 구니오의 문체는,

솔직히 말해 그다지 접하기 쉬운 문체는 아닌데 실은 여기에는 기존의 관료적 발상과 관료적 학문에 동화되지 않으려는 불굴의 결의가 배어 있었던 것이다.

여기서 미나카타 구마구스에 눈을 돌리면, 그는 후쿠자와 유키치에 대한 존경의 마음을 숨기려 하지 않았으나, 미나카타가 후쿠자와 유키치를 존경한 이유 중 하나는 후쿠자와의 용어용자법(用語用字法)에 대한 감탄이었다.

> 역시 후쿠자와 선생 같은 분이 쓰신 글에는 세 글자짜리 한자어가 없다. 정말로 존경하지 않을 수 없다.
>
> —1903년 7월 18일 도기 호류(土宜法竜)에게 보낸 서신에서

> 여러분도 반성해서 근래 사용되는 한자어만 너무 사용하지 말고, 아라이 하쿠세키(新井白石)의 『한간후(藩翰譜)』처럼 그리고 후쿠자와 선생이 쓴 글처럼 되도록 부드러운 글자와 말을 사용하는 것이 좋다.
>
> —1904년 1월 4일 도기 호류에게 보낸 서신에서

이외에 이하 후유, 쓰다 소우키치 등의 글을 앞에서 접해서 알겠지만, 그들은 독자적인 맛을 풍기는 뛰어난 일본어를 구사하는 이들이었다. 1911년의 『옛 류큐』라든지 1913년의 『신대사의 새로운 연구』는 편안한 구어체로 되어 있는데, 이러한 문체는 이미 문학 작품에서는 드문 일이 아니었지만 깊은 인상을 받았다. 이 문제를 약간 거슬러 올라가면 이하의 경우, 1904년이 문어체에서 구어체로 변화

하는 전환기였다. 쓰다 소우키치의 경우는 한문체보다 일본어 국문체를 선호한 것이 현저하며, 그의 일기 「풍진록(風塵錄)」의 1897년 4월 30일자를 예로 들면 다음과 같다.

> 나를 기쁘게 하는 것, 아침 바람, 기차 안에 승객이 별로 없어서 자리가 많이 있는 것, 차창 사이로 펼쳐지는 파란 보리밭을 내려다보는 것, 아침 이슬이 햇살을 받아 반짝이면서 잎사귀 사이로 부는 바람에 날리는 모습. 철도의 철길이 한참 동안 직선으로 쭉 뻗어서 저 멀리 흐릿하게 잘 안 보일 때, 보리 잎이 파도치며 하얗고 노란 나비들이 날아다니는 모습 등 대부분의 농촌 풍경은 말할 것도 없이 좋다. 그리고 자운영이 가득 피어 있는 논이야말로 나를 무한히 기쁘게 한다. 하늘에서 내려온 선녀가 자운영을 깔고 누워 있는 것이다. 나 또한 그 위에서 푹 잠들고 싶다는 생각이 든다.

이런 의고문체(擬古文體)를 거쳐 「사해여파(史海餘波)」의 1902년 8월 23일자부터 구어체로 쓰고 있다(단, 후에 잠시 문어체로 복귀했다).

제1차 세계대전 후인 1920년대에 학문을 확립한 야나기 무네요시나 곤 와지로, 야마모토 센지 등에 이르면 더욱 자유로웠으며 어떤 의미에서는 분방하기까지 했다. 곤 와지로가 『고현학 채집』에서 자신의 학문을 규정하면서 형용한 '비서재적(非書齋的)이고 비형식적'인 분위기를 지닌 문체였다. 관료풍이라는 말에 대치되는 의미의 '시민'으로서의 감각이 충만된 그런 문체였다.

"일본의 학문, 사상의 기본 용어가 일상에서 사용하는 말과 격리되어 있다는 것은 불행한 일이었다. 그러나 여기에는 한자를 수용한 이후 뿌리 깊게 내려오는 역사적 배경이 있다. 다른 시점에서 바라보면, 번역어가 일상에서 쓰이는 말과 격리되어 있었기 때문에 근대 이후 서구 문명의 학문과 사상 등을 무조건적으로 빠른 속도로 수용할 수 있었던 것이다. 그러나 그와 동시에 거기에는…눈에 잘 보이지 않는 많은 왜곡이 내재해 있었다."

야나부 아키라(柳父章)의 『번역어 성립 사정』(1982) 머리글에 있는 한 구절이다. 그런데 아카데미즘은 이 문제에 무감각했다. 그리고 지금도 많은 아카데미즘 입문 지망자들은 이러한 경향에서 벗어나지 못하고 있는 것 같다. 딱딱한 글밖에 못 쓰는 내가 말하는 것도 우습지만, 민간학 선각자들은 각자의 자각에 의해 자발적으로 근대 일본의 학문에 깃든 지병에 도전하고 자기 방식으로 해결하려고 서광을 찾기 위해 노력했던 것이다.

2

기축으로서의 내셔널리즘

새로운 영역의 개척

여기에서 언급하고 거론한 사람들은 때로는 남몰래 때로는 공공연히 새로운 학문의 창시자, 새로운 영역의 개척자로서 역할을 스스로 담당했다. 기존의 학문 체계 안으로 들어가 그 안에서 높은 경지에 이르는 것이 아니라 그 밖에 몸을 두고 초지(初志)를 믿고, 그 실타래를 따라 각자의 학문을 "해파리처럼 흔들흔들 떠다니는"[29] 불안정한 상태에서 새롭게 구축하려고 했다. 부정형(不定形) 속에서 일정한 체계성을 지닌 인식의 결정을 만들어 낸 것이다.

29 〔역자주〕『고사기』에 나오는 "久羅下那州多陀用弊流(くらげなすただよえる)"를 인용한 것이다.

그들은 왜 이토록 때로는 세상의 웃음거리가 되면서까지 직업적으로 자립하기 어려운 새로운 학문의 수립에 집념을 보인 것일까?[30]

그 이유는 두말할 나위 없이 근대 일본의 학문이 수입학적 성격을 기본으로 하여 아카데미즘에 점령당하는 형태로 성립되었고, 국가의 후광을 업은 부국강병학으로 존재하면서 사람들의 생활에 점차 해를 끼치는 측면이 명확해져 가는 상황에 대한 회의와 비판이 근저에 있었기 때문이다. 그 의미에서 근대화가 진행되고 있음에도 오히려 이 근대화로 인해 사람들 사이에 쌓인 불행감, 그리고 점점 모습을 드러내기 시작한 비문화적 상황이 기폭제가 되었다고 볼 수 있다. 여기서 말하는 민간학은 기본적으로 이러한 상황을 직시하고, 그 원인을 물으려는 자세를 견지했다.

그만큼 민간학 창시자에게는 학문을 피안에서 차안으로 되찾아 오려는 기백이 살아 있었다. 여기서 되찾는다는 것은 주도권을 국가 내지 아카데미즘에서 민간으로 가져온다는 것과 함께, 수입형 학문이 주도권을 쥐고 있는 상태에서 벗어나 자신들의 학문을 육성하여 일본의 학문을 자립시키고자 하는 의지를 품고 있었다는 것이다. 그리하여 후자의 의지는 다름 아닌 일본인의 생활을 대상으로 하는 방향으로 발전해 갔다.

그들이 얼마나 일본의 학문 수립에 집착하고 있었는지 서너 가지 예로 설명하겠다.

30 '학문'으로 보는 인식도 적어도 초기에는 스스로의 인식에 불과했지, 세상의 인정은 받지는 못했다. 『시대와 농정』, 1910.

신국학

야나기타 구니오는 이러한 포부를 일찍이 1911년 10월 27일 미나카타 구마구스에게 보내는 서신에서 다음과 같이 피력했다.

"서양과 서로의 문명을 자랑하는 것도 불필요한 일이지만, 40여 년 동안 계속되어 온 학문을 수입해서 팔아먹는 소매업을 이제는 그만두고 이쪽은 이쪽대로 분명히 할 것은 분명히 하고, 주장할 것은 주장해서 반드시 동국(東國)의 학풍을 만들어야 한다는 점은 확고부동하다."[31]

그 후 민속학 수립을 향한 그의 정진은 '동국의 학풍'을 확립하고자 추진되었다고 보아도 된다. 이러한 신념이 마음 깊은 곳에서 불타오르고 있었기 때문에 1926년 사키마 고에이(佐喜真興英)의 획기적인 저서 『여인 정치고』에 「소서(小序)」를 기고했을 때, 공허하게 이국의 언설을 부연하는 학문과 비교하는 형식으로 사키마 고에이의 작업을 '신국학을 위해서'라는 표현으로 격찬했다. 후에 이 '신국학'이라는 명칭은 자신의 학문을 부르는 호칭으로도 쓰기 시작했으며 스스로도 만족했다. 이에 대해 "특별한 의도 없이 우연히 신국학이라는 말을 써보았다.…내가 관여하고 있는 학문의 별칭이 신국학인 것처럼 말하고 다니는 사람까지 생겼다"[32]라는 말도 했다.

미나카타 구마구스의 경우, 그의 젊고 활기찬 내셔널리즘은 중학

31 이 점에 대해서는 이미 쓰루미 가즈코(鶴見和子)의 『미나카타 구마구스』에 지적이 있다

32 「창의 등」 중의 「신국학」, 『제일고(祭日考)』(1946)에 수록.

교를 졸업하던 해에 서양인이 6,000점에 이르는 균류 표본을 만들었다는 사실을 알고는 '일본 균류 7,000점 채집'이라는 목표를 세운 데에 이미 나타나 있다. 이러한 내셔널리즘은 구미에서의 생활을 거치면서 선택의 여지 없이 더욱 강화되었다. 1911년 10월 17일 야나기타 구니오에게 보내는 서신에 "소생은 외국인에게 일본을 알리는 일에만 노력하지 않고, 외국에는 일본보다 보잘것없는 것이 많다는 사실을 반드시 덧붙여서 경고한다"라고 썼다. 또한 같은 해 10월 25일 보낸 편지에는 그런 의미에서 "소생만큼 애국심이 강한 사람은 없다"[33]라고 한 발언은 단순한 과장이 아니며, 같은 편지에 "내 학문의 기초는 남의 것을 모방한 것이 아니라 내 자신이 확립한 것이기 때문에 서양인과 논쟁을 벌여도 충분히 당해 낼 수 있다는 생각으로 항상 서양인과 논쟁하려고 노력했다"라고 하고 있어 자부심이 뒷받침하고 있었음을 알 수 있다.[34] 이미 설명한 바 있는 미나카타 구마구스의 아카데미즘 비판 중 구미 열강의 학문에 대한 추종을 지적한 부분은 직수입을 서슴지 않는다는 점과 그 뒷면에 존재하는 야랑자대성(夜郎自大性)[35]을 비판하고 있는 것이며, 그는 문제의 요점을 제대로 꿰뚫고 있었던 것이다.

다카무레 이쓰에의 여성사 연구 역시 일본의 학문을 만들겠다는

---

33 1911년 10월 17일자 야나기타 구니오 앞 서신.

34 1911년 10월 25일자 야나기타 구니오 앞 서신.

35 〔역자주〕 야랑자대는 『사기』에 나오는 말로서, 한나라 때 야랑국이 한나라의 강대함과 선진문화를 알지 못하고 자기 세력을 자랑했다는 뜻이다. 즉 세상물정과 자기 역량을 제대로 파악하지 못하고 거만하게 구는 오만함을 말한다.

자각에서 시작되었다. 이미 아나키스트로서 사랑과 자연을 희구한 인생에서 그녀는 근대를 유럽적 원리로 보고 근대와 관련한 개인주의, 도시적 · 상업적 성격, 사랑과 증오의 이원론을 초월하는 원리를 아시아에서 찾으려는 자세를 견지하고 있었다. 연애론으로서의 『연애창생』(戀愛創生, 1926)에서 여성문제는 여권주의 · 여성주의 · 신여권주의 · 신여성주의로 이르는 경과를 보인다고 전제하고, 여권주의=영국과 미국, 여성주의=스칸디나비아 · 독일, 신여권주의=러시아라면서 "신여성주의야말로 일본 여성이 세계에 내세우는 최초의 주장"이라고 말한 점을 통해서도 일본의 도전이라는 그녀의 입장이 잘 드러나 있다.

또한 초서혼에 대해 말하자면 일반적으로 이에 관한 문헌은 없다는 것이 보통인데, 일본에는 "실로 풍부한 문헌, 즉 확실한 생활 기록이 존재하고 있을 뿐 아니라 유속(遺俗)까지 남아 있어" 그 실태의 규명에 절호의 장소라는 인식이 있었다.[36] 아울러 그녀는 이러한 시각을 『대일본 여성사』의 「예언(例言)」에서 "여성사는 저자의 필생의 사업이며 여성과 조국에 대한 사랑의 서적"이라고 단언하였다.

이러한 인식과 가장 먼 곳에 있었다고 생각되는 야마모토 센지조차 약간 야유를 띠고는 있으나, 성생활에 관한 조사에 다음과 같이 의미 부여를 하고 있다.

---

36 『초서혼의 연구』, 그녀의 유명한 저술하고 이름은 같으나 이것은 『부인유권자』 1952년 2월호에 게재한 논문임.

예컨대 서양 여러 나라에서 충분한 조사가 이루어졌다고 하더라도 그러한 외래의 지식은 풍토, 기후, 문명을 달리하는 일본에 곧바로 직역해서 적용할 수는 없다는 애국심으로 무장한 자칭 식자라는 자들의 항의를 면치 못할 것이다. 그렇기 때문에 아마테라스오미카미가 계시는 이 풍요의 나라에 생을 얻은 자에 관해서만 연구하는 것은 일본의 과학 확립을 위해서도 또한 야마토(大和) 민족인 특수 국민(생리적으로라도 특수한 점이 있다면)의 일상생활을 규정하기 위해서도 필요한 일이라고 생각한다.[37]

민중의 내셔널리즘

아카데미즘의 주류를 이룬 수입 학문이 부국강병학으로서 민중의 생활에 가해성을 보였을 때, 학문의 의미와 존재에 대한 회의를 출발점으로 확립한 민간학은 학문을 이러한 위상으로 자리매김한 근대화 자체를 되물으며, 일본인의 정체성 회복을 지향했다고 할 수 있다.

도쿠토미 로카(德富蘆花)의 작품 「지렁이의 헛소리」에 도쿄가 '쳐들어왔다', '큰 걸음으로 걸어왔다'는 표현이 있다. 이 표현을 빌리자면, 일본의 근대화는 대부분의 민중에게는 문명과 열강의 이미지를 업은 구미가 쳐들어온 것으로 받아들여졌을 것이다. 동시에 이러한 인식은 근대화의 추진자로서 정부가 큰 걸음으로 걸어오는 과정이기도 했다. 아마도 모든 민중은 자신의 운명이 격변할 것이라는 예

37 「젊은 남자의 성생활」.

감을 품었을 것이며, 격변 속에서 어떻게 생활을 지키고 미래를 개척할 것인가 하는 고민이 마음에 있었을 것이다. 그리고 학문을 갖고 있지 못했기에 왜 격변을 겪어야만 하는가에 대한 탄식, 자신이 현재 어디에 있는지를 확인할 방법을 알지 못해 확고한 미래를 그릴 수 없다는 탄식 또한 깊었을 것이다. 민간학은 이러한 분노와 불안과 탄식을 모태로 해서 결실을 보았다. 그렇기 때문에 민간학은 일본의 구석구석에 쌓인 민중의 뿌리 깊은 내셔널리즘이 발효한 하나의 형태가 되지 않을 수 없었다.

그러나 일본이 보인 이러한 학문에 대한 지향이 배타적 색채를 띤 것은 아니었다. 오히려 그와는 반대로 일본을 장으로 삼아 그곳에서 전개되는 현실을 응시하여 얻은 성과가 일본의 학문으로서 세계에 기여할 것을 지향하고 있었다. 앞에서 살펴본 야나기타 구니오라든지 미나카타 구마구스 또는 야나기 무네요시와 다카무레 이쓰에의 학문에는 이러한 점들이 선명하게 제시되어 있다. 이하 후유의 표현을 빌리자면, 독창성을 파헤침으로써 존재 의의를 밝히고 세계의 문화 창조에 공헌하려고 했다고 볼 수 있다. 야마모토 센지도 성생활 조사의 의의에 대해 앞에서 인용한 글에 뒤이어 다음과 같이 말하고 있다.

"만약에 상세하게 조사한 결과… 성생활의 내용이 대동소이하다고 판명된다면, 우리의 연구가 아무리 미력하고 하찮은 것일지라도 세계 인류의 문화에 공헌하는 바가 적잖을 것이다."[38]

38 「젊은 남자의 성생활」.

이렇듯 민간학 창시자들은 내셔널한 것에 대한 강한 관심을 갖고 사고의 기축으로 삼고 있었다. 그러나 위에서처럼 고유성을 일으켜서 세계 문화에 공헌한다고 할 때, 우리는 이와 흡사한 사상이 앞서 존재했음을 깨닫게 된다. 1890년대 사상계에 평민주의와 대립 · 병행하며 빛을 발한 국수주의, 국민주의가 바로 그것이다.

국수주의에 대한 공감

'국수보존지의(國粹保存旨義)'[39]라고도 하는 '국수'란 내셔널리티의 번역어였으나, 이를 표방한 사람들은 한마디로 말해 당시의 일본이 열강을 흉내 내듯 뒤따라가는 방향으로 근대화를 실현해 가는 상황에서 비유럽형 근대화를 모색하고 있었다.[40] 이들의 사상은 구가 가쓰난(陸羯南)이 주재한 신문 『일본』과 미야케 세쓰레이(三宅雪嶺)와 시가 시게타카(志賀重昻)가 주재한 잡지 『일본인』을 주된 무대로 발

---

39 〔역자주〕 국수주의는 시가 시게타카(志賀重昻)가 『일본인』 제3호(1888년 5월)에서 "일본 장래의 국시는 국수보존지의에 찬정(撰定)하지 않으면 안 된다"라고 주장한 데에서 유래한다. 그리고 시가는 이에 한 달 앞서 『일본인』 제2호에 게재한 「일본인이 품은 바 지의를 고백한다」에서 국수를 'nationality'라고 설명했다. 한편 잡지 『일본인』을 창간한 세이쿄샤(政教社)는 1888년 시가 시게타카, 미야케 세쓰레이(三宅雪嶺) 등 10여 명이 설립했으며, 구가 가쓰난(陸羯南)은 신문 『일본』을 1889년 창간했다. 『일본』의 집필자에는 세이쿄샤 회원이 많았으며, 세이쿄샤의 별동대 같은 존재였다. 본래의 국수주의는 구화주의(歐化主義)에 대항하기 위한 그들의 사상이었다. 참고로 지의는 '깊고도 주장이 되는 뜻'이라는 의미로서 '주의'에 가깝다.

40 이 점과 관련한 사견(私見)은 일본의 명저 37 『구가 가쓰난 · 미야케 세쓰레이』(1971, 中央公論社)에서 언급했다.

표되었다.[41] 국수주의를 대표하는 사상가로 지목된 세쓰레이는 저명한 저서 『진선미 일본인』(1891)에서 "민족의 특색을 떨쳐 일으키는 것은 인류의 발전을 돕고 채우는 일이다"라고 했다. 민간학 창시자가 깊은 곳에 품고 있는 사상이었다.

실제로 1910년 전후에 학문의 골격을 형성한 야나기타 구니오, 쓰다 소우키치, 미나카타 구마구스 등은 모두 국수주의, 국민주의에 강한 친근감을 품고 있었다. 야나기타는 『고향 70년』에서 문명 개화기의 '외국의 주장을 직수입하는 흐름'을 '악풍(惡風)'이라고 평가했으며, 구화주의에서 국수주의로서의 이행을 언급한 다음 "구가 가쓰난과 미야케 세쓰레이 등이 세상을 향해 내뱉는 직언이 이윽고 『일본』 등으로 대표되는 신문의 권위를 확립하는 계기가 되었다"라고 적고 있다. 이 발언에는 국수주의 기수들에 대한 깊은 존경이 나타나 있다. 번민과 방황 시대에 쓰다 소우키치가 가장 즐겨 읽은 신문은 『일본』이었고, 그는 일기에도 이 신문을 자주 인용했다. 쓰다가 사회를 생각할 때 기준이 되는 한 부분을 제공했다고 볼 수 있을 정도이다. 특히 미야케 세쓰레이에 대단히 심취하고 있었다고 해도 과언이 아니다. 한편 『일본 및 일본인』은 미나카타 구마구스가 영국의 『노츠 앤드 큐어리스』와 함께 줄곧 기고(혹은 그에게 지면을 제공)하던 잡지이다. 미나카타는 '위로부터'의 국가주의에 대항한다는 뜻으로 '아래로부터'의 내셔널리즘으로 자리매김할 수 있는 국수주의에 사

41 1907년부터 『일본』과 『일본인』은 합병해서 『일본 및 일본인』이 된다.

상적으로 공명하는 부분을 지니고 있었던 것이다.

이 내셔널리즘으로 인해 민간학 창시자들은 눈으로 보이는 일본의 상징으로서의 천황 또는 천황가에 강렬한 경모를 나타냈다. 국학의 대성자인 모토오리 노리나가(本居宣長)가 철저한 문헌 검토를 통해 일본 고대의 모습을 밝혀 놓고도 국체 관념에 대한 주박에서 벗어나지 못하고 빠져 들어간 것처럼, 신국학 제창자 가운데에는 마음속에 존왕심을 품고 있는 경우가 많았다. 그 구조는 앞에서 살펴본 쓰다 소우키치의 경우에 단적으로 나타나 있다. 그리고 그토록 반관의식(反官意識)이 강했던 미나카타 구마구스 또한 전공인 일본산 점균 표본을 황태자(후의 쇼와천황昭和天皇)에게 진헌할 때와 황태자가 천황이 된 후 시강할 때 마치 전혀 전혀 다른 사람처럼 공손한 태도를 취했다. 1929년 행행(行幸) 기념비에 새긴 노래는 다음과 같다.

"나뭇가지 하나에도 조심스럽고 주의 깊게 불어라 바다에서 불어오는 바람이여. 우리 천황께서 아끼시는 숲이니라."[42]

천황 옆에 있던 시종은, 전부터 미나카타가 별나고 괴팍한 사람이라고 듣고 있어서 내심 걱정을 했으나 완전한 기우였다고 회상할 정도로 경건한 태도를 보인 것이다.[43] 쓰다 소우키치도 미나카타 구마구스도 이들의 반관 의식은 존왕심과 상호 보완적인 관계였던 것이다.

---

42 "一枝もこころして吹け沖つ風わが天皇のめでましし森ぞ," 1929.

43 가사이 기요시, 『미나카타 구마구스—사람과 학문』, 1980, 吉川弘文館.

15년 전쟁과 민간학

근대 일본의 민간학을 역사적으로 평가하려 할 때, 과연 민간학은 15년 전쟁에 대하여 어떤 태도를 취했는가 하는 물음을 피해 갈 수는 없다. 지금 기축으로서의 내셔널리즘을 지적하고 있는 것 역시 적어도 반은 이 문제를 염두에 두고 하는 작업이다. 이 내셔널리즘에서 기인하는 존왕심이 금기를 설정케 만들었다는 점에서 전체적으로 조망하면 민간학이 왕성하게 발전하는 데에 걸림돌이 되었음은 틀림없는 사실이다. 그러나 이 창시자들이 품고 있던 것이 아래로부터의 내셔널리즘이었기에 이들이 꼭 하나의 색으로 칠해지지 않는 성향을 보였다는 점에 대해서도 언급해야 불공평하지 않을 것이라고 생각한다.

이 점에서는 쓰다 소우키치가 가장 눈에 띈다. 그가 파시즘하에서 출판법 위반으로 기소되어 비공개 공판 석상에서 말했듯이, "천황가를 받드는 존경의 정이라는 것, 또한 애국심이라는 것, 이것은 진실된 지식 위에 성립하는 것"이라는 신념 때문에 국체론을 앞세운 고발을 당하게 된 것이다. 그래서 쓰다는 1941년 12월 18일 "종래의 학자들에 의한 연구는 오히려 고전을 말살"했으나 "나는 그것을 살린 것이다"라며 반격했다.[44]

다카무레 이쓰에의 경우는 『모계제의 연구』에서 고대 일본에 모계제가 존재했음을 논증하면서도 그녀가 품고 있는 사랑하는 마음 때문에 연구 말미에 "모든 이민족, 만족(蠻族)과 자발적으로 혼인"하

44 1941년 12월 18일자.

여 "혈통의 귀일(歸一)"을 이룩한 일이라고 결론지었다. 바로 이 같은 곳에 반서구적 · 반상업적 입장에 선 그녀의 공동체에 대한 희구가 가족국가관적인 '화합'이라는 환상에 현저하게 접근하고 있음을 확인할 수 있다. 아울러 진흙탕 싸움으로 번져 가고 있는 청일전쟁에 관하여 일본의 정의를 믿는 한편, 우려를 나타내면서도 무력에 의한 정복보다는 화합에 의한 동화를 바라는 심경이 잘 드러나 있다.

그리고 야나기타 구니오는 이미 잘 알려져 있는 것처럼, 패전을 앞둔 1945년 4~5월 이국땅에서 죽어 가는 젊은이들을 생각하면서 '집(家)'의 영속이라는 문제에 관심을 가지게 되어 『선조들 이야기』를 간행했다. 그리고 1942년 자신의 저서인 『작은 자의 목소리』를 비롯한 〈여성총서〉를 기획했다. 이 총서는 주제를 보나 집필진을 보나 여성문화사를 생각할 때 빼놓을 수 없는 뛰어난 기획인데, 그 집필진의 한 사람으로 야마카와 기쿠에(山川菊栄)를 선택했다. 이에 그녀는 「야나기타 선생의 추억」이라는 글에서 이렇게 쓴 적이 있다.

"『무가(武家)의 여성』과 『내가 사는 마을』 두 권을 제게 나누어 주셔서 마침 곤궁하던 차에 도움이 되었습니다."[45]

상민(常民)의 마음을 탐구하려는 민속학은 어두운 골짜기에 몰려 있던 사회주의자들에게 절호의 피난처가 되었으며, 민속학은 그만한 깊이 있는 아량을 가지고 있었던 것이다.

근대 일본의 민간학은 저항과 동화라는 예민한 부분을 품고 있었

45 야마카와 기쿠에, 「야나기타 선생에 대한 추억」, 『정본 야나기타 구니오집』, 월보 18, 1963.

다. 다르게 말하면 민중의 생활에 뿌리를 내린 강인함을 발휘하는 한편, 국체 관념으로의 경도라는 위험에서 벗어나지 못했다.

근래에 들어 문명 비판의 큰 사조의 하나로서 자주 '일본학'이라는 소리를 듣게 되었다. 이러한 경향에는 앞날을 내다볼 수 없는 작금의 상황에서 근저로부터의 변혁을 지향하는 움직임이 있음을 부정하지는 않겠으나, 동시에 예전에 민간학이 품고 있던 위험에서 제대로 벗어나 있는가 하는 염려 또한 품지 않을 수 없다. 그런 의미에서 근대일본의 민간학은 문화의 자립에 대하여 지금도 우리에게 많은 문제를 제기하고 있다.

학문과 그 미래

학문에 대한 물음

솔직하게 있는 그대로 말하겠다. 학문을 업으로 삼게 된 사람으로서 나는 1970년대를 나 자신의 학문(학문으로 인정해 준다면)을 자기 점검하는 마음으로 보냈다. 물론 하루 종일 학문에 대해서만 고민하고 있었던 것은 아니지만, 언제나 마음 한구석 어딘가에서 고민하고 있었다.

그 계기가 된 것은 다름 아니라 1968~1970년에 벌어진 이른바 학생시위를 통한 학생들의 문제제기였다. 때때로 고발이라는 형태로 발표된 그들의 주장은, 문명의 가해성을 지적하고 동시에 그 추진에 가담한 아니 가담이라기보다 오히려 충분한 사명감을 가지고 이론적·기술적 지주를 제공해 온 학문을 어떻게 생각할 것인가에 대해 학문을 업으로 삼고 있는 한 사람 한 사람이 책임 있게 대답하라는 요구였다. 이 시위가 도쿄대학에서, 그것도 법학과 함께 가장 전문성을 자랑하는(바꾸어 말하면 전문가와 아마추어가 가장 분명하게 나뉘는) 의학 분야에서 시작되었다는 사실은 결코 우연이 아니다.

나는 이 요구를 피할 수 없는 물음이라고 생각했다. 이러한 요구를 한 학생들에게 같은 세대의 젊은이들에 비해 특권을 누린 자로서의(아무리 대학이 대중화되었다고는 하지만) 의식, 즉 이윽고 폭발적인 유행어가 된 '아마에(甘え)'[1]가 없었던 것은 아니다. 그리고 그때 대답을 요구한 학생들 중 과연 몇 명이 또는 몇 퍼센트가 초지를 관철할 수 있었는가 하는 비판도 있다. 그러나 나는 그런 시각으로 비판하고 싶지는 않다. 질문을 던진 그들이 그 시점에서 대부분의 학생이 무의식 중에 체현하고 있던 진실을 나는 의심하지 않는다. 많은 학생은 생활자로서가 아니라 관념으로 사는 존재이기에 생활자가 빠져 있던 모순을 오히려 날카롭게 제기했던 것이다. 그때 질문을 던진 사람들이 그후 어떻게 되었든(결코 무의미하게 사라졌다고는 생각하지 않는다) 그와는 관계없이 그때 그 물음의 무게만이 지금 이렇게 무겁게 남아 있다.

나에게 학문이란

직업별 분류로 말하자면 학문을 업으로 삼고 있는 한 사람으로서

---

1 〔역자주〕 도이 다케오(土居健郎)가 『'아마에'의 구조(「甘え」の構造)』에서 주장한 일본인론의 개념어. 아마에는 사전적으로는 '어리광'으로 해석할 수 있는데, 도이는 일본인은 주변 사람들에 좋은 평가를 받고 좋은 인상을 심어서 스스로 의존할 수 있는 환경과 관계를 구축하려는 특성이 있음을 지적했다.

'기성의 학문을 어떻게 하면 유동적으로 바꿀 수 있는가?', 아니 더 정확하게 말하면 '지금까지 일부 사람들에게 주어지는 것으로 알고 있던 학문을 어떻게 하면 기성화할 수 있는가?'가 나의 지속적 관심사가 되었다. 즉 학문의 또 다른 존재 방식을 탐구하려는 생각을 자극한 것이다. 민간학은 이러한 과정을 통해 심화된 이미지이다. 좁고 얕은 식견 때문에 역사학이라는 "미천한 견식으로 넓은 세계에 대해서 멋대로 판단을 내린" 결과가 되어 버렸으나, 그래도 이것이나 나름대로 제공할 수 있는 나의 학문에 관한 자세이다.

직업적인 연구자가 배출되기 시작한 것은 일본은 물론 구미 열강에서도 겨우 100년 남짓에 불과하다. 그로부터 약 1세기 사이에 학자 사회는 급속한 속도로 비대화하였고, 전문 의식으로 무장된 완고한 집단을 형성하기에 이르렀다. 이러한 나름대로의 달성과 더불어 전문 의식의 자기 증식은 인류 자체를 수단화해 버리는 위험까지 안게 되었다. 지금까지 살펴본 민간학의 동기와 방법에 관한 성과는 이러한 아카데미즘에 대해 적어도 일정한 정도는 상대화할 수 있는 의미를 가졌다고 본다.

야나기타 구니오라든지 이하 후유는 대상에 대한 동정을 학문의 근저에 두고 있었다. '동정'이라는 표현은 제3자에 의한 약자 또는 상대적으로 열등한 자에 대한 연민으로 오해받기 쉬우나, 이들이 사용한 의미는 그런 뜻이 아니었다. 보다 내재적인 마음의 일치를 의미하는 sympathy, 즉 공감 · 공명으로서 사용한 것이다. 자기 존재의 근원을 바라보는 일이 성숙되어 다른 사람에 대한 동일한 상상력, 다시 말해 그들 입장에서 바라보는 다른 사람에 대한 감응(이것은 필연적으로 다른 사람으로부터의 감응도 유발한다)이 이 선각들의 학문을 지탱하고 있었다고 본다. 지금의 학문에 이것이 필요하다고 생각한다.

학문과 시민

나는 1970년대의 역사의식사의 한 면을 「'당하는 측'의 시점과 '~에게'의 시점」[2]으로 정리한 적이 있다. '당하는 측'의 시점이란 저널리스트 혼다 가쓰이치(本田勝一)의 『죽임을 당하는 측의 논리』로 주목받게 된 문명 인식을 말하는 것인데, 그는 베트남전쟁을 통해 강자, 즉 '저지르는 측'의 논리를 먼저 조명하고 거기서 '약자'이기에 지니고 있는 〈강자=문명〉이라는 도식을 초월하는 입장을 찾아내려 했다. '~에게'라는 시점은 예를 들어 아동문학 작가인 야마나카 히사시(山中恒)의 『우리는 소국민(少國民)』에 잘 나타나 있다. 3,000쪽이 넘는 이 대작에서 야마나카는 당시의 소년소녀를 '소국민'으로 몰고 간 체제, 다양한 집단 그리고 개인과 그들의 수법을 철저하게 폭로하면서 한편으로는 한몫을 하는 소국민이 되고 싶어 했던 자신의 가해성을 응시했다. 여기에는 기본적으로 '당한 측'에 있으면서도 자기'에게' 전쟁이란 무엇이었는가를 고민함으로써 역사 속 주체성을 회복하려는 자세가 존재하며, 전쟁 책임을 지도층에 돌림으로써 모든 것을 해결하려는 식의 태도와는 매우 이질적인 의식이 엿보인다.

---

2 「국민의 역사의식의 변화」, 역사학연구회 편, 『현대 역사학의 성과와 과제』 II의 1, 「역사학과 역사의식」(1982, 青木書店).

이 '당하는 측'의 시점과 '~에게'의 시점은 타자의 아픔이라고 할 수 있는 감각을 일본인에게 다소나마 생각하게 하고 느끼게 하는 부분이 있었다. 이렇듯 타자의 주체성을 존중하면서 타자의 입장이 시야에 들어오게 된 것이다. 이것은 1970년대 일본인 전체에 스며든 국가 에고의 비대와 함께, 아니 국가 에고와 의식적으로 대립하는 형태로 형성된 역사 의식을 이루고 있다. 근래에 민족 차별, 성 차별, 지역 차별 또는 장애인 차별 등으로 우리 자신에 대한 모순 인식이 깊어져서 '인간', '사람'이라는 말이 마음 깊이 침전하기 시작한 것은 바로 이러한 결과라고 할 수 있다. 대부분의 아카데미즘은 문명을 추진'하는 측'의 논리 형성에 매달려 있었으나, 역사를 돌이켜보면 민간학은 이런 저런 한계를 지니고 있었음에도 '당하는 측' 입장에서 학문을 구축해 나아가려고 한 선구였다. 그런 의미에서 민간학은 아카데미즘 안에 몸을 담고 바깥 세상으로 나가려고 하지 않는 전문가 집단에게 한편으로는 전문가로서의 의식을 갖고 있되 다른 한편으로는 끊임없이 자기를 검증하는 아마추어로서의 의식을 지니고 있기를 호소한다고, 나는 이해한다.

과연 그것이 가능할까? 자율적으로 그렇게 되기 어렵다는 사실을 유감스럽게도 역사가 증명하고 있다. 즉 이를 가능케 하는 조건은 아카데미즘과 그 바깥 존재인 시민에 의한 부단한 검증 외에 없다고 본다. 모든 권리획득운동은 참여의 논리와 거부의 논리를 동시에 가질 때, 비로소 자립성을 지니면서 일정한 성과를 획득할 수 있는 전망을 세울 수 있다. 그런 의미에서 아카데미즘의 방향과 성과에 대해 언제든 이의를 제기할 준비가 되어 있는 자세를 제시하는 한편,

학습 활동을 통해 인식의 방법을 연마하는 것이 인류의 학문의 미래를 전망할 수 있는 방법이라고 생각한다. 물론 이러한 것이 개념의 조합 또는 바꿔치기에 열중하는 지(知)의 유행이라든지 아무 것에나 편하게 학(學) 자를 붙이는 안일한 경향에 의해 실현된다고는 생각하지 않는다.

저자의 말

연이 있어서 학문이라는 분야에 몸을 담게 된 사람으로서 스스로가 몸부림치고 있는 학문에 대하여 한 번은 어떤 형태로든 논한다는 것은 책무임과 동시에 책무를 초월한 일종의 꿈과 같은 요소를 품고 있는 일이라고 생각한다. 민간학의 풍요한 성과를 내 자신의 모습처럼 초라한 모습으로밖에 제시하지 못한 안타까움이 남기는 하지만, 이렇게 탈고를 하면서 나의 책임을 하나 완수했다는 느낌 또한 없지 않다.

이번 원고를 쓰면서 늘 염두에 둔 것이 두 가지 있다. 하나는 나의 스승에 관해서이다. 일본근대사를 사사한 것은 연대순으로는 호라도미오(洞富雄), 후카야 하쿠지(深谷博治), 이에나가 사부로(家永三郎), 니시오카 도라노스케(西岡虎之助)의 네 분이나, 네 분 모두 민간학자로서의 풍격을 지니고 계시거나 깊은 관심을 가지고 계셨다. 두 번째는 여러 지방에서 만난 역사학을 공부하는 사람들의 모습이다. 그들의 학식, 어조는 그들의 인생관, 세계관과 함께 무한한 교훈을 안겨 주고 있다. 이 모든 것에 감사하는 마음을 깊이 새겨 두고 싶다.

구체적인 인물별로 각 학문을 거론한 관계로 인용이 많아졌다. 읽기 불편하지 않을지 죄송스럽다. 번잡하게 보일 수도 있겠으나, 양해해 주셨으면 한다.

1983년 11월 1일

가노 마사나오(鹿野政直)

옮긴이의 말

역자는 현재 한림대학교 일본학연구소 소장을 맡고 있는데 현재 일본학연구소가 최우선적으로 추진하고 있는 연구과제는 〈제국일본의 문화권력 : 學知와 문화매체〉이다. 이 연구는 19세기 후반부터 1945년 전후까지의 근대적 학문지식체계로서 '학지(學知)'와 대중적 표현형식으로서의 '문화매체' 연구를 통해 제국일본의 문화권력이 형성되고 실현되는 과정을 탐구하는 것이다. 학지가 문화권력의 이론적, 이데올로기적 토대를 광범위하게 구축하는 영역이라면, 문화매체는 그 표현과 전달 형식을 다채롭게 구성하는 영역이라 할 것이다. 따라서 학지 연구와 문화매체 연구가 상호 보완적으로 수행될 때, 제국일본의 문화권력이 형성되고 광역적 차원에서 대중적으로 실현되는 전체 과정이 최대한 구체적으로 밝혀질 것이다. 즉 제국의 사상 · 이론의 소통과 확산, 그리고 제국의 식민지 지배에 대한 반발을 완화시키는 데 '문화'가 어떠한 역할을 하였는가를 문화권력이라는 자장을 통해서 분석할 것이다.

그중에서 학지 연구는 식민정책학과 번역, 관학과 같은 제도권 학지에서부터 민간학, 민족 · 민중혁명론과 문화론, 아나키즘과 같은 반체제적 운동까지 망라하여 상호 간의 쌍방향적 역학관계를 입체적으로 파악하려 한다.

근대화와 독립은 메이지유신을 수행한 일본 자체의 절대 절명의 과제였다. 더구나 일본은 서구 제국과의 끊임없는 경쟁을 벌이면서 피지배 민족과 계급의 저항에 대응하여 아시아에 대한 침략 전쟁을 확대하고 지역 질서를 재편하려는 입장에 서 있었다. 따라서 제국의 학지는 피식민지, 피지배자를 포용하고 계몽하는 내용과 형식으로, 아시아 민족의 문명화, 혁명화, 주체화 담론을 생산하고 전파했다. 그 형성과 전개의 역사는 단순히 지배 권력의 논리가 일방적으로 관철되는 과정이 아니었으며, 그렇다고 저항 세력의 논리가 일방적으로 지배에 포섭되거나 제거되는 과정도 아니었다. 그렇기 때문에 상호 작용적이고 쌍방향적인 역학관계를 제대로 담은 연구, 즉 제도적 학문의 경계를 넘어서는 '학지' 연구를 통해 국가권력과 매체자본, 사회 제 세력과 이데올로기, 전문 지식인과 대중의 역학관계 속에서 유동하는 문화와 문화권력을 조명할 수 있다고 보는 것이다.

이러한 구체적인 연구 주제에 도달하기까지 근대 일본의 학문의 성립과 전개 그리고 정책결정자들의 행보와 사상적 경도, 나아가서 이들 양자의 결합과 조합 등에 대한 많은 문제의식과 知의 자극과 축적이 있었음은 두말할 나위 없다. 물론 그 주변에는 선학이 남긴 많은 지적 유산들이 있었는데, 『근대 일본의 학문』(원제 『近代日本の民間學』)이 매우 자극적인 향을 내뿜으며 역자를 자극했다는 사실을 지금 고백하고자 한다. 야나기타 구니오, 이하 후유, 쓰다 소우키치, 미나카타 구마구스, 기다 사다키치, 야나기 무네요시, 다카무레 이쓰에라는 근대 일본을 대표하는 지식인들의 이야기는 知에 대한 호기심과 축적의 이야기로 역자에게 다가왔다. 이야기의 상당한 부분은 이미 잡식(雜識)으로서 단편적으로나마 알고 있었으나 '관학'과 '민간학'이라는 축을 가운데 놓고 근대 일본 학문의 한 흐름으로 접하니 그 위력은 대단했다. 국내에 비교적 널리 알려진 우치무라 간조(內村鑑三)나 후쿠자와 유키치(福澤諭吉)는 당연하고, 도쿠토미 소호(德富蘇峰)의 『大日本膨脹論』(1894), 구가 가쓰난(陸羯南)의 『國際論』(1894), 니토베 이나조(新渡戶稻造)의 『日本植民論』(1906), 가와카미 하지메(河上肇)의 『時勢之變』(1911), 고토 신페이(後藤新平)의 『日本膨脹論』(1916), 『日本植民政策一斑』(1921) 등 근대 일본을 이끈 지식인들이 당시의 일본을 어떻게 바라보았고, 아시아를 어떻게 인식하였으며, 그들이 생각하는 '팽창', '근대', '식민'이란 무엇이었는가에 대해서 우리는 왜 진작 탐구를 시작하지 않았던가! 하는, 일본학을 연구대상으로 삼는 학자로서의 반성과 아쉬움이 마음속에 일기 시작했다.

이러한 반성과 아쉬움이 처음으로 반영된 결과가 〈제국일본의 문화권력 : 學知와 문화매체〉인데, 한림대학교 일본학연구소 소장으로서, 한림대학교 일본학과 교수로서, 그리고 무엇보다도 일본학 연구자로서 마치 사명감과도 같은 '엄연함'을 느끼고 있다. 연구자로서의 본능에 불을 붙이고 초심을 되돌아보게 한 이번 일이 역자한테 하나의 발전이라면 발전이니, 이 '엄연함'의 계기를 제공해 주신 『근대 일본의 학문』의 저자 가노 마사나오(鹿野政直) 선생에게 감사의 마음을 표하고 싶다. 아울러 이미 언제였는지 기억도 나지 않지만 이 책의 번역을 친히 역자에게 요청하신 한림대학교 일본학연구소

초대 소장이신 지명관 선생님께도 감사의 말씀을 드리고 싶다. 선학의 가르침을 후학이 배웠다는 충족감을 지금 느끼고 있다.

그리고 예상보다 간행이 대폭 지체된 점에 대해서 이와나미쇼텐에 죄송하다는 말씀을 드리고 싶다.

마지막으로 '엄연함'이 발동하여 역자가 조금 욕심을 낸 결과 인명목록과 서지목록 작성이라는 귀찮은 일을 제안했음에도 불구하고 흔쾌히 승낙해 주신 소화출판사에도 고마움을 표하고 싶다.

2008년 5월

서정완

(ㄱ)

가니에 요시마루 : 蟹江義丸, 1872~1904. 저서는 『孔子研究』, 『西洋哲學史』 등.

가도와키 데이지 : 門脇禎二, 1925~2007. 고대사를 연구한 사학자. 저서로는 『고대국가와 천황』, 『고대사를 어떻게 배울 것인가』, 『일본 고대정치사론』 등이 있다.

가모노 마부치 : 賀茂真淵, 1697~1769. 국학자, 가인. 고전 연구를 통해 고대 일본인의 정신을 연구했으며 '4대 국학자' 가운데 한 사람이다. 37세에 교토에서 국학자인 가다노 아즈마마로(荷田春満) 밑에서 고전 연구를 시작했다. 초기에는 『이세모노가타리(伊勢物語)』 등 헤이안 시대의 문학을 대상으로 했으나, 후기에 접어들면서 고대에 관심을 가지게 되어 『만요슈(萬葉集)』를 높게 평가했다. 그 결과 '마스라오부리(ますらをぶり)' 라는 순수하고 소박하면서도 강인함을 주창했다. 만년에 『고사기(古事記)』에 관심을 갖고 있던 그는 모토오리 노리나가를 만났을 때 『고사기』 연구의 필요성을 강력하게 주장했다. 저서로는 『이세모노가타리 고의(古意)』, 『만요고(萬葉考)』 등이 있다.

가와이 간지로 : 河井寬次郎, 1890~1966. 도예가. 초기에는 고도의 기술을 구사했으나 하마다 쇼지의 소개로 야나기 무네요시와 친분을 맺으면서 소박하고 실용을 중시하는 작풍을 갖게 되었다. 세 사람은 함께 민예운동을 추진했으며 1936년 일본민예관이 개설되자 이사에 취임했다.

가와카미 하지메 : 河上肇, 1879~1946. 경제학자. 번사 집안에서 태어나 도쿄

제국대학 법학부를 졸업했으며, 대학 시절 아시오 동산 광독사건 연설회에 감격하여 그 자리에서 외투 등을 기부한 일화는 유명하다. 1908년 교토제국대학 강사가 된 후 마르크스경제학을 연구했고, 1916년부터 신문에 「가난이야기」를 연재하여 이듬해에 출판했다. 다이쇼 데모크라시의 풍조 가운데 빈곤이라는 테마에 경제학적으로 파고든 이 책은 베스트셀러가 되었다. 그 후 더욱 마르크스경제학 연구에 몰두했으며, 1921년 그가 집필한 논문 「단편」을 실은 『개조』는 발매 금지가 되기도 했다. 1928년 교토제국대학을 그만두고 일본공산당의 지하운동에 가담했으며, 1933년 검거되어 치안유지법 위반으로 수감되었다. 수감 중 자신의 공산당 활동에 대한 패배 성명을 발표하여 커다란 충격을 주었다. 저서로는 『자본론 입문』, 『가난이야기』, 『자서전』 등이 있다.

가와키타 미치타다 : 河喜多能達, 1853~1924. 화학자. 도쿄대학 화학과를 졸업하고 도쿄대학 교수를 지냈다. 유기화학공업 연구, 전관염류 연구 등에 저명하며 런던화학학회 회원이기도 했다.

가자하야 야소지 : 風早八十二, 1899~1989. 법학자이자 변호사. 마르크스주의 법학의 선구자 가운데 한 사람. 영국, 독일 등에서 유학을 하고 귀국 후 규슈제국대학의 교수가 되었다. 1930년 「치안유지법」 논문이 실린 도서는 발매 금지가 되고 재직하고 있던 대학에서 추방되었다. 제2차 세계대전이 끝난 후 민주주의과학자협회, 사회과학연구소의 창립에 관여하는 등 활발한 활동을 재개하는 한편 많은 연구 업적을 남겼다. 저서로는 『노동의 이론과 정책』, 『일본 사회정책사』 등이 있다.

가토 산고 : 加藤三吾, 1865~1939. 작가, 소설가. 교사. 아오모리현 출신으로 교육자이던 가토 산고는 오키나와에 매료되어 사사모리 기스케, 이와사키 다쿠지 등과 함께 오키나와를 답사하며 연구했다. 저서로는 『류큐 연구』, 『류큐 문화 연구』 등이 있다.

가토 히로유키 : 加藤弘之, 1836~1916. 메이지 시대를 대표하는 정치학자이자 교육가. 처음에는 메이로쿠샤의 일원으로 천부인권 · 자유평등을 설

파하고 입헌정치의 계몽에 힘썼으나, 후에 천부인권부정론 · 기독교배격론을 전개했다. 도쿄대학 초대 총장과 추밀고문관 등을 지냈다.

게스너 : Konrad von Gessner, 1516~1565. '근대 동물학의 아버지'라고 불리는 스위스의 박물학자이자 서지학자. 동물의 형태와 습성을 독자적으로 관찰하고 연구하여 이를 집대성한 『동물지』를 펴냈다.

고데라 렌조 : 小寺連城, 1800~1878. 에도 시대 말에서 메이지 초까지 활동한 시인이자 화가. 고데라 교큐초(小寺玉晁)가 본명이다.

고사마루 : 護佐丸, ?~1458. 이름은 고사마루 세이슌(護佐丸盛春)이며 중국명은 모국정(毛國鼎). 15세기 류큐의 아지(按司. 관리의 일종). 1440년에 대외 무역으로 힘을 비축하기 시작한 아마와리를 견제하고자 거처를 나카구스쿠 성으로 옮긴 후 성을 개축하고 군비를 강화했다. 그러나 모반을 꾀하려고 군비를 강화한다는 모함을 받았다. 1458년 쇼타이큐왕(尙泰久王)은 아마와리를 총대장으로 하여 고사마루를 토벌할 것을 명령하여 결국 나카구스쿠 성은 함락되고 말았다. 오키나와 민담에는 이때 고사마루는 성을 포위하고 있는 것이 왕의 군대임을 알고는 일체 저항하지 않고 처자식과 함께 자결했다고 전해진다.

고아제 시로 : 小畔四郎, 1875~1951. 균류 연구가. 실업가로서 미나카타 구마구스 변형균 연구의 최대 협력자였다. 1926년 생물학자이던 쇼와 천황의 동궁 시절 점균 표본을 진상한 일이 있다고 한다.

고자이 요시나오 : 古在由直, 1864~1934. 농예화학자. 독일에서 공부했고, 제국대학 농과대학 교수를 지냈으며, 도쿄대학 총장을 역임했다. 아시오 동산 광독 조사에서 동 오염을 실증하여 여론을 환기시켰다. 또한 러일전쟁 당시 비상 농업 대책에도 참여했다.

고토 분지로 : 小藤文次郎, 1856~1935. 지질학자. 일본의 암석학, 화산학, 지진지질학 분야의 개척자.

고토쿠 슈스이 : 幸德秋水, 1871~1911. 저널리스트이자 사회주의자, 아나키스트. 본명은 고토쿠 덴지로(幸德傳次郎). 자유민권운동의 이론적 지도자 나

카에 조민(中江兆民)의 제자로 1901년 사회민주당을 결성했다. 러일전쟁에 반대했고, 미국에 건너갔다가 귀국한 후 아나키즘을 주장했다. 1910년 메이지 천황을 암살하려고 했다는 대역사건으로 검거되어 사형을 당했다.

곤 와지로 : 今和次郎, 1888~1973. 고현학을 제창한 민속학자. 민가 연구와 복식 연구에 업적을 남겼으며 건축학과 생활학에서도 활약했다.

곤다 야스노스케 : 権田保之助, 1887~1951. 사회학자. 도쿄제국대학 철학과 졸업 후 문부성의 위탁을 받아서 각지의 도시 연구에 종사했으며, 이 가운데 1919년에 실시한 소액 봉급생활자의 가계 조사가 유명하다. 또한 이 시기에 '일본 영화의 아버지' 마키노 쇼조(牧野省三)가 설립한 영화사 일을 하기도 했다. 저서로는 『민중오락 문제』 등이 있다.

구가 가쓰난 : 陸羯南, 1857~1907. 국민주의적 · 민족주의적 저널리스트. 프랑스어에 능통해 태정관 서기국원이 되나 정부의 조약 개정, 유럽화 정책에 반대하여 공직에서 물러났다. 서둘러 서구 열강과 어깨를 나란히 하려는 정부 방침에 반하여 일본의 전통에 입각한 완만한 근대화를 주장했다. 1888년 『도쿄 전보(東京電報)』라는 신문(뒤에 『일본』으로 개명)을 간행하고 사장 겸 주필로서 국민주의, 민족주의라는 입장에 서서 국민정신의 앙양을 선도했다. 그의 주장은 신문 이름에서 따서 '일본주의'라고도 불린다.

구로사와 도리조 : 黒沢酉蔵, 1885~. 일본 낙농의 아버지. 다나카 쇼조가 아시오 동산 광독의 피해를 입은 농민의 편에 선 행동에 감동하여 사상적으로 크게 영향 받았다. "건강한 토지에는 건강한 민족이 있다"라는 그의 사상 또한 다나카 쇼조의 사상을 계승한 것이다.

구마쿠라 이사오 : 熊倉功夫, 1943~. 일본문화사 연구가. 다도사를 전공했고, 야나기 무네요시와 민예운동을 연구하고 있다.

구메 구니타케 : 久米邦武, 1839~1931. 역사학자. 쇼헤이자카학문소에서 수학한 후 메이지 정부의 관료가 되었고, 1871년 이와쿠라사절단의 일원으로 구미를 시찰했다. 1888년 제국대학 교수 겸 임시편년사편찬위원으

로 부임했으며, 시게노 야스쓰구 등과 함께 수사(修史) 사업에 관여했다. 그러나 1892년에 잡지 『사해(史海)』에 전재한 논문 「신도는 하늘을 모시는 옛 풍속」의 내용이 문제가 되어 해직되었다. 본문은 이 사건을 염두에 두고 서술하고 있다.

구시 후사코 : 久志芙沙子, 1903~1986. 남겨진 자료가 없어서 '전설의 작가'로 불리는 오키나와 출신의 작가. 1922년부터 5년간 대만에서 지냈다는 사실이 알려져 있다.

구와바라 다케오 : 桑原武夫, 1904~1989. 불문학자이자 평론가. 서구적 지성과 근대적 정신에 기초한 평론이 다수 있다. 부친 지쓰조(隲蔵)는 동양사학자이자 교토제국대학 교수.

기다 사다키치 : 喜田貞吉, 1871~1939. 역사학자. 일본역사지리학회를 조직하고 『역사 지리』라는 잡지를 간행했다.

긴조 조에이 : 金城朝永, 오키나와 출신의 오키나와 방언학자이자 민속학자. 소학교 때 이하 후유가 주관한 '어린이회(子供の會)'에 입회하고 있었으며, 학교에서 방언의 사용을 금지하는 방침에 반대하여 방언사용을 고집한 결과, 특등생에서 낙제생으로 격하되는 불이익을 당했다. 1926년에 도쿄외국어학교를 졸업 후, 도쿄에 있는 오하시(大橋) 도서관에서 근무하였으며, 그후 출판사에서 편집위원으로 근무했다. 야나기타 구니오가 주재하는 '남도담화회(南島談話會)'에 참가하면서 오키나와 연구에 몰입하였다.

(ㄴ)

나가이 히소무 : 永井潛, 1876~1957. 생리학자. 생명론, 우생학, 성교육의 계몽과 보급에 힘썼다. 1902년 도쿄제국대학 의과대학 졸업 후 유럽에 유학했다. 1930년에는 일본민족위생학회를 설립, 이사장으로서 우생학 연구를 추진했다.

나카무라 마사나오 : 中村正直, 1832~1891. 계몽사상가. 쇼헤이자카학문소(昌平坂學問所)에서 수학하며 유학, 난학, 영어를 익혔다. 에도 막부의 영국 유학생으로 유학한 후 시즈오카학문소의 교수가 되었다. 새뮤얼 스마일스의 『Self Help』를 『자조론』이라는 이름으로 출판하여 후쿠자와 유키치의 『학문의 권장』과 함께 베스트셀러가 되었다. 1872년 대장성 관리가 되었고, 여성 교육과 맹아 교육에도 힘썼으며, 메이로쿠샤의 핵심 멤버로 계몽사상의 보급에 진력했다.

나카무라 짓사쿠 : 中村十作. 1867~1943. 도쿄전문학교를 중퇴하고 해군에 들어갔다. 1892년 진주 양식을 하려고 오키나와로 건너갔다. 인두세에 고통받는 오키나와 사람들을 위해 폐지운동의 선두에 서 1903년 마침내 인두세 폐지에 성공했다.

나카소네 세이젠 : 仲宗根政善, 1907~1995. 류큐 방언 연구가로서 전후 오키나와를 대표하는 학자. 1929년 도쿄제국대학에 입학하여 언어 연구의 길을 걸었다. 도쿄에서는 이하 후유, 야나기타 구니오 밑에서 수학하며 커다란 영향을 받았다. 졸업 후 귀향하여 교편을 잡는 한편 이하 후유의 의뢰로 필드워크를 하거나 학생들을 상대로 방언을 조사했다. 교육자로서 많은 후학을 길러 냈으며 전후 반전평화운동을 추진했다.

나카야마 시게루 : 中山茂, 1928~. 과학사가. 중국과 일본의 과학사, 과학기술사, 대학사, 과학의 사회사 등 폭넓은 분야에 연구 업적이 있다.

나카에 조민 : 中江兆民, 1847~1901. 사상가, 저널리스트, 정치가. 프랑스어 등 외국어를 공부하여 프랑스에서 유학했다. 1881년 『동양자유신문』을 창간, 주필로서 메이지 정부를 공격하며 자유민권운동의 이론적 지도자가 되었다. 루소를 일본에 소개했다. 그의 저서 『삼취인경륜문답』은 일찍이 소일본주의를 주장한 것으로 평가된다.

나카하라 젠추 : 仲原善忠, 1890~1964. 역사학자. 오키나와현 사범학교를 졸업하고 히로시마고등사범학교에 진학하여 교편을 잡았다. 1939년경부터 오키나와 연구에 착수하여 자신의 고향인 오키나와 구메지마(久米

島)의 오모로(오키나와에 전해지는 고대 가요) 연구에 몰두했다. 제2차 세계대전 후 히가 슌초 등과 도쿄에서 오키나와학 연구 단체로서 오키나와문화협회를 창설했다.

노로 에이타로 : 野呂栄太郎, 1900~1934. 일본의 재야 마르크스경제학자. 제2차 세계대전 전 일본공산당의 이론적 지도자의 한 사람이었다. 일본자본주의 논쟁에서 야마다 모리타로(山田盛太郎) · 히라노 요시타로(平野義太郎) 등과 함께 강좌파(講座派)의 중심적 인물이었으나, 지병과 탄압 때문에 직접 원고를 집필하지는 못했다. 1933년 11월 간첩 혐의로 체포되어 고문으로 지병이 악화되어 이듬해 2월 19일 사망했다.

노사카 아키유키 : 野坂昭如, 1930~. 작가이자 작사가. 1950년 와세다대학 불문과에 입학하여 재학 중에 방송 작가, 작사가로 활약하며 대학을 중퇴했다. 1967년 「반딧불의 묘」로 나오키상을 수상한 이후 다수의 문학상을 수상했으며 천황제 폐지를 주장하는 등 좌파적 경향을 보이기도 했다. 저서로는 『1945 · 여름 · 고베』, 『과학 문명에 미래는 있는가』, 『8월의 풍선』, 『최후의 사과』 등이 있다.

니시다 다케토시 : 西田長寿, 1899~1989. 저널리스트. 게이오의숙대학 경제학부를 졸업하고 1930~1964년까지 도쿄대학 법학부 메이지신문잡지문고에 근무했다. 저서로는 『일본 저널리즘사 연구』 등이 있다.

니토베 이나조 : 新渡戸稲造, 1862~1933. 농학자, 교육자. 1877년 조부가 시작한 개척 사업을 이어받을 준비로 삿포로농업학교에 입학하여 그곳에서 기독교에 입신하고 코즈모폴리탄적 이상주의를 키웠다. 도쿄대학 면접에서 태평양의 가교가 되겠다고 포부를 밝힌 일은 유명하다. 도쿄대학을 중퇴하고 유학한 후 모교에서 교편을 잡지만 미국으로 건너간다. 이때 서양인을 대상으로 영어로 『무사도』를 집필하여 1899년 간행했다. 다시 귀국하여 도쿄대학 교수, 도쿄여자대학 학장 등을 지냈고 1920년 제1차 세계대전 후 국제연맹 사무국 차장에 취임했다. 청년기 이래의 포부대로 일본과 세계(서구)의 상호 이해와 융화를 목표로 폭넓은 활동

을 펼친 그는 이른바 다이쇼 데모크라시 지식인의 전형이라고 할 수 있다. 또한 일본이 국제연맹을 탈퇴하고 군국주의가 고조되고 있을 때에 "나라를 멸망의 길로 모는 것은 공산당과 군벌이다"라는 발언이 신문에 실려서 군부와 좌익의 강력한 반발을 샀으며, 한편 반일 감정을 해소하려고 미국으로 건너가 일본의 입장을 호소했으나 "일본 군부를 대변하러 왔는가?"라는 냉담한 반응으로 외면당했다.

(ㄷ)

다구치 우키치 : 田口卯吉, 1855~1905. 경제학자, 역사가. 막신(幕臣)의 집안에서 태어났으나 메이지유신으로 막부가 와해되자 요코하마에서 장사일을 배웠다. 이를 계기로 이후에 영어를 배우고 의학에 뜻을 두었으나 1872년 대장성 번역국에 들어가 경제학과 서양문명사 등을 배웠다. 그러나 번역국이 폐지되자 저술 활동을 시작하여 『일본개화 소사』를 비롯하여 『자유무역 일본경제론』 등을 출판하는 한편 강연 활동, 실업가로서의 활동, 의회 활동 등을 활발하게 펼쳤다.

다나카 쇼조 : 田中正造, 1841~1913. 아시오 동산 광독사건의 고발자. 촌장으로서 정치적 요구를 하다 1868년 투옥되는 것을 시작으로 일생에 걸쳐 여러 번 투옥되었다. 1880년 현령과 의회에서 대립하여 과격한 자유민권운동에 참여했다는 이유로 체포되었으며, 1890년 제1회 중의원의원 총선거에서 당선되었다. 이해 와타라세가와 유역에서 대홍수가 일어나 유출된 광독에 의해 벼가 마르는 현상이 각지에서 확인되었다. 1891년 광독의 해를 시찰하고 중의원의회에서 광독문제에 관한 질문을 하고 도쿄에서 이에 대해 연설을 했다. 도쿄에 가서 진정하려던 농민들이 도중에 군마현의 가와라마타에서 경찰과 충돌하여 유혈 참사가 벌어지자, 이 사건에 관해 일본 헌정사에 남을 대연설을 했다. 1901년 의원직을 사퇴한 후에도 광독 피해를 알리는 활동을 계속하여 메이지 천황에게 직

소하려고 시도하다 실패했지만, 이를 계기로 광독사건은 더욱 널리 알려졌다.

다나카 아키라 : 田中彰, 1928~. 사학자. 홋카이도대학과 삿포로학원대학의 교수를 거쳐 현재 홋카이도대학 명예교수로서, 소일본주의와 대일본제국부정론을 기조로 하여 메이지 이후의 근대 일본사를 비판적으로 연구하고 있다. 저서로는 『메이지유신과 역사 교육』, 『근대 천황제로의 도정』, 『소국주의—일본의 근대를 다시 읽는다』 등이 있다.

다무라 에이타로 : 田村栄太郎, 1893~1969. 역사가. 반골의 민간 사학자로서 유명하다. 어린 시절 환락가에서 성장한 것이 계기가 되어 풍속 관련 연구의 일인자가 되어 많은 저서를 남겼다. 한편 폭력배에 대해서도 연구했다. 저서로는 『일본풍속사』, 『야쿠자의 생활』, 『근대 일본 농민운동사론』 등이 있다.

다시로 안테이 : 田代安定. 1857~1928. 민속학자이자 일본 열대식물 연구의 일인자. 가고시마 출신으로 젊은 시절 식물학을 공부하기 위해 러시아 유학을 했다. 1875년 귀향하여 현청에 들어갔으며, 이후 농상무성으로 옮겨 남방제도 열대식물 연구에 몰두했다. 1885년 오키나와현 야에야마제도(八重山諸島)의 동식물과 민속을 조사를 했다.

다지마 리사부로 : 田島利三郎, 1869~1931. 오키나와 연구가. 니가타현 출신으로 오키나와에 중학교 교사로 부임해서 제사가요집(祭祀歌謠集)인 『오모로소시(おもろそうし)』 연구에 전념했다. 그 연구 성과는 제자인 이하 후유의 오키나와학에 계승되었다.

다카기 도시오 : 高木敏雄, 1876~1922. 신화학 연구가. 도쿄대학 졸업 후 도쿄고등사범학교와 오사카외국어학교 교수를 지냈으며, 신화 · 전설 연구의 선구자이며 특히 비교신화학의 기초를 마련했다. 1913년에 야나기타 구니오와 함께 『향토 연구』를 간행, 일본 최초의 민속학 전문지로서 후세에 많은 영향을 남겼다.

다카무레 이쓰에 : 高群逸枝, 1894~1964. 시인이자 민속학자. 일본의 여성사

학의 창시자. 일찍이 시인으로 활약하다 아나키즘과 만나면서 여성사 연구에 투신했다.

다카하시 사다키 : 高橋貞樹, 1905~1935. 피차별부락민의 지위 향상과 계몽을 위한 수평운동가이자 공산주의자. 부친이 피차별부락 출신이었으나 이 사실을 숨기고 오이타현 현청에 근무했다. 도쿄대학 상과대학을 중퇴하고 사회주의 잡지 발행에 관여했다. 무산 계급 혁명에 의한 피차별부락의 해방을 주장했다. 1924년 5월 『특수부락 천년사』를 출간했으나 발행 금지 처분을 받았고 5개월 후 『특수부락사』로 이름을 바꾸어 재간행하여 당시 베스트셀러가 되었다. 1926년 소비에트연방에 밀항했다가 1928년 일본공산당 재건을 위하여 귀국하여 지하 활동을 벌였다. 치안유지법 위반으로 복역하던 중 병으로 출옥하여 병사했다.

다케코시 산사 : 竹越三叉, 1865~1950. 역사가이자 정치가. 본명은 다케코시 요사부로(竹越與三郞). 산사는 호. 1882년 게이오의숙에 들어갔다 중퇴하고 언론계에 입문, 『오사카 공론』, 『국민신문』 등의 기자를 거쳐 1896년 잡지 『세계의 일본』의 주필이 되었다. 천황제를 있는 그대로 묘사한 저서 『2500년사』에 나타난 권력관 · 천황관은 독일사학이나 고증학의 계통을 이어받은 이른바 관학과 거리를 두고 있었으며, 예컨대 덴지 천황(天智天皇), 고다이고 천황(後醍醐天皇)을 약점이 많은 영웅으로 취급하며 그들의 정치가로서의 능력에 기탄없는 비판을 가하고 있다. 이러한 이유 때문에 제2차 세계대전 중에는 복간이 금지되었다.

다키모토 세이이치 : 滝本誠一, 1857~1932. 경제사가. 번사(藩士)의 집안에서 태어나 교사, 신문기자, 번역가 등 다양한 직업을 거친 후 1914년 도시샤대학의 교수가 되어 일본경제사를 개척했다. 말년을 일본경제사상사와 경제사에 관한 사료집 편찬에 바쳤다.

다키카와 마사지로 : 滝川政次郎, 1897~1992. 법제사 학자. 도쿄제국대학 법학부를 졸업한 후 규슈제국대학 법학부 교수를 거쳐 주오대학(中央大學) 교수가 되었다. 그러나 1934년 다이카개신에 관한 논문으로 군부와 우

익의 공격을 받아 대학을 그만둔다. 일본 국내에서 교단에 설 수 없게 된 다키카와는 일본의 율령법과 깊은 관련이 있는 중국 법제사에 대한 관심을 넓혔다. 전후 극동국제군사재판의 변호인이 되었으며 국학원대학 교수를 지냈다. 저서로는 『율령의 연구』, 『일본 노예경제사』 등이 있다.

단바 게이조 : 丹波敬三, 1854~1927. 약학자. 도쿄대학 제약학과를 졸업하고 독일에서 위생학을 공부했다. 귀국 후 도쿄제국대학 의과대학의 교수가 되어 일본의 근대 약학의 기초를 쌓았다.

데라이시 마사미치 : 寺石正路. 고치현(高知縣)의 향토사가. 일본 최초로 좌우의 민속학 연구자이며 히라조 패총(平城貝塚)을 발견했다.

도기 호류 : 土宜法竜, 1834~1921. 고야산(高野山) 진언종 관장이자 당시 최고의 학승. 런던에서 유학 중이던 1893년 10월 말 미나카타 구마구스와 만나 이후 교류를 쌓았다. 두 사람은 30여 년간 서간을 주고 받았으며, 이를 소중하게 보관해 온 도기 호류에 의해 세상에 알려져 왕복 서간집으로 출판되었다.

도야마 시게키 : 遠山茂樹, 1914~. 역사학자. 일본 근대사 전공. 제2차 세계대전 전에는 문부성 유신사료편찬사무국과 도쿄제국대학 사료편찬소를 역임했으며, 전후에는 요코하마시립대학 등의 교수를 지냈다. 유물사관의 대표 학자로 활약했다. 저서로는 『일본근대사』, 『메이지 국가의 권력과 사상』 등이 있다.

도쿠토미 로카 : 德富蘆花, 1868~1927. 소설가. 형은 사상가이자 저널리스트인 도쿠토미 소호. 도시샤대학을 중퇴한 후 민유샤의 기자가 되었으며, 「불여귀」·『자연과 인생』 등을 발표하여 작가적 지위를 확립했다. 후에 톨스토이에 심취했고, 만년에는 기독교인으로서 구도적 생활을 했다.

도쿠토미 소호 : 德富蘇峰, 1863~1957. 평론가. 문학가인 도쿠토미 로카(德富蘆花)의 형이다. 1885년 「제19세기 일본의 청년 및 그 교육」으로, 그리고 1886년 「장래의 일본」으로 문단에 데뷔했다. 도시샤대학을 중퇴한 후 자유민권운동에 참여했으며, 민유샤를 결성하여 잡지 『국민지우(國民之

友)』, 『국민신문』(현재의 『도쿄 신문』)을 발간하여 평민주의를 주장했다. 그러나 청일전쟁 후 3국 간섭에 충격을 받아 국가주의자로 변모하여 야마가타 아리토모(山県有朋), 가쓰라 다로(桂太郎) 등과 깊은 교류를 맺어 『국민신문』은 어용 신문으로 인식되었다. 제2차 세계대전 중에도 천황가 중심의 국가주의사상에는 변함없었으며, 전쟁이 끝난 후에는 A급 전범 용의를 받아서 공직에서 추방되었다. 『근세 일본 국민사』는 1918년에 집필을 시작하여 1952년에 완성한 100권에 이르는 방대한 사서(史書)이다.

(ㄹ)

라이프니츠 : Gottfried Wilhelm von Leibniz, 1646~1716. 독일의 철학자이자 수학자, 법학자, 신학자. 수학에서는 미적분법을 창시하여 미분 기호, 직분 기호를 창안해 냈으며, 역학에서는 활력의 개념을 도입했다. 철학에서는 데카르트와 스피노자의 철학을 극복하고 보편학의 구상을 체계화했다.

(ㅁ)

마거릿 생어 : Margaret Sanger, 1883~1966. 미국 산아제한운동의 창설자. 뉴욕에서 간호사로 근무하면서 빈곤, 무제한적 출산, 유아와 산모의 높은 사망률은 서로 밀접한 관계가 있다는 사실을 깨닫고 산아제한운동에 나서 모든 여성에게는 가족계획의 권리가 있다는 믿음으로 여성운동가로서 일생을 바쳤다. 1917년 미국 최초의 산아제한 진료소를 열어 고발당하기도 했다. 1927년 제네바에서 제1차 세계인구회의를 열었고, 그 뒤 인도와 일본에서 산아제한을 위해 활동했다.

마루오카 히데코 : 丸岡秀子, 1903~1990. 작가이자 평론가. 1924년 나라여자고등사범을 졸업하고 교사로 근무한 후 산업조합중앙회 조사부에서 일

하며 전국의 농촌을 다녔다. 전쟁 후 농촌부인협회를 조직하는 등 여성의 지위 향상을 위해 활동했으며, 농업 · 농촌 · 교육 · 여성문제 등 폭넓은 분야에서 실천적인 평론 활동을 계속했다. 특히 여성의 존엄성 · 우위성 · 초월성을 강조하며 남성중심주의의 전쟁에 반대했으며, "영혼을 가지고 영혼에게 말하여라"라는 엄격하고 진지한 자기 성찰을 관철했다.

마쓰다 미치오 : 松田道雄, 1908~1998. 의사, 전후 민주주의를 대표하는 논객. 교토제국대학 의학부를 졸업한 후에 교토 시내에 개원했다. 소아과 의사로서 활동하면서 1978년에는 안락사 법제화를 저지하는 성명서를 발표했다. 마쓰다를 민간학자로 보는 이유의 하나에 모든 공직 제의를 거절한 점이 있다. 연회와 훈사는 더 이상 하고 싶지도 듣고 싶지도 않다는 것이 이유였다. 모교인 교토대학 의학부의 제안도 거절하고 한 소아과 의사의 길을 택했으며, 그의 『육아의 백과』는 전후 세대 부모들의 육아 바이블이 되었다.

마쓰무라 진조 : 松村任三, 1856~1928. 식물학자. 식물 표본을 많이 채취하여 150종 이상의 식물에 학명을 붙였고, 그때까지의 본초학과 근대적 식물학 사이에 다리를 놓았다.

마쓰바라 이와고로 : 松原岩五郎, 1866~1935. 일본 최초의 르포라이터. 돗토리에서 태어났으며, 10대 후반 가출하여 오사카와 도쿄 등지를 떠돌아다니며 여러 직업을 전전하여 밑바닥 생활을 경험했다. 26세 때 고다 로한(幸田露伴)의 소개로 『국민신문』에 입사하여 다양한 르포르타주를 신문지상에 발표했다. 특히 하층사회를 극명하게 그린 연재는 『최암흑의 도쿄』로 민유샤에서 간행되었다.

마쓰시마 에이이치 : 松島栄一, 1917~2002. 역사학자. 사상사, 문화사, 사학사, 역사교육 등 폭넓은 분야의 연구를 했다. 이에나가 사부로 등과 도쿄제국대학 사료편찬소에 근무했으며, 제2차 세계대전 패전 후 역사학 재건에 진력을 하는 한편 집필 활동도 활발하게 했다. 저서로는 『태평양

전쟁』, 『일본의 학문』, 『역사 교육의 역사와 사회과』 등이 있다.

마쓰오카 가나에 : 松岡鼎, 1860~1934. 의사. 사범학교를 나와 초등학교 교장이 되었다가 후에 제국대학 의과대학에서 공부하여 지바현 후사에서 병원을 열었다. 의사로 활동하는 한편 지방 자치에도 크게 공헌했다.

마에다 마사나 : 前田正名, 1850~1921. 관료 · 농정가. 메이지 시대의 식산흥업정책의 실천가로 알려져 있다. 메이지유신이 한창일 때 나가사키에서 수학하고 7년 동안 프랑스에서 유학했다. 대장성 · 농상무성의 관리로 재직 중에 일본 국내 산업 실정을 조사하여 식산흥업을 위해 『흥업의견』(전 30권)이라는 보고서를 저술했다.

마키구치 쓰네사부로 : 牧口常三郎, 1871~1944. 교육자. "인생의 목적은 가치창조에 있다"라는 이념을 주장하며 1930년 창가교육학회를 설립했으며, 1943년 치안유지위법 위반과 불경죄 등으로 검거되어 다음 해에 옥사했다.

매튜 캘브레이스 페리 : Matthew Calbraith Perry, 1794~1858. 미국의 해군 군인. 동인도함대 사령관으로 1853년 군함 네 척을 끌고 우라가(浦賀)에 도항하여 일본에 개국을 요구했다. 1854년 재차 도항한 그는 미일화친조약을 체결했다.

모리 아리노리 : 森有礼, 1847~1889. 사쓰마번(薩摩藩) 번사, 메이지 시대의 정치가, 초대 문부대신. 영국과 미국에 유학하고 메이지유신 후 귀국하자, 1873년 후쿠자와 유키치 등과 함께 일본 최초의 학술 단체인 메이로쿠샤(明六社)를 결성했다. 1885년에 제1차 이토 히로부미 내각에서 문부대신에 취임하여 일련의 학교령을 공포하여 학제 개혁에 진력했다. 오늘날에도 이어지는 수학여행, 운동회는 모리에 의해 만들어진 것들이다. 1889년 대일본제국헌법이 발포되던 날 국수주의자에 의해 암살당했다. 영어의 국어화를 제창한 것으로도 유명하다.

모리모토 로쿠지 : 森本六爾, 1903~1936. 고고학자. 대학 교육을 받지 않은 아마추어 고고학자로서 일본의 고고학 발전에 커다란 족적을 남겼다. 야

요이 시대 구분에 벼농사가 개시되었음을 주장한 것이 주된 업적이다.

모토오리 노리나가 : 本居宣長, 1730~1801, 일본의 대표적 국학자. 의사였던 그는 의학 공부를 위해 도쿄로 나와 국학에 관심을 가지게 되었다. 1757년 고향 마쓰자카에 돌아가 의사로 활동하는 한편 국학 연구에도 몰두했다. 34세 무렵 마쓰자카를 방문한 가모노 마부치(賀茂真淵)와의 만남을 계기로 고전 연구에 몰두했다. 그는 자신의 저서 『고사기전(古事記傳)』에서 중국문학에 심취하는 마음을 버리고 일본 고래의 정신으로 되돌아갈 것을 주장했다.

무라카미 노부히코 : 村上信彦, 1909~1983. 작가이자 여성사 연구가. 중학교 시절 아나키즘에 경도되었으며, 와세다제일고등학원을 중퇴한 후 출판사에서 근무했다. 소설 간행을 계기로 문필 활동에 전념했고 복장사, 여성사 연구에 몰두했다. 여성사에 전념한 동기는 아버지에 대한 반발, 사상 편력, 연애 체험에 의하는 것으로 알려져 있다. 무라카미 여성사의 특징은 여성이 고난의 인생 속에서 씩씩하게 살아가는 모습을 따뜻한 시선으로 바라보는 데에 있다.

미노베 다쓰키치 : 美濃部達吉, 1873~1948. 헌법학자. 1897년 도쿄제국대학을 졸업했으며, 재학 중에는 천황기관설을 주장한 잇키 기토쿠로(一木喜德郎)에 사사했다. 독일, 프랑스, 영국에서 유학한 후 1900년 도쿄제국대학 조교수로 부임했다. 1912년에 발표한 『헌법강화(憲法講話)』에서 천황은 국가의 최고 기관이라는 천황기관설을 발표했다. 이후 호즈미 야쓰카의 후계자로 지목되는 한편 천황주권설을 주장한 우에스기 신키치(上杉慎吉)와 논쟁을 벌였다. 그러나 1934년 국체명징운동이 일어나면서 천황기관설이 우익과 군부의 공격을 받자, 그의 저서는 발행 금지를 당하고 불경죄로 조사를 받았으며 귀족원의원을 사임했다. 제2차 세계대전 후 헌법 개정에 참여했으나, 그는 대일본제국헌법과 일본국헌법의 연속성에 회의적 견해를 피력하며 국민 주권의 원리에 근거한 헌법 개정에 반대했다.

미야모토 쓰네이치 : 宮本常一, 1907~1981. 일본의 대표적 민속학자. 제2차 세계대전 전부터 고도 성장기까지 일본 각지를 필드워크하여 방대한 기록을 남겼다. 야나기타 구니오와는 달리 피차별부락민, 성의 문제를 중시했으며, 서민의 관점과 발로 모은 자료와 그 자료로 뒷받침한 생활자의 관찰안에는 정평이 있다.

미야치 마사토 : 宮地正人, 1944~. 일본 역사학자. 국립역사민속박물관장. 도쿄대학 사료편찬소장 역임. 전공은 일본근대사. 저서로는 『天皇制の政治史的研究』(1981), 『國際政治下の近代日本』(1987), 『幕末維新期の社會的政治史研究』(1999) 등이 있다.

미야케 세쓰레이 : 三宅雪嶺, 1860~1945. 철학자, 평론가. 도쿄제국대학 철학과 졸업 후 시가 시게타카 등과 세이쿄샤를 설립하고 국수주의 입장을 주장하기 위해 『일본인』을 창간했다. 평생 재야에 몸담고 있었고, 이런 일관된 자세를 견지하여 많은 사람의 존경을 받았다.

미야타케 쇼조 : 宮武省三, 1882~1964. 1923년 질문을 적은 서한을 미나카타에게 보낸 일이 인연이 되어 민속학과 변형균을 연구했다. 저서로는 『가고시마 풍물지』, 『풍속잡기』 등이 있으며 미나카타를 심적 · 경제적으로 원조했다.

미즈오 히로시 : 水尾比呂志, 1930~. 미술사가이자 민예운동가. 야나기 무네요시를 사사했고 무사시노미술대학의 교수를 지냈다.

미즈하라 교에이 : 水原堯栄, 1890~1965. 쇼와 시대의 종교가. 미나카타와는 1920년과 1921년 두 번 만났다 일본문화사에 기여하기 위해서는 고야정신의 발현인 고야산사, 미술사, 문학사, 교리사 등을 계통적으로 연구해야 한다고 주장했다.

(ㅂ)

베르너 하이젠베르크 : Werner Heisenberg, 1901~1976. 독일의 물리학자, 철

학자. 노벨물리학 수상. 양자역학이라는 현대과학을 수립하는 데 공헌했으며, 이 양자역학에서 유명한 불확정성 원리가 유래되었다. 또한 난류의 유체역학, 원자핵, 강자성, 우주선(宇宙線), 소립자 이론에 중요한 기여를 했다.

보아소나드 : G. E. Boissonade de Fontarabie, 1856~1910. 프랑스의 법학자. 1873년 일본의 초빙으로 도일하여 일본의 근대 법제의 정비와 법학 교육에 지대한 공헌을 했다. 일본의 구형법 · 치죄법 · 구민법은 그가 초안한 것이다. 그러나 당시 일본 사회로서는 너무 선진적이고 민주적인 내용이라 강력한 반대 의견에 부딪혀, 결국 이른바 보아소나드 민법은 사장되었다.

(ㅅ)

사사모리 기스케 : 笹森儀助, 1845~1915. 탐험가, 정치가, 실업가. 당시 변경이고 그 실체가 거의 알려지지 않고 있던 규슈 남쪽에 있는 난세이제도(南西諸島), 홋카이도 동쪽 지시마열도(千島列島)를 조사했고, 이 조사를 기록으로 남긴 『남도 탐험』은 민속학자에게 커다란 영향을 주었다. 1891년 민간의 실정을 시찰하고 국력의 실제를 확인하고자 도쿄에서 가고시마(鹿児島)까지 70일간 여행을 하면서 많은 기록을 남기기도 했다.

사사키 교세키 : 佐々木鏡石. 1886~1933. 교세키는 필명이며 본명은 사사키 기젠(佐々木喜善)이다. 민화 · 설화 · 전설의 수집가이자 연구가. 400편이 넘는 옛날이야기를 수집하여 일본 민속학, 구전 문예 연구에 커다란 공적을 남겨 '일본의 그림'으로 불린다. 철학을 공부하다 문학에 뜻을 두고 와세다대학 문학과를 다녔으며, 1905년부터 소설을 발표했다. 1908년 무렵 야나기타 구니오와 교류를 갖게 되었는데, 그가 들려준 도노에 관한 이야기가 야나기타의 『도노 이야기』의 토대가 되었다.

사이구사 히로토 : 三枝博音, 1892~1963. 철학자. 과학사, 기술사에도 많은

업적을 남겼다. 도쿄제국대학 시절부터 마르크스주의에 몰두하여 1928년에는 무신론운동을 일으켰고, 호세이대학 등에서 교편을 잡았다. 1933년에 일어난 사상 탄압을 계기로 일본철학사상사에 본격적으로 매달렸다. 저서로는 『기술의 철학』, 『일본의 유물론』 등이 있다.

산조 사네토미 : 三条実美, 1837~1891. 최후의 태정대신을 지낸 정치가. 존왕양이운동의 선두에 섰으며, 1863년 사쓰마번, 아이즈번이 결탁한 정변에 의해 추방되고 이후 유폐 생활을 보냈다. 1868년 왕정복고로 정치무대에 복귀하여 정권의 중추적 역할을 맡았으며, 정한론을 둘러싼 대립에서 정한반대파의 입장에 섰다.

세키 게이고 : 関敬吾, 1899~1990. 민속학자, 아동문학가. 야나기타 구니오에게 배우면서 민속학의 길을 걷게 되었으며, 제2차 세계대전 후 사회학자 · 인류학자 · 민속학자 등과 공동으로 일본의 농촌과 산촌 사회를 조사했다. 유럽의 민속학을 적극적으로 받아들여 핀란드 학파의 강한 영향하에 옛날이야기를 분류 · 유형화했다.

스가에 마스미 : 菅江真澄, 1754~1829. 국학자이자 여행가. 생애의 대부분을 신슈(信州)와 오우(奥羽) 지방을 여행하며 『마스미 유람기』 등 민속학상 귀중한 자료를 다수 저술했다.

스기타 데이이치 : 杉田定一, 1851~1929. 나라에 있는 야규의 덕정비문(徳政碑)을 최초로 역사학적으로 연구한 향토사가.

시게노 야스쓰구 : 重野安繹, 1827~1910. 역사가. 일본에서 처음으로 실증주의를 제창한 일본사학의 권위자로서, 청대(清代) 고증학파의 영향을 받은 역사학 방법론을 주장하며 고지마 다카노리(児島高徳, 남북조 시대의 무사)의 존재라든지 구스노키 마사시게(楠木正成, 남북조 시대의 무장)의 일화를 부정하는 주장을 펴 '말살 박사'라는 별명을 얻었다.

시라토리 구라키치 : 白鳥庫吉, 1865~1942. 동양사학자. 도쿄제국대학 사학과를 졸업한 후 가쿠슈인대학과 도쿄제국대학의 교수를 지냈으며, 쇼와천황(昭和天皇)의 동궁 시절 교육을 담당하기도 했다. 일본을 비롯해 아

시아 전체의 역사, 민속, 신화, 전설, 언어, 종교 등 광범위한 분야를 연구했다. 1910년 저술한 「왜여왕 히미코고(倭女王卑弥呼考)」에서 야마타이코쿠 기타큐슈설(邪馬台國北九州說)을 주장했다. '동의 시라토리 구라키치, 서의 나이토 고난(內藤湖南)', '실증학파 나이토 고난, 문헌학파 시라토리 구라키치'라고 불리며 쌍벽을 이루던 동양사학자이자 교토제국대학의 교수 나이토 고난은 「히미코고(卑弥呼考)」를 저술하여 기내설(畿內說)을 주장함으로써 커다란 논쟁을 불러일으켰다.

시마다 사부로 : 島田三郎, 1852~1923. 정치가, 저널리스트. 1873년 요코하마 마이니치(横浜每日) 신문사에 입사했으나 2년 후 정부에 나갔다가 재입사했다. 1882년 입헌개진당 창립에 참여했으며, 메이지 시대의 신문계에 자유주의 양식파 언론인으로서 이채를 띠었다. 요코하마에서 중의원 의원으로 연속 14회 당선되었으며, 기독교 교회의 활동 · 아시오 광독 피해자 구제운동 · 선거권 확대운동 등을 지원했다.

시부사와 게이조 : 渋沢敬三, 1896~1963. 재계인이자 민속학자. 도쿄제국대학 경제학부를 졸업한 후 은행에 들어가 금융계에 종사했고, 1944년에는 일본은행 총재가 되었다. 제2차 세계대전 후 대장대신을 지냈으나, 시부사와 집안은 재벌 해체 대상이 되어 공직에서 추방되었다. 이후 공직 추방이 해제되어 기업계에서 활발하게 활동하는 한편 젊은 시절 야나기타 구니오와 만난 일이 계기가 되어 민속학에 매료되었다. 그는 동식물 표본, 화석, 향토 완구 등을 수집한 사설 박물관을 열었는데, 이 박물관은 이후 일본상민문화연구소가 되었다. 한편 스스로도 민속학에 진력하여 어업사 분야에서 공적을 남겼고, 많은 민속학자를 지원하고 양성했다.

시부사와 에이이치 : 渋沢栄一, 1840~1931. 실업가. '근대 일본 자본주의의 아버지'로 불리는 실업가. 부농 집안에서 태어났고, 10대 시절 뛰어난 장사 수완을 보였다. 지인의 추천으로 도쿠가와 가문의 마지막 쇼군의 막신이 된 후 파리 만국박람회를 둘러보았다. 귀국하고 대장성 관료가

되어 철도 부설, 전국 측량, 도량형 통일 등을 실시하는 한편 일본 최초의 은행 제일국립은행을 설립했다. 이외에 500여 기업에 관여하며 근대 일본의 경제를 일으켜 세운 그는 경제와 도덕의 일치를 주장했다. 또 민간 외교 활동을 왕성하게 전개하여 노벨평화상 후보가 되기도 했으며, 은퇴 후에는 사회 공공사업에 적극 참여했다.

시어도어 드와이트 울지 : Theodore Dwight Woolsey, 1801~1889. 미국의 교육가. 예일대학교의 총장을 지내면서 미국 고등교육에 지대한 영향을 미쳤다. 독일 학문의 진보적인 방법을 미국 대학에 소개했다. 저서로는 『국제법 연구 입문』등이 있다.

신란 : 親鸞, 1173~1262. 가마쿠라 초기의 승려로 정토진종의 개조. 염불 암송을 중시한 호넨(法然) 문하에서 정토종을 공부했다. 신란은 선행을 쌓지 못하는 악인이야말로 아미타불이 구원하고자 하는 대상이라는 악인정기설을 주장했다. 또한 아미타불의 눈에는 모든 인간이 평등하며 타인을 돕는 것이 곧 자신을 돕는 것이라는 불교식 자유를 가르쳤다.

쓰다 소우키치 : 津田左右吉, 1873~1961. 역사학자. 일본의 고대 신화가 객관적 사실이 아님을 논증하며 일본 고대사의 과학적 연구를 개척했다.

쓰루미 순스케 : 鶴見俊輔, 1922~. 문예평론가이자 철학자. 제2차 세계대전 이후 언론계의 중심 인물이다.

쓰루미 가즈코 : 鶴見和子, 1918~2006. 사회학자. 비교사회학을 공부하고 대학에서 국제관계론 등을 강의했으나, 야나기타 구니오 그리고 미나카타 구마구스에 관한 연구로 유명하다.

쓰치다 교손 : 土田杏村, 1891~1934. 철학자이자 평론가. 사회문제와 사상, 문화, 종교 등 다방면에 걸쳐 예리한 주장을 펼치는 논문과 저서를 집필했다. 다이쇼 시대에는 자유주의 경향이 강했으며, 쇼와 시대에는 국가주의 경향이 강했다. 저서로는 『문화주의원론』, 『마르크시즘 비판』 등이 있다.

(ㅇ)

아리요시 사와코 : 有吉佐和子, 1931~1984. 소설가, 극작가, 연출가. 일본의 역사와 고전에서 현대의 사회문제에 이르기까지 폭넓은 테마를 다루었는데, 『복합오염』에서는 화학 합성 물질이 인체에 미치는 악영향에 경종을 울렸다.

아리이즈미 사다오 : 有泉貞夫, 1932~. 교토대학 박사과정 수료. 사학 전공. 국립국회도서관 사서, 야마나시현립 여자단기대학 도서관 부관장을 역임하고 도쿄상선대학 교수 역임. 저서로는 『明治政治史の基礎過程』 등.

아마와리 : 阿麻和利, ?~1458. 가쓰렌구스쿠의 마지막 성주. 아마와리의 세력이 확장되자 이를 견제하기 위해 슈리 왕부(王府)는 나카구스쿠 성에 고사마루를 보내는 한편 쇼타이큐왕의 딸과 혼인시키는 등의 정책을 폈다. 그러나 그는 야망을 버리지 않고 결국 1458년 최대 라이벌이던 고사마루를 모반으로 몰아 나카구스쿠 성을 함락시켰으며, 계속해서 슈리성(首里城)을 공격했다. 하지만 왕의 딸이 슈리로 도주하여 음모가 드러나 왕부군에 의해 멸망했다.

야나기 무네미치 : 柳宗理, 1915~. 일본을 대표하는 산업 디자이너. 야나기 무네요시의 아들로 일본민예협회 회장, 일본민예관 관장을 지내기도 했다.

야나부 아키라 : 柳父章, 1928~. 비교문화학자이자 모모야마학원대학(桃山學院大學)의 명예 교수. 오랫동안 번역 연구를 통한 비교문화학을 연구해 왔다. 저서로는 『번역어의 논리』, 『번역으로 형성된 근대 일본어』 등이 있다.

야마가 소코 : 山鹿素行, 1622~1685. 유학자. 1630년 9세 때 막부의 대학두(大學頭) 하야시 라잔(林羅山) 문하에서 주자학을 배웠으나, 후에 주자학을 비판하여 유배당하기도 했다. 주자학 외 병학, 신도, 가학(歌學) 등 다양한 학문을 수학했다.

야마모토 센지 : 山本宣治, 1889~1929. 생물학자, 정치가. 1907년 캐나다에서 5년간 유학하는 동안 「공산당선언」, 「종의 기원」 등을 공부했으며, 인도

주의자 및 기독교사회주의자와 교류를 가졌다. 귀국 후 도쿄제국대학을 졸업하고 도시샤대학(同志社大學) 등에서 강의하며 산아제한운동 지도자로 활약했으며, 좌익계 사회운동과 연계를 가지며 노동농민당의 교토부연합회위원장이 되었다. 치안유지법 개정에 반대하다 우익 단체의 일원에게 암살되었다. "실로 지금 계급적 입장을 지키려는 자는 오로지 한 명뿐이다. 이 야마모토 센지가 고루를 지키겠다. 그러나 나는 외롭지 않다. 나의 배후에는 많은 대중이 지지해 주고 있기 때문에!"라는 치안유지법 개정에 반대하는 연설의 일절이 유명하다.

야마지 아이잔 : 山路愛山, 1865~1917. 평론가이자 역사가. 『국민신문』의 기자를 거쳐 잡지 『독립평론』을 창간했으며, 독자적인 국가사회주의를 주장했다.

에르빈 벨츠 : Erwin Bälz, 1849~1913. 독일인 의사. 튀빙겐대학과 라이프치히대학에서 공부했으며, 1876년 일본에 건너와 도쿄대학 의학부 교수가 되어 생리학 · 내과학 · 진단학 등을 가르쳤다. 1905년 독일로 돌아갈 때까지 의학을 가르치며 일본 의학계 발전에 기여했다.

오가와 우센 : 小川芋錢, 1868~1938. 일본의 화가. 메이지 시대부터 쇼와 초기에 걸쳐 활동했으며, 처음에는 서양화를 배웠으나 후에 일본화로 전환했다. 평생을 이바라기현 우시쿠누마(牛久沼) 부근에서 농사를 지으며 살았다.

오구라 긴노스케 : 小倉金之助, 1885~1962. 수학자, 수학사학자, 수필가. 도쿄제국대학에 입학하나 가업을 잇기 위해 중퇴한 후 1911년 도호쿠제국대학의 조수가 되고 1916년 이학박사 학위를 취득했다. 1932년 유물론연구회 설립의 일원이 되었고, 1936년 「자연과학자의 임무」를 발표하며 군국주의에 반대했다. 이후 민주주의과학자협회 회장, 일본과학사학회 회장, 일본수학사학회 회장 등을 역임했다.

오규 소라이 : 荻生徂徠, 1666~1728. 유학자. 주로 독학으로 학문의 기초를 쌓았고, 사숙을 열어 자신의 학파를 형성했다. 주자학을 억측에 기초한

허망한 주장에 불과하다고 비난하며 40세 무렵부터 고전 해석에 대한 방법론으로서의 고문사학(古文辭學)을 확립했다. 8대 쇼군 도쿠가와 요시무네(德川吉宗)의 정치적 조언자로서 정치개혁론을 담은 『정담(政談)』은 일본사상사 가운데 정치와 종교 · 도덕의 분리를 추진한 획기적인 저서로 평가받는다. 민간학과 관련해서는 후세의 민속학적 연구의 선구가 되는 고언(古言)은 방언 안에 있으며, 고례(古禮)는 시골에 있다는 주장을 펴고 있다.

오노 다케오 : 小野武夫, 1883~1949. 농민경제사가. 1913년 소작 관행에 관한 본격적인 조사를 실시했으며, 이 연구는 당시 학계로부터 높이 평가되었다. 역사를 민중의 입장에서 보기 시작한 한 사람이다. 저서로는 『농민 사료 해설』, 『일본 촌락사 개설』 등이 있다.

오노 아즈사 : 小野梓, 1852~1886. 정치가. 메이지유신 후 미국과 영국에서 경제와 법률을 공부하고 귀국했다. 자유주의를 주장하며 내각총리대신을 역임한 오쿠마 시게노부(大隈重信)와 함께 입헌개진당의 지도자로 활약했고, 도쿄전문학교(지금의 와세다대학) 설립에도 참여했다. 『국헌범론』에서는 상징 천황에 대한 이념을 서술하고 있다.

오사타케 다케키 : 尾佐竹猛, 1880~1946. 일본의 법학자이자 역사 연구가. 지금의 메이지대학인 메이지법률학교를 졸업하고 1889년에 제1회 판검사 임용시험에 합격, 도쿄공소원 판사 등을 거쳐 1924~1942년까지 대심원 판사를 역임했다. 판사로서의 지위에만 머물지 않고 헌정사, 범죄사 등의 연구에 진력했으며 사료를 중시한 실증주의가 특징이다.

오쿠보 도시아키 : 大久保利謙, 1900~1995. 역사학자. 도쿄대학을 중심으로 한 관학 아카데미즘 역사학이나 제2차 세계대전 후 유행한 마르크스주의 역사학과는 다른 독자적인 근대사 연구를 구축했다. 전시에는 대의명분론과 국수주의를 본질로 하며 신화와 역사적 사실을 혼동하는 황국사관에 비판적인 입장을 취했다. 광기의 시대에 빛나는 이성과 실증주의를 본령으로 삼았다.

와시오 준쿄 : 鷲尾順敬, 1868~1941. 불교사학자. 한학과 철학을 공부한 후 이노우에 데쓰지로 문하에서 불교사를 연구하고 1894년 『불교사림(佛教史林)』의 편찬을 담당했다. 저서로는 『불교사학』, 『동방불교』, 『일본불교 인명사서』 등이 있다.

와카모리 다로 : 和歌森太郎, 1915~1977. 제2차 세계대전 전에는 국민의 신앙 생활에 관한 조사를 실시했으며 일본 고래의 산악 신앙인 슈겐도(修驗道) 연구의 일인자이다. 야나기타 구니오 민속학의 영향을 받아 종래의 문헌 자료에 민속 자료를 도입한 역사민속학적 연구를 개척했다. 도쿄대학 국사학과 졸업. 도쿄교육대학 교수

요시노 사쿠조 : 吉野作造, 1878~1933. 정치학자, 저널리스트. 도쿄제국대학 정치학과를 졸업한 후 도쿄제국대학 공과대학의 강사가 되었으나, 1906년 중국으로 건너가 위안스카이의 장남의 가정교사가 되었다. 1909년 귀국하여 도쿄제국대학 법학과 조교수가 되어 정치사를 담당하는 한편, 1916년 『중앙공론(中央公論)』에 「헌정의 본의를 주장하여 그 유종의 미를 거두기를 논한다」라는 글을 발표하여 다이쇼 데모크라시의 이론적 지도자가 되었다. 데모크라시에 관한 민본주의와 민주주의를 둘러싼 이야기는 유명하며, 그는 보통선거의 실시와 정당내각제 등을 주장하며 군벌을 공격했다.

요시다 쇼인 : 吉田松陰, 1830~1859. 사상가. 메이지유신의 사실상의 지도자이자 이론자로 꼽힌다. 조슈 번사로서 존왕론자. "천하는 한 사람의 천하"라고 주장하여 번의 교육 기관인 번교의 교장 출신 야마가타 다이카(山県太華)와 논쟁을 벌였다. '한 사람의 천하'라는 말은 국가는 천황이 지배한다는 뜻으로 천황 아래에 만민은 평등하다는 주장이었다. 당시로는 막부의 권위를 부정하는 과격한 사상이었다.

요코야마 겐노스케 : 横山源之助, 1871~1915. 저널리스트. 독학으로 공부하여 변호사에 뜻을 두고 도쿄로 나와 이기리스법률학교에서 공부했다. 그러나 변호사 시험에 합격하지 못하고 후타바테이 시메이와 고다 로한

등과 교류를 나누었는데, 특히 후타바테이 시메이에게 큰 영향을 받아 르포라이터가 되는 계기가 되었다. 1894년 마이니치신문사에 입사하여 하층사회의 르포르타주를 중심으로 활동하며 하층사회의 여성 구제에 관심을 가졌다.

요코이 도키요시 : 橫井時敬, 1860~1927. 농학자이자 교육가. 고마바농학교(駒場農學校)를 졸업했고 도쿄대학 교수를 지냈다. 자본주의의 입장에서 농민 교육에 진력했다.

우에마쓰 시게루 : 上松蓊, 1875~1958. 점균 연구가. 고아제 시로와 더불어 미나카타 구마구스의 애제자 중 한 사람으로, 미나카타가 우에마쓰 시게루에게 보낸 편지는 책으로 엮어져 출판되었다.

우이 준 : 宇井純, 1932~2006. 공해문제 연구가. 종래의 과학 기술자 대부분이 기업과 행정부 측에 서왔다고 비판하며 공해 피해자의 입장에 선 관점을 주장하여 미나마타병의 해명에 진력했다. 1970년부터 공해에 대한 연구 및 조사 결과를 시민에게 직접 전달하고 전국 공해문제의 보고를 현장에서 듣는 장으로서 '공해원론'이라는 강의를 도쿄대학에 야간에 개강했다. 이후 15년간 강의를 계속하며 공해문제에 관한 시민운동에 강력한 영향을 미쳤다.

우치다 긴조 : 內田銀藏, 1872~1919. 역사학자, 경제사학자. 일본 최초로 경제사를 강의했으며 일본 경제사 연구의 개척자이다. 교토제국대학 교수를 지냈다.

월트 휘트먼 : Walt Whitman, 1819~1892. 미국의 시인. 눈에 보이는 것을 수사를 사용하지 않고 표현하는 기법을 사용했으며, 대표작으로는 『풀잎』이 있다.

윌리엄 모리스 : William Morris, 1834~1896. 영국의 시인이자 공예미술가, 사회개혁가. 라파엘전파에 속하며 만년에는 공상적인 사회주의를 신봉했다.

윌리엄 블레이크 : William Blake, 1757~1827. 영국의 화자이자 시인.

이노우에 고와시 : 井上毅, 1844~1895. 정치가. 메이지헌법 제정에 참여했고,

법제국 장관이 되어 「교육칙어」, 「황실전범」 등을 기초했다. 중앙집권 국가의 확립에 진력했으나, 법치국가 · 입헌주의 원칙을 중시하여 그 원칙에서 보장된 국민의 권리는 국가라 하더라도 법적 근거가 없는 한 빼앗을 수 없다고 주장했다.

이노우에 데쓰지로 : 井上哲次郎, 1855~1944. 철학자, 시인. 1892년 독일 유학을 마치고 귀국한 후 도쿄대학 교수가 되었다. 독일 관념론철학을 소개하여 일본의 관념론철학을 확립하는 한편, 신체시운동에도 깊이 관여했다. 저서로는 『일본 양명학파의 철학』, 『일본 고학파의 철학』, 『윤리와 종교의 관계』 등이 있다.

이리사와 다쓰키치 : 入沢達吉, 1865~1939. 의학자. 도쿄제국대학의 의학부장, 일본내과학회 회장, 다이쇼천황의 시의두(侍医頭)를 역임했다.

이보시 다키지로 : 違星滝次郎, 1901~1929. 이보시 호쿠토(違星北斗)라고도 한다. 소년 시절부터 아이누에 대한 차별 대우에 분개하여 일본인에 대한 저항 의식을 품게 되었고, 아이누의 부흥은 아이누인의 손으로 이룩해야 하다는 신념을 지녔다. 1925년 도쿄로 상경하여 아이누어 연구가인 긴다이치 교스케, 오키나와 학자 이하 후유 등과 친교를 맺었다. 1년 반 동안의 도쿄생활을 청산하고 홋카이도로 돌아가 아이누문화 연구에 착수했으며, 아이누일관동지회라는 결사를 조직하여 아이누 거주지를 찾아다니며 동족의 자각과 단결을 설파했다.

이시다 다케시 : 石田雄, 1923~. 정치학자. 도호쿠제국대학 문학부 재학 중에 학도병으로 동원되어 제2차 세계대전에 참전했으며, 이후 도쿄대학 법학부로 옮겨 연구자의 길을 걸었다. 현재 도쿄대학 명예교수이다.

이시무레 미치코 : 石牟礼道子, 1927~. 미나마타실무학교를 졸업한 후 시가를 중심으로 문학 활동을 하다 문명이 가져온 질병인 미나마타병을 진혼하는 작품 『고해정토—우리의 미나마타병』을 1969년 발표했다. 이 작품으로 1973년 막사이상을 수상했다.

이시카와 다쿠보쿠 : 石川啄木, 1886~1912. 시인이자 평론가. 1901년 지방 일

보에 단가가 실린 것을 시작으로 『명성(明星)』에 작품이 게재되어 1903년 신시사(新詩社)의 동인이 되었다. 1905년 처녀 시집 『동경』을 출판했고 1910년에 출간한 『한 줌의 모래』로 문단의 주목을 끌었다. 특히 그가 세상을 떠난 후 출간된 『슬픈 완구』는 생활을 솔직하게 노래하는 가운데 담긴 비평정신이 돋보여 시단에 커다란 영향을 주었다.

이시하라 스스무 : 石原修, 1883~1947. 위생학자이자 노동의학의 선구자. 1909년 내무성과 농상무성이 위탁하여 실시한 광산과 공장의 노동 위생 환경 조사에 참여하여 1913년 일련의 조사 결과를 토대로 「여공과 결핵」, 「위생학상으로 본 여공의 현황」을 발표했다. 여기에서 그는 공장 위생 환경에 따른 결핵의 감염, 여공의 귀향에 의한 촌락에서의 결핵의 만연이라는 인과관계를 제시하며 공장 노동 환경의 개선을 주장했다.

이에나가 사부로 : 家永三郎, 1913~2002. 사학자. 1937년 도쿄제국대학 국사학과 졸업하고 동 대학 사료편찬소 등을 거쳐 1944년 도쿄고등사범학교(제2차 세계대전 패전 후 학제개혁에 즈음해서 도쿄교육대학이 되고, 1975년에 다시 쓰쿠바대학이 되었다) 교수가 되었다. 당초 전공 영역은 일본 고대사상사였으나 점차 연구 영역을 넓혔고, 반권력 지향의 자유주의적 입장을 강화하여 사회적 발언을 했다. 제2차 세계대전 후 오랫동안 역사 교과서를 집필해 왔으나, 자신이 집필한 일본사 교과서에서 난징대학살 · 731부대 · 오키나와전투 등에 관한 기술 내용을 인정하지 않은 문부성을 상대로 교과서검정제도는 위헌이라는 재판을 세 차례에 걸쳐 일으켜 세상에 교과서 검정문제를 알리는 계기가 되었다.

이와노 기요 : 岩野淸, 1882~1920. 세이토샤의 일원으로 문인이자 여성해방운동가. 1915~1916년 남편 이와노 호메이(岩野泡鳴)를 상대로 동거청구소송, 부양료청구소송을 벌였다. 강경한 경제적 자립론자였던 그녀에게 이 재판은 이론과 현실 사이의 모순에서 빚어진 실천이었다. 저서로는 총서 〈세이토의 여자들〉 4권 『사랑의 투쟁』이 있다.

이와모토 겐이치 : 岩本堅一, 1883~1961. 국문학자, 수필가. 이와모토 소하쿠

(岩本素白)라는 필명으로 활동했다. 도쿄전문학교 국문학과를 졸업하고 중학교 교사를 거쳐 1922년 와세대대학 국문학과 교수가 되었다. 저서로는 『일본문학의 사실 정신』, 『산거속정(山居俗情)』 등이 있다.

이와타 준이치 : 岩田準一, 1900~1945. 화가이자 민속 연구가. 일본의 대표적 화가 다케히사 유메지(竹久夢二)에게 사사했고, 시마 지방의 해녀와 유녀를 테마로 한 민속 연구를 했다. 또 남색 연구를 평생의 업으로 삼아 문헌 수집을 토대로 『본조남색고(本朝男色考)』를 집필했다.

이치가와 후사에 : 市川房枝, 1893~1981. 부인운동가이자 정치가. 신부인협회를 설립하여 부인 참정권 획득을 위해 활동했으며, 매춘방지법 제정 등에 진력했다.

이케미야기 세키호 : 池宮城積宝, 1893~1951. 오키나와의 작가. 신문기자, 중학교 영어 교사 등을 거친 후 창작 활동을 했다. 여기저기 방랑 생활을 하여 그에 대한 자세한 것은 알려져 있지 않다. 『우쿠마누 순사(奥間巡査)』 등의 소설 외에 많은 시가를 남겼다. 자쿠호(寂泡)라고도 함.

이토 쇼신 : 伊藤証信, 1876~1963. 종교가, 무아애운동 창시자. 메이지 후기부터 심각한 양상을 보이기 시작한 근대적 자아의 각성과 자본주의사회의 발전이 가져온 에고이즘 등 새로운 문제에 대해 무아의 사랑과 그 실천에 의한 해법을 주장했다. 1904년 돌연 영감을 받아 '무아의 사랑'을 깨달아 1905년 이 영감을 바탕으로 도쿄에 무아원을 열어 수양운동을 시작함과 동시에 『무아의 사랑』을 창간했으며 무아애운동을 위해 승적을 반납했다. 그러나 이듬해 수업 미숙을 이유로 돌연 무아원을 폐쇄하고 각지를 돌며 정신운동, 사상 활동을 벌였다. 1921년 무아원을 다시 열었고 무아애사상의 학문적 체계 형성을 위해 불교뿐 아니라 서양철학 등을 폭넓게 연구했다. 제2차 세계대전 중 만주에 건너가 무아애를 전도했으나 전쟁 후에 전쟁 협력, 천황제 찬미 등을 대해 비판을 받았다.

이토 진사이 : 伊藤仁斎, 1627~1705. 유학자, 사상가. 교토에 연 사숙 고의당(古義堂)에는 3,000명이 넘는 문하생이 있었다고 한다. 그는 일상생활을

통해 윤리와 인간상을 탐구했으며, 주자학적인 경전 해석을 타파하고 텍스트를 검증하는 실증적 방식을 택했다. 저서로는 『논어고의』, 『맹자고의』 등이 있다.

이하 후유 : 伊波普猷, 1876~1947. '오키나와학의 아버지'라고 불리는 언어학자이자 민속학자. 오키나와의 향토 연구가로서 언어 · 역사 · 민속에 관한 많은 업적을 남겼으며, 저서로는 『류큐 희곡 사전』, 『옛 류큐(古琉球)』 등이 있다.

(ㅈ)

자하나 노보루 : 謝花昇, 1865~1908. 오키나와 자유민권운동의 아버지. 도쿄제국대학 농과대학을 졸업한 오키나와 최초의 학사였다. 대학 졸업 후 오키나와현 기사(技師)로 임명되어 고등관(高等官)이 되었으며, 퇴직 후 오키나와구락부를 결성하여 자유민권운동을 이끌었다. 당시 오키나와현 사람들에게는 주어지지 않았던 참정권 획득을 위해 진력했다.

제러미 벤담 : Jeremy Bentham, 1748~1832. 영국의 철학자, 법학자이자 공리주의의 창설자. 저서 『도덕 및 입법의 제 원리』(1789)에서 공리주의철학의 근본 원리로서 "최대 다수의 최대 행복"을 이론화했다.

존 러스킨 : John Ruskin, 1819~1900. 영국의 예술비평가이자 사회사상가. 이탈리아 건축에 조예가 깊으며 사회 개량 이념을 주창했다.

존 스튜어트 밀 : John Stuart Mill, 1806~1873. 영국의 철학자, 정치경제학자. 19세기의 자유주의사상에 지대한 영향을 끼쳤으며, 벤담의 공리주의의 옹호자였으나 후에 사상적으로 전환했다. 저서로는 『경제학원리』, 『자유론』, 『여성의 종속』 등이 있다.

주가쿠 분쇼 : 寿岳文章, 1900~1992. 영문학자. 단테의 『신곡』을 완역한 것으로 유명하며 쇼와 초기에는 민예운동에 참여했다. 일본 고유의 종이인 화지(和紙) 연구의 일인자이기도 하다.

(ㅍ)

프랜시스 리버 : Francis Lieber, 1798~1872. 독일 태생 미국의 정치철학자이자 법학자. 자유주의 정치 활동가였던 그는 프로이센 치하에서 두 번 구속되었으며, 영국으로 도피했다가 미국으로 이주했다. '전쟁의 법칙'을 정식화한 것으로 유명한데, 저서 『전장의 정부군을 위한 규약』은 전쟁 행위에 관한 국제 규약의 기초로 쓰였다.

프레이저 : Sir James George Frazer, 1854~1941. 영국의 사회인류학자이며 원시 종교, 의례, 신탁, 신화, 습관 등을 비교 · 연구한 『황금가지』를 저술했다. 캠브리지대학에서 수학하고 리버풀대학 교수를 지냈다. '영국 인류학의 아버지'라 불리는 에드워드 테일러의 영향을 받아 민족학, 민속학, 신화학 연구에 전념했다.

『황금가지』는 에드워드 테일러의 영향을 받아 본격적으로 미개 사회의 신화, 주술, 신앙 을 연구한 프레이저가 40년 이상 걸쳐 전 13권으로 완성한 대저서. 황금가지란 겨우살이 식물을 가리키는 것으로, 이 책을 쓴 발단이 이탈리아에서의 겨우살이 나무 신앙에서 출발했기 때문에 그렇게 붙였다. 1890년 초판을 간행할 때는 2권으로 되어 있었으나 그 후 증보를 거듭하여 1900년에는 3권으로, 1911년에는 11권으로, 1936년에는 13권으로 완성했다. 그러나 1922년에는 너무 방대한 양이 되어 버려 일반 독자로부터 외면당하자, 방대한 예증이나 참고문헌을 생략하고 이론적인 기술만 정리한 1권짜리를 내놓기도 했다. 이 책에는 프레이저가 수집한 유럽뿐 아니라 아시아, 아프리카, 아메리카 등 세계 각지에서 보이는 다양한 마술, 주술, 터부 등의 방대한 예가 담겨 있다. 또한 미개사회에서의 정령 신앙, 종교적 권위를 지닌 왕이 약체화되면 그를 죽이고 새로운 왕을 앉히는 풍습과 감염 주술 등 신앙의 신화적 배경을 탐색한 민속학, 신화학, 종교학의 기초 저서로 높이 평가된다.

(ㅎ)

하니 고로 : 羽仁五郎, 1901~1983. 마르크스주의 역사가. 도쿄제국대학 법학부 재학 중 독일에 건너가 역사철학을 공부했다. 1924년 귀국 후 도쿄대학 사학과에 재입학했다. 하니 세쓰코와 결혼하여 아내가 독립된 한 여성으로서 성장할 것을 기대하여 처가의 성을 따르게 되었다. 1939년 치안유지법 위반으로 구속된 후 군국주의에 저항하며 많은 지식인의 공감을 얻었다. 전후에는 참의원 의원을 지냈고 학생운동을 원조했다.

하라다 사다스케 : 原田定助, 1867~1925. 사업가이자 교육가. 외삼촌 다나카 쇼조의 영향으로 기독교 정신의 실천에 힘써 유치원, 중학교, 교회를 세우는 데 힘쓰는 한편 아시카가은행 설립에도 관여했다. 다나카 쇼조의 경제적 후원자이기도 했다.

하마다 쇼지 : 浜田庄司, 1894~1978. 도예가. 1916년 도쿄고등공업학교 2년 선배 가와이 간지로와 함께 교토시립도예시험장에서 유약 연구를 했다. 단순한 조형과 대담한 무늬를 특징으로 하는 작풍을 형성했으며, 민예운동에 전력을 기울여 야나기 무네요시 사후에는 일본민예관 관장을 지냈다.

호즈미 야쓰카 : 穂積八束, 1860~1912. 법학자. 도쿄제국대학 법과대학장, 귀족원 의원을 역임했고 니혼법률학교(현재의 니혼대학)의 설립에 참여했다. 저서로는 『국민도덕의 요지』 『헌법대의』 등이 있다.

혼아미 고에쓰 : 本阿弥光悦, 1558~1637. 예술가. 서예, 도예 등에 뛰어났으며, 도쿠가와 이에야스에게 땅을 하사받아 예술촌을 이끌었다.

혼조 에이지로 : 本庄栄治郎, 1888~1973. 경제사학자. 교토제국대학에서 경제학 박사학위를 취득했으며 일본경제사연구소를 설립하여 일본 유수의 연구 기관으로 발전시켰다.

후루이치 고이 : 古市公威, 1854~1934. 공학자이자 일본 근대 토목계의 최고 권위자. 일본 근대 공학 및 토목공학의 제도를 만들었다. 가이세이학교와 대학남교를 다녔으며 문부성 최초의 유학생으로 구미 각국에 파견되

었다. 약관 32세에 공과대학 초대 학장이 되었고, 38세에는 내무성의 초대 토목기감에 취임했다. 전국의 많은 하천 치수 · 항만 수축 · 근대 토목 행정의 골격을 건설했으며, 일본 근대 공학 및 토목공학의 제도를 만드는 등 학자로도 명성을 날렸다.

후지와라 미치나가 : 藤原道長, 966~1028. 고이치조 천황(後一条天皇)의 섭정이자 태정대신. 천황의 외척으로서 실권을 장악한 후 대를 이어 후지와라 일가에 의한 실질적 통치를 이어 갔다.

후카다 야스카즈 : 深田康算, 1878~1928. 미학자. 일본의 서양 미학 연구의 선구자로 『아름다운 혼』, 『미와 예술의 이론』 등의 저서를 남겼다.

후카사와 다이치 : 深沢多市, 1874~1934. 아키타현에서 태어나 국한학(國漢學)을 배우고 1892년 도쿄에 올라와 한문학을 수학했다. 아키타, 미야기, 교토부 등의 관리를 지내다 귀향한 후 아키타현의 현사적명승기념물조사위원을 지냈으며 향토사 연구에 몰두했다. 1928년 6월 『아키타총서』의 제1권을 간행하기 시작하여 제11권의 간행까지 보았으나 마지막 한 권은 보지 못한 채 병사했다.

후쿠자와 유키치 : 福沢諭吉, 1835~1901. 계몽사상가이자 교육가. 하급 번사이자 유학자 집안에서 태어나 오사카에서 난학을 공부하고 에도에 난학숙(지금의 게이오의숙慶應義塾)을 열었다. 막부의 견회사절단을 수행하여 구미를 둘러보았는데, 일본인에게는 미지의 사물이던 병원, 은행, 선거제도, 의회제도 등에 눈을 떴다. 이를 통해 양학 보급의 필요성을 통감했고 메이지유신 후 교육과 계몽 활동에 전념하며 메이로쿠샤를 설립했다.

후쿠치 겐이치로 : 福地源一郎, 1841~1906. 저널리스트이자 작가. 나가사키에서 난학을 배우고 1857년 에도에 가서 약 2년 동안 영국의 학문을 비롯하여 영어를 배웠다. 1861년과 1865년에는 막부의 사절단으로서, 1871년에는 이와쿠라사절단 일원으로서 구미 각국을 방문했다. 귀국 후 도쿄니치니치(東京日日) 신문사에 입사하여 저널리스트로서 크게 활약하는 한편, 일본의 연극 개량과 실천을 위한 극장 운영에 관심을 보였다.

후타바테이 시메이 : 二葉亭四迷, 1864~1909. 소설가, 번역가. 1887~1891년에 발표된 대표작이자 사실주의 소설인 『부운(浮雲)』은 언문일치체로 썼고, 투르게네프 등 러시아 문학 작품을 번역하여 자연주의 작가에게 큰 영향을 미쳤다.

히가 슌초 : 比嘉春潮, 1883~1977. 오키나와 향토사가이자 역사학자. 1923년 『개조』 편집부에 근무하면서 이하 후유의 영향으로 오키나와 연구를 시작했고, 야나기타 구니오 등의 남도담화회에 참여하며 민속 연구에도 몰두했다. 한편 사회주의운동과 긴밀한 관계를 유지하여 제2차 세계대전 후에는 오키나와 인권연맹 창립에 참가하여 기관지 『자유 오키나와』를 편집 · 간행했다.

히라노 요시타로 : 平野義太郎, 1897~1980. 마르크스주의 법학자. 제2차 세계대전 중에 대동아전쟁을 찬미한 것이 문제가 되어 전후에 교직에서 추방되나, 후에 공산당의 조직력을 배경으로 복직했다. 그 후 일본평화위원회 회장을 역임하는 등 평화운동가로서 활동했다.

히로세 단소 : 広瀬淡窓, 1782~1856. 유학자이자 한시인, 교육가. 분고 지방의 히타에서 태어났고 1805년 사숙을 열어 당시로서는 드물게 신분 · 경력 · 연령과는 무관하게 입문자를 받아들였다. 이후 오로지 실력만으로 평가하는 능력주의 교육 기관으로 성장시켰고, 전국 각지에서 4,000명이 넘는 입문자가 모여들어 일본 최대의 사숙이 되었다.

히로시게 데쓰 : 広重徹, 1928~1975. 과학사가. 교토대학 이학과(理學科) 졸업. 니혼대학 이공학부 교수를 지냈으며 현대물리학사 연구, 메이지 이후 일본의 자연과학의 사회사적 연구에 업적을 남겼다.

히로쓰 가즈오 : 広津和郎, 1891~1968. 소설가. 와세다대학 시절부터 번역 등을 했으며 1912년 동인지 『기적』을 창간했으나 곧 폐간했다. 1913년 대학 졸업 후 신문사에 근무하면서 평론을 썼다. 1917년 발표한 「신경병 시대」로 소설가로서 인정받기에 이르렀으며, 현실을 직시하는 작품을 집필하면서 시류에 흐르지 말 것을 주장했다.

◎ 논문 외

「5월과 향토 연구」:「五月と郷土研究」, 1915.

「60년의 회고 · 수필일록 · 학창 일지 기타 · 저작 목록」:「六十年の回顧 · 随筆日録 · 學窓日誌他 · 著作目録」.

「가출의 시」:「家出の詩」,『東京は熱病にかかっている』, 1925.

「갓파고마히키」:「河童駒引」,『山島民譚集』一, 1914.

「개펄에 관한 연상」:「潟に關する聯想」.

「게테모노의 미」:「下手ものの美」.

「경험적 합리론으로 가는 길」:「經驗的合理論への道程」,『史觀』제78권, 1968.

「고개에 관한 관찰 두세 가지」:「峠に關する二三の觀察」.

「고분묘 연대의 연구」:「古墳墓年代の研究」.

「공도에 대해서」:「空道について」, 1924.

「공예의 협단에 관한 하나의 제안」:「工藝の協團に關する一提案」.

「공인명」:「工人銘」, 1926년 초고, 1927년 추가 및 보완.

「과학은 어디로—과학과 문학의 대화」:「科學はどこへ—科學と文學の對話」.

「국사와 민속학」:「國史と民俗學」, 1935.

「국사와 불교사」:「國史と佛教史」.

「그때 그때」:「その折り折り」, 1905.

「근심거리」:「おもい草」, 1896년 10월 30일자.

「기다 사다키치」: 成沢永寿,「喜田貞吉」,『日本の歴史家』.

「꼭두각시 명의고」: 「くぐつ名義考」.

「나라 시대의 사원」: 「奈良時代の寺院」.

「남으로부터」: 「南より」, 1912.

「농서」: 佐藤常雄, 「農書」, 『講座 日本技術の社會史』 第一卷, 1983, 日本評論社.

「농업경제와 마을제」: 「農業經濟と村是」, 1909.

「다이쇼 데모크라시의 사상과 문화」: 「大正デモクラシーの思想と文化」, 『岩波講座 日本歷史』 18 「近代」 5, 1975년 9월.

「다이쇼 문화에 대한 한 시점」: 「大正文化への一視点」, 『信濃』 제27권 제9호, 1975년 9월. 이것은 5월에 개최된 信濃史學會에서의 공연을 기초로 하고 있다.

「다카무레 이쓰에 씨 가출의 유서—삶의 권태가 낳은 비극인가」: 下中彌三郎, 「高群逸枝さん家出の遺書—生の倦怠が生んだ悲劇か」, 1925.

「다카무레 이쓰에—내 사랑의 기록」: 「高群逸枝—わが戀の記」, 1930.

「『도자기의 미』에 이르기까지」: 高崎宗司, 「『陶磁器の美』に至るまで」, 『全集』 월보13(제12권 付載), 1982.

「도난을 노래한 오모로 附오모로 연구의 태도에 대해서—마지키나 씨에 보내는 편지」: 「盜難を歌ったオモロ 附オモロ硏究の態度について—真境名氏への私信」, 1925.

「도성 연구」: 「都城の硏究」.

「독사잡고」: 「讀史雜攷」, 1902.

「동물은 글자를 이해하는가」: 「動物文字を解するか」, 1914.

「뜬구름」: 「うき雲」, 1897년 1월 12일자 및 2월 2일자.

「란소고—가와라모노 · 사카노모노 · 야도노모노 · 히진법사」: 「濫僧考—河原者 · 坂の者 · 宿の者 · 非人法師」.

「류큐 세 수」:「琉球三首」, 1911.

「'류큐' 라는 명칭에 관해서」:「『琉球』なる名稱に就いて」.

「류큐반도의 단언」:「琉球群島の單言」, 1904.

「류큐의 역사와 그 언어」:「琉球の歴史と其言語と」.

「류큐인의 조상에 대하여」:「琉球人の祖先に就て」, 1909.

「마을의 터」:「村の址」.

「마히토고」:「間人考」.

「망해 가는 류큐 여자의 수기」:「滅びゆく琉球女の手記」, 1931,

「메기 이야기」:『鯰の話』,「南方先生白話」, 1919.

「메이지유신의 원동력—도쿠가와 시대의 존왕론의 유래」:「明治維新の原動力—徳川時代に於ける尊王論の由來」,『をんな』, 1902.

「무덤과 숲 이야기」:「塚と森の話」, 1912.

「무현무황록」:「無絃無簧錄」, 1903년 2월 26일자.

「문부성에서 한 직할 학교장에 대한 연설」:「文部省において直轄學校長に對する演說」, 1889, 大久保利謙 편,『森有礼全集』第一卷, 1972, 宣文堂書店.

「뭔가를 베풀어 주는 사람이야말로 우리의 주군」:「物呉ゆ者ど我が御主」.

「미개한 거의 모든 백성」:「殆ど凡ての未開民」.

「미나카타 구마구스 옹의 서한」:「南方熊楠翁の書翰」, 1930.

「미나카타 선생 백화」:「南方先生白話」, 1919.

「민속학의 발달과 현상—일본」: 세키(関) 등 편,「民俗學の發達と現狀—日本」,『日本民俗學講座』5『民俗學の方法』, 1976, 朝倉書店.

「민족사 연구」:「民族史の研究」.

「밤나팔꽃」:「ゆうがお日記」, 1897년 10월 15일자.

「방황하는 류큐인」: 「さまよえる琉球人」, 1926.

「법사와 중」: 「法師と坊主」.

「본 소책자의 유래」: 「本小册子の由來」.

「부락문제와 사회사」: 「部落問題と社會史」.

「부락사연구문헌목록」: 京都部落史研究所 편, 「部落史研究文獻目錄」, 1962, 柏書房.

「사람과 너구리 동맹, 지금 맺어지다」: 「人狸同盟將に成らんとす」, 1913.

「사론사학에 대한 향수」: 「史論史學への鄕愁」, 『同時代社』 第一卷에 대한 서평의 부제. 『歷史學研究』 제142호, 1949.

「사학과 세태해설—국사회고회 강연」: 「史學と世相解說—國史回顧會講演」, 1935.

「산민의 생활」: 「山民の生活」, 1909.

「산신과 오코제」: 「山神とヲコゼ」.

「산업조합의 역사」: 「産業組合の歷史」, 1908. 후에 『時代ト農政』, 1910.

「산조 법사고」: 「散所法師考」.

「상대 육식고」: 「上代肉食考」.

「석기 시대와 고고학」: 「石器時代と考古學」.

「섬들 이야기」: 「島々の物語」.

「섭사잡화」: 「涉史雜話」, 1903.

「소위 특수부락의 종류」: 「所謂特殊部落ノ種類」, 『國家學會雜誌』, 1913.

「속법사고 서론」: 「俗法師考序論」.

「속성연혁사」: 「俗聖沿革史」, 1921.

「쇼몬지고」: 「聲聞師考」.

「수신 신앙에 관해서」: 「樹神の信仰に就いて」.

「시라토리 구라키치」: 白鳥芳郎, 「白鳥庫吉」, 日本民俗文化大系 9 『白鳥庫吉」鳥居竜蔵』, 1978, 講談社.

「신도는 하늘을 모시는 옛 풍속」: 「神道は祭天の古俗」.

「신사 합병 반대 의견」: 「神社合併反對意見」.

「신사 합사」: 「神社合祀」, 『田辺隨筆』, 1911.

「신사 합사에 관한 의견」: 「神社合祀に關する意見」.

「신사 · 사원 · 불당 합병 적지 양도에 관한 건」: 「神社寺院佛堂合併跡地讓與ニ關スル件」.

「신앙과 민속」: 「信仰と民俗」.

「신형법과 시대사조」: 「新刑法と時代思潮」, 1909.

「쓰다 소우키치」: 「津田左右吉」, 『日本の歴史家』.

「쓰루메소고」: 「つるめそ(犬神人)考」.

「아비코에서 통신 1」: 「我孫子から 通信一」.

「아시오 동산 광독 정지청원의 요청」: 「足尾銅山鑛毒停止請願の要請」, 1903.

「아이누의 가옥 형태」: 「アイヌの家の形」.

「야나기타 구니오 고 — 조상숭배와 차별」: 有泉貞夫, 「柳田国男考—祖先崇拜と差別」, 『展望』 1972년 6월.

「야나기타 선생에 대한 추억」: 山川菊栄, 「柳田先生の思い出」, 『定本柳田国男集』 月報18, 1963.

「야마모토 센지와 성교육」: 「山本宣治と性教育」, 『中央公論』 1965년 6월호.

「'야마토 민족'이란 무엇인가—일본 민족의 개념을 논하다」: 「「日本民族(やまとみんぞく)」とは何ぞや—日本民族の概念を論ず」.

「야마토 쇼몬지의 연구」: 「大和における唱門師の研究」.

「야에야마의 상징시 독수리의 노래」: 「八重山の象徵詩 鷲の鳥節」, 1909.

「야오야고」: 「青屋考」.

「어린 시절의 추억」: 津田左右吉, 「子どもの時のおもいで」, 1949.

「'어린 시절의 추억' 이후」: 津田左右吉, 「「子どもの時のおもいで」以後」(遺稿).

「에조 연구」: 「蝦夷の研究」.

「에치고로」: 「越後へ」.

「에치젠만자이에 대하여」: 「越前萬歳のこと」.

「'에타' 명의고」: 「『エタ』名義考」.

「에타 원류고」: 「エタ源流考」.

「에타에 대한 압박의 연혁」: 「エタに對する壓迫の沿革」.

「여행 이야기」: 「旅行の話」, 1916~1917.

「역사교육에 대해서」: 「歴史教育について」, 1953.

「예술과 국민성」: 「藝術と國民性」, 1915.

「예술일반」: 「藝術一般」, 『深田康算全集』 제3권, 후에 『藝術に就いて』. 모두 岩波書店.

「옛 류큐의 나무」: 「古琉球の裸舞」, 1926.

「옛 일본의 예술가」: 「古日本の藝術家」.

「오구라 긴노스케 선생의 추억」: 平田寬, 「小倉金之助先生の思い出」, 『一數學者の回想』, 1967, 筑摩叢書版.

「오키나와 연구의 선인들」: 「沖縄研究の先人たち」.

「오키나와는 오키나와이지 류큐가 아니다」: 「沖縄は沖縄なり琉球にあらず」, 1895~1997.

「오키나와에 고유의 문자가 있었는가」: 「沖縄に固有の文字ありしや」, 1905.

「오키나와인의 조상에 대하여」: 「沖縄人の祖先に就て」, 1906.

「'오키나와학'의 선각자 군상—사람과 학문」: 「『沖縄學』の先覺者群像—人と學問」.

「우리의 선조들은 어떤 옷을 입고 있었습니까」:「私共の祖先は何んな著物を著て居ましたか」.

「우언」 1:「偶言」一, 1914.

「이 세상 부인들에게」: 平塚らいてう,「世の婦人達に」,『青鞜』, 1913.

「이즈 일기」:「伊豆日記」. 발표당시의 표제는「五十年前の伊豆日記」이다.

「'이타카' 및 '산카'」:「『イタカ』及び『サンカ』」.

「이하 문학사의 이야기」:「伊波文學士の談」, 1909.

「이하 선생의 추억」: 外間守善 편,「伊波先生の思い出」,『伊波普猷 人と思想』, 1976, 平凡社.

「인류로서의 남성과 여성은 평등하다」:「人類としての男性と女性は平等である」, 1913.

『일본 및 일본인』: 1907년부터『日本』과『日本人』은 합병해서『日本及日本人』이 된다.

「일본 Folklore 연구사연표」: 中島河太郎,「日本フォークロア 研究史年表」.

「일본Folklore의 선구자」:「日本フォークロアの先驅者」,『傳統と現代』 제25호, 1974.

「일본사회사란 무엇인가」:「日本社會史とは何ぞや」, 1924.

「일본의 서브컬처 연구사」:「日本のサブカルチュア研究史」,『思想の科學』 1975년 4월 임시호에 수록.

「일본의 역사에서 본 인권 발달의 흔적」:「日本の歷史に於ける人權發達の痕跡」,『國民之友』 330~333호, 1897.

「일본인 남학생의 성생활의 통계적 조사」:「日本人男學生ノ性生活ノ統計的調査」, 1924년 4월~1925년 2월에「若い男の性生活」이라는 제목으로『生理學硏究』에 연재된다.

「일본인민사」: 미완성고. 1910년 초기 원고인가? 「教會史論」하고 「人民史」에 「耶蘇教管見」을 합쳐서 『基督教評論 日本人民史』로 1966년에 岩波文庫로 간행.

「자료 아시오광독사건」: 內水護 편, 『資料足尾鑛毒事件』, 1971, 亞紀書房.

「자쿠호 군을 위해서: 「寂泡君の爲に」.

「작은 게의 노래」: 「小さき蟹の歌」, 1916.

「전설 및 풍속에 의해서 설명된 류큐민족의 이동」: 「傳說及び風俗によりて說明されたる琉球民族の移動」, 1912.

「젊은 남자의 성생활」: 「若い男の性生活」, 『山本宣治全集』(1979, 汐文社)에 수록.

「정사를 좋아하는 식물」: 「情事を好く植物」, 『田辺通信』, 1913.

「제국헌법의 법리」: 「帝國憲法ノ法理」, 1889.

「조개치레 이야기」: 「平家蟹の話」, 『田辺通信』, 1913.

「조리 명칭고」: 「長吏名稱考」.

「조선의 친구에게 보내는 글」: 「朝鮮の友に贈る書」.

「조선인을 생각한다」: 「朝鮮人を想う」.

「중학교 시절의 추억」: 「中學時代の思出」, 『琉球古今記』, 1926.

「지렁이의 헛소리」: 『みみずのたわこと』, 1913.

「진화론에서 바라본 오키나와의 폐번치현」: 「進化論より觀たる沖縄の廢藩置縣」, 1909.

「찬다라고—니치렌쇼닌은 에타의 자식」: 「旃陀羅考—日蓮聖人はエタの子なりということ」.

「창의 등」: 「窓の燈」, 『祭日考』(1946)에 수록.

「채집기와 채집기능」: 「採集期と採集技能」, 1935.

「천민개설」: 「賤民槪說」.

「춤의 지금과 옛날」: 「踊の今と昔」.

「태양자의 일록」: 比嘉春潮, 「太洋子の日錄」, 1911년 1월 29일자.

「특수민 구성의 3대 요소—『고대사회 조직 연구』 서론」: 「特殊民構成の三大要素—『古代社會組織の研究』序論」.

「특수부락 이야기」: 「特殊部落の話」, 1913.

「특수부락연구호」: 「特殊部落研究號」復刻板, 1969, 世界文庫.

「편집실에서」: 「編輯室にて」.

「풍진록」: 「風塵錄」, 1897년 3월 30일자.

「하늘의 계시—다조의 발견」: 「天啓—多祖の發見」.

「학구생활 50년」: 「學究生活五十年」, 1951.

「『향토 연구』 기자에게 주는 책 후기」: 「『鄕土研究』の記者に與うる書後記」, 1914.

「해제」: 『解題』, 『明治史論集』 (1)(2) (『明治文學全集』 77, 78), 1965, 1976, 筑摩書房.

「헌법 법률의 보호가 없어서 호소할 방법이 없는 피해민의 구제에 관한 청원서 초고」: 「憲法法律の保護なく訴えるすべきなき被害民の救濟につき請願書草稿」, 1897. 田中正造全集編纂會 편, 『田中正造全集』 전 20권, 1977~1980, 岩波書店.

「현대사상사에서의 기독교의 위치」: 「現代思想史に於ける基督教の位置」. 후에 증보하여 「現代日本教會史論」으로 제목을 바꿈. 1905.

「현대풍속」: 今和次郎, 「現代風俗」, 『日本風俗史講座』 제3권, 1929. 후에 그 대부분이 「考現學とは何か」라고 이름이 바뀌어 今和次郎・吉田謙吉 공저, 『モデルノロヂオ(考現學)』, 1930.

「호류지 재건론」: 「法隆寺再建論」.

「中農養成策」, 1904.

「窓の燈」 중의 「新國學」, 『祭日考』, 1946.

◎ 단행본

『가계의 수학』: 『家計の數學』, 1938, 岩波新書.

『가족제도와 부인문제』: 『家族制度と婦人問題』, 1924, 改造社.

『개국시말』: 島田三郎, 『開國始末』, 1888.

『계간논총 일본문화』10: 『季刊論叢 日本文化』10, 1978, 角川書店.

『고대사의 길—고증사학 60년』: 坂本太郎, 『古代史の道—考證史學六十年』, 1980, 讀賣新聞社.

『고사기 및 일본서기 연구』: 『古事記及日本書紀の硏究』, 1924.

『고사기 및 일본서기의 새 연구』: 『古事記及び日本書紀の新硏究』, 1919.

『고해 정토』: 『苦海淨土』, 1969, 講談社.

『고현학 채집(modernology)』: 今和次郎 · 吉田謙吉 공동편집, 『考現學採集(モデルノロヂオ)』, 1931.

『곤다 야스노스케 저작집』: 『權田保之助著作集』 총 4권, 1974~1975, 文和書房.

『공예의 길』: 『工藝の道』, 1928.

『공해 원론』: 『公害原論』 3권, 1971, 亞紀書房.

『과학 문명에 미래는 있는가』: 『科學文明に未來はあるか』, 1983, 岩波新書.

『과학 문명의 전환점』: 『科學文明の曲りかど』, 1979, 朝日新聞社.

『과학과 기술의 근대』: 『科學と技術の近代』, 1982, 朝日新聞社.

『과학사』: 『科學史』, 『體系日本史叢書』19, 1967, 山川出版社.

『과학의 사회사—근대 일본의 과학 체제』: 『科學の社會史—近代日本の科學體

制』, 1973, 中央公論社.

『교육칙어환발관계자료집』 : 國民精神文化硏究所 編 · 刊, 『教育勅語渙發關係資料集』 第二 · 三卷, 1939.

『구가 가쓰난 · 미야케 세쓰레이』 : 『日本の名著』37 『陸羯南 · 三宅雪嶺』, 1971, 中央公論社.

『국가학회잡지』 : 『國家學會雜誌』 第一號, 1887.

『국체신론』 : 『國體新論』, 1874.

『국헌범론』 : 『國憲汎論』 전3권. 1882~1885. 早稻田大學大學史編集所 편, 『小野梓全集』 제1권(1978)에 수록.

『근대 과학 재고』 : 『近代科學再考』, 1979, 朝日新聞社.

『근대 일본 사학사의 연구 메이지 편』 : 『近代日本史學史の硏究 明治編』, 1968, 吉川弘文館.

『근대 일본과 이하 후유』 : 比屋根照夫, 『近代日本と伊波普猷』, 1981, 三一書房.

『근세 지방 경제사료』 : 『近世地方經濟史料』 전10권. 1920~1923.

『근시정론고』 : 陸羯南, 『近時政論考』, 1891.

『기다 사다키치 저작집』 : 伊東信雄 · 上田正昭 · 小林行雄 · 林家辰三郎 편, 『喜田貞吉著作集』 전14권, 1979~1982, 平凡社.

『나의 다카무레 이쓰에』 : 堀場清子 · 橋本憲三 공저, 『わが高群逸枝』 상 · 하 2권, 1981, 朝日新聞社.

『나의 일본지도 3 시모키타 반도』 : 『私の日本地圖3 下北半島』, 1968, 同友館.

『남부총서』 : 『南部叢書』 전11권, 1927~1931.

『내가 걸어 온 길』 : 『私の步いて來た道』, 1968, 講談社.

『내가 사는 마을』 : 『わが住む村』.

『다나베 수필』 : 『田辺隨筆』, 1911.

『다나베 통신』: 『田辺通信』, 1913.

『다카무레 이쓰에』: 鹿野政直 · 堀場清子 공저, 『高群逸枝』, 1977, 朝日新聞社.

『다카무레 이쓰에 전집』: 橋本憲三 편, 『高群逸枝全集』 모두 10권, 1966~1967.

『대일본여성사』: 『大日本女性史』(후에 『母系制の研究』로 됨), 1938.

『도노 이야기』: 『遠野物語』.

『도노 이야기를 가다』: 『遠野物語をゆく』, 1983, 傳統と現代社.

『도시하층사회』: 西田長寿 편, 『都市下層社會』, 1949, 生活社.

『도야마시 약업사』: 村上清造, 『富山市藥業史』, 1975, 富山市商工勞働部藥業課.

『도치기현사』: 『栃木縣史』史料編 「近現代」 9, 1980, 栃木縣.

『도쿄는 열병에 걸려 있다』: 『東京は熱病にかかっている』, 1925.

『도쿄제국대학50년사』: 大久保利謙 집필, 東京帝國大學 편 및 간행, 『東京帝國大學五十年史』 상권, 1932.

『도쿠가와 요시노부 공전』: 渋沢栄一, 『德川慶喜公傳』.

『동시대관』: 『同時代觀』, 1926~1945. 후에 『同時代史』.

『뒷골목의 기록』: 『路次裏の記』, 1925년 6월 2일자 기사에 대한 훗날의 추가.

『류큐 문학 연구』: 『琉球文學研究』.

『류큐고금기』: 『琉球古今記』, 1926.

『류큐사의 추세』: 『琉球史の趨勢』, 1911.

『류큐인종론』: 『琉球人種論』.

『막부쇠망론』: 福地源一郎, 『幕府衰亡論』, 1892.

『메이지 정치사상사 연구』: 『明治政治史研究』, 1954, 未來社.

『메이지국가와 민중통합』: 有泉貞夫, 「明治國家と民衆統合」, 『岩波講座日本歷史』 17 近代4, 1976.

『메이지사 논집』: 『明治史論集』 (1)(2), (『明治文學全集』 77, 78), 1965, 1976, 筑

摩書房.

「메이지천황제 확립기의 유신관—평민주의의 유신관과 그 전회」:『明治天皇制確立期の維新觀—平民主義の維新觀とその轉回』,『現代と思想』10, 1972.

「모계제의 연구」:『母系制の研究』.

「모더놀로지(考現學)」:今和次郎·吉田謙吉 공저,『モデルノロヂオ(考現學)』, 1930.

「모쿠지키 고교 쇼닌의 연구」:『木喰五行上人の研究』, 1925.

「무가의 여성」:『武家の女性』.

「문학에 나타난 우리 국민사상의 연구」:『文學に現われたる我が國民思想の研究』, 1916~1921. 4권에서 중단.

「미나카타 구마구스」:『南方熊楠』, 1967, 吉川弘文館.

「미나카타 구마구스」:日本民俗文化大系 4『南方熊楠』, 1978, 講談社.

「미나카타 구마구스 전집」:『南方熊楠全集』 본권 10권, 별권 2권, 1971~1975, 平凡社.

「미나카타 구마구스—사람과 학문」:笠井淸,『南方熊楠—人と學問』, 1980, 吉川弘文館.

「미술사」:谷信一,『美術史』,『體系日本史叢書』 20, 1968, 山川出版社.

「민간교육사연구사전」:民間教育史料研究會·大田堯·中內敏夫 편,『民間教育史研究事典』, 1975, 評論社.

「민법지골」:『民法之骨』, 1883. 단행본으로 간행은 1884년. 早稻田大學大學史編集所 편,『小野梓全集』 제2권(1979)에 수록.

「민속학의 방법」:세키(関) 등에 의한 日本民俗學講座 5『民俗學の方法』, 1976, 朝倉書店.

『민예의 발견』: 『季刊論叢日本文化』 10 『民藝の發見』, 1978, 角川書店.

『민족과 역사』: 『民族と歷史』, 1919.

『민족과 역사』의 「특수부락 연구호 발간의 글」: 『民族と歷史』의 「特殊部落研究號' 發刊の辭」, 1919.

『민중오락문제』: 『民衆娛樂問題』, 1921.

『민중오락의 기조』: 『民衆娛樂の基調』, 1922.

『번역어 성립 사정』: 『飜譯語成立事情』, 1982, 岩波新書

『복합 오염』: 『複合汚染』, 1975, 新潮社.

『부분과 전체』: 『部分と全體』, 1969, 야마자키 가즈오(山崎和夫) 역으로 1974년에 みすず書房에서 간행.

『불의 나라 여자의 일기』: 『火の國の女の日記』, 1965, 理論社.

『빈천지기한굴 탐방기』: 桜田文吾, 『貧天地饑寒窟探險記』, 1890.

『사물이 보이기 시작하는 과정—내가 살아온 시대와 과학』: 『もののみえてくる過程—私の生きた時代と科學』, 1980, 朝日新聞社.

『선조들 이야기』: 『先祖の話』.

『센다이총서』: 『仙台叢書』 전6권. 1893.

『시대와 농정』: 『時代ト農政』, 1910.

『신대사의 새로운 연구』: 『神代史の新しい研究』, 1924.

『신일본사』: 『新日本史』 上 · 中, 1891~1892, 下는 간행되지 않았음.

『쓰다 소우키치의 사상사적 연구』: 『津田左右吉の思想史的研究』, 1972, 岩波書店.

『아비코의 역사를 배우는 사람을 위해서』: 『我孫子の歷史を學ぶ人のために』 2, 我孫子市教育委員會市史編さん室 編, 1983, 我孫子市教育委員會.

『아시오 광독사건연구』: 鹿野政直 편, 『足尾鑛毒事件研究』, 1974, 三一書房.

『아이누 연구』: 『アイヌの研究』, 1925.

『아이즈자료총서』: 『会津資料叢書』 전8권. 1917~1920.

『아키타총서』: 『秋田叢書』 전11권, 별집 6권. 스가에 마스미(菅江真澄)는 이 책에 의해 세상에 소개되었다.

『야나기 무네요시』: 『柳宗悅』, 1976, 平凡社.

『야나기 무네요시』: 日本民俗文化大系 6 『柳宗悅』, 1978, 講談社.

『여공과 결핵』: 『女工と結核』, 1913.

『여공과 결핵』: 『女工と結核』, 『生活古典叢書』 5, 1970, 光生館.

『여성의 역사』: 『女性の歴史』, 1954~1958, 講談社.

『역사가 기다 사다키치』: 山田野理夫, 『歴史家 喜田貞吉』, 1976, 寶文館出版.

『역사지리』 제14권 이토 노부오(伊東信雄)의 해설

『옛 류큐』: 『古琉球』.

『오구라 긴노스케 · 히가 슌초』: 『小倉金之助 · 比嘉春潮』(日本人の自傳 14), 1982, 平凡社.

『오키나와 여성사』: 『沖縄女性史』. 안에는 『琉球女性史』라고 되어 있다.

『오키나와 역사이야기』: 『沖縄歴史物語』, 1947.

『오키나와여 어디에』: 『沖縄よ何處へ』.

『오키나와현사』: 『沖縄縣史』 제5권 各論編4 「文化」 1, 沖縄縣教育委員會 편 및 간행, 1975.

『요시다 쇼인』: 『吉田松陰』, 1893.

『욧카이치 · 죽음의 바다와 싸우다』: 『四日市 · 死の海と闘う』, 1972, 岩波新書.

『우리는 소국민』: 『ボクラ少國民』 모두 5권, 보권 1권, 1974~1981, 邊境社.

『유리문의 안쪽』: 『硝子戸の中』, 1915.

『유신혁명사에 관한 관견』: 『維新革命史に關する管見』 其二, 『國民之友』 第66號, 1889.

「유신혁명사의 반면」 : 『維新革命史の反面』, 『國民之友』 第207號, 1893.

「의회 및 법제사」 : 『議會及び法制史』, 『日本資本主義發達史講座』 제6회, 1933, 岩波書店.

「이력서」 : 『履歴書』, 1925.

「「이에」제도의 연구」 : 福島正夫 편, 『「家」制度の研究』 資料篇 一, 1959, 東京大學出版部.

「이와나미강좌 일본역사」 : 『岩波講座 日本歴史』.

「인권신설」 : 『人權新說』, 1882.

「인생생물학 입문 · 성교육 사견」 : 『人生生物學入門 · 性教育私見』.

「일러 전후 정치사의 연구—제국주의 형성기의 도시와 농촌」 : 宮地正人, 『日露戰後政治史の研究—帝國主義形成期の都市と農村』, 1973, 東京大學出版會.

「일본 과학고전 전서」 : 『日本科學古典全書』 전7권. 1942~1946. 간행이 중단됨.

「일본 농민사료 취수」 : 『日本農民史料聚粹』 전7권. 1941~1944. 간행이 중단됨.

「일본 부인문제 자료집성」 : 『日本婦人問題資料集成』 전10권, 1976~1981, 도메스(ドメス)출판.

「일본 사상투쟁 사료」 : 『日本思想鬪諍史料』 전10권. 1930~1931.

「일본경제대전」 : 『日本經濟大典』 전54권. 1928~1930.

「일본경제총서」 : 『日本經濟叢書』 전36권. 1914~1917.

일본과학기술사대계 6 「사상」 : 日本科學技術史大系 6 『思想』, 1968, 第一法規出版.

「일본민속학의 역사와 과제」 : 세키(関) 등 편, 『日本民俗學大系』 2 『日本民俗學の歴史と課題』, 1958, 平凡社.

「일본사적협회총서」 : 『日本史籍協會叢書』.

「일본수필대성」 : 『日本隨筆大成』 전41권. 1927~1931.

『일본수필전집』 : 『日本隨筆全集』 전20권. 1927~1930.

『일본유림총서』 : 『日本儒林叢書』 전13권. 1927~1933.

『일본윤리휘편』 : 『日本倫理彙編』 전10권. 1901~1903.

『일본의 대학』 : 『日本の大學』, 1943, 創元社.

『일본의 마쓰리』 : 『日本の祭』, 1942.

『일본의 역사가』 : 『日本の歷史家』, 1976, 日本評論社.

『일본의 하층사회』 : 橫山源之助, 『日本之下層社會』, 1899.

『일본임업발달사—메이지 이후의 전개과정』 : 林業發達史調査會 편, 『日本林業發達史—明治以降の展開過程』 上, 1960, 林野廳

『자본주의형성기의 질서의식』 : 『資本主義形成期の秩序意識』, 1969, 筑摩書房.

『자연과 인간을 위한 경제학』 : 『自然と人間のための經濟學』, 1977, 朝日新聞社.

『작은 자의 목소리』 : 『小さき者の聲』.

『장래의 일본』 : 『將來之日本』, 1886.

『전전 「집(家)」의 사상』 : 『戰前·「家」の思想』, 1983, 創文社.

『정본 야나기타 구니오집』 : 『定本柳田国男集』 본권 31권, 별권 5권, 1962~1971, 筑摩書房.

『정창원의 장인들』 : 和田軍一 담화 · 青山茂 편, 『正倉院の匠たち』, 1983, 草思社.

『조선과 그 예술』 : 『朝鮮とその藝術』.

『죽임을 당하는 측의 논리』 : 『殺される側の論理』, 1971, 朝日新聞社.

『지금과 옛적의 노래』 : 『今昔の歌』, 1959, 講談社.

『진정대의』 : 『眞政大意』, 1870.

『초서혼 연구』 : 『招婿婚の研究』, 1953.

『최암흑의 도쿄』 : 松原岩五郞, 『最暗黑の東京』, 1893.

『편로와 인생』 : 『遍路と人生』, 1939.

한림신서 일본학총서 발간에 즈음하여

1995년은 제2차 세계대전이 끝나고 우리나라가 일본 식민지에서 해방된 지 50년이 되는 해이며, 한 · 일간에 국교정상화가 이루어진 지 30년을 헤아리는 해이다. 한 · 일 양국은 이러한 역사를 되돌아보면서 앞으로 크게 변화될 세계사 속에서 동북아시아의 평화와 번영을 추구해야 하리라고 생각한다.

한림대학교 일본학연구소는 이러한 역사의 앞날을 전망하면서 1994년 3월에 출범하였다. 무엇보다도 일본을 바르게 알고 한국과 일본을 비교하면서 학문적 · 문화적 교류를 모색할 생각이다.

본 연구소는 일본학에 관한 자료를 수집하고 제반 과제를 한 · 일간에 공동으로 조사 · 연구하며 그 결과가 실제로 한 · 일 관계 발전에 이바지할 수 있도록 노력하고자 한다. 그러한 사업의 일환으로 여기에 일본에 관한 기본적인 도서를 엄선하여 번역 출판하기로 했다. 아직 우리나라에는 일본에 관한 양서가 충분히 소개되지 못했다고 느껴지기 때문이다.

본 연구소는 조사와 연구, 기타 사업이 한국 전체를 위해야 한다고 생각하며 한 · 일 양국만이 아니라 다른 여러 나라의 연구자나 연구 기관과 유대를 가지고 세계적인 시야에서 일을 추진해 나갈 것이다. 그러므로 누구나 열린 마음으로 본 연구소가 뜻하는 일에 참여해 주기를 바란다.

한림신서 일본학총서가 우리 문화에 기여하고 21세기를 향한 동북아시아의 상호 이해를 더하며 평화와 번영을 증진시키는 데 보탬이 되기를 바란다. 많은 분의 성원을 기대해 마지않는다.

1995년 5월

한림대학교 일본학연구소

한림신서 일본학총서 90

근대 일본의 학문
–관학과 민간학

초판 1쇄 발행 2008년 5월 20일

지 은 이 가노 마사나오
옮 긴 이 서정완

펴 낸 이 한림대학교 일본학연구소
펴 낸 곳 도서출판 소화
등 록 제13-412호
주 소 서울시 영등포구 영등포동 7가 94-97
전 화 2677-5890
팩 스 2636-6393
홈페이지 www.sowha.com

ISBN 978-89-8410-332-0 94080
ISBN 978-89-8410-105-0 (세트)

잘못된 책은 언제나 바꾸어 드립니다.

값 8,200원